T0165303

التوحــد

الدكتور

قحطان أحمد الظاهر

دار وائل للنشر

الطبعة الأولى

2008

رقم الايداع لدى دائرة المكتبة الوطنية : (2008/1/62)
الظاهر ، قحطان أحمد
التوحد / قحطان أحمد الظاهر . - عمان ، دار وائل ، 2008 .
(300) ص
ر.إ. : (2008/1/62)
الواصفات: التوحد / صعوبات التعلم / طرق التعلم
* تم إعداد بيانات الفهرسة والتصنيف الأولية من قبل دائرة المكتبة الوطنية

****

رقم التصنيف العشري / ديوي : 371.94
ISBN 978-9957-11-751-1 (ردمك)

* التوحـــــد
* الدكتور قحطان الظاهر
* الطبعـــة الأولى 2008
* جميع الحقوق محفوظة للناشر

دار وائــل للنشر والتوزيع
* الأردن - عمان - شارع الجمعية العلمية الملكية - مبنى الجامعة الاردنية الاستثماري رقم (2) الطابق الثاني
هـاتف : 00962-6-5338410 - فاكس : 00962-6-5331661 - ص. ب (1615 - الجبيهة)
* الأردن - عمـان - وسـط البلـد - مجمـع الفحيص التجـاري- هـاتف: 00962-6-4627627
www.darwael.com
E-Mail: Wael@Darwael.Com

جميع الحقوق محفوظة، لا يسمح بإعادة إصدار هذا الكتاب أو تخزينه في نطاق استعادة المعلومات أو نقله أو إستنساخه بأي شكل من الأشكال دون إذن خطي مسبق من الناشر.

All rights reserved. No Part of this book may be reproduced, or transmitted in any form or by any means, electronic or mechanical, including photocopying, recording or by any information storage retrieval system, without the prior permission in writing of the publisher.

الإهـــداء

إلى كل العراقيين الشرفاء الذين يحرصون
على وحدة وأمن وأموال وحضارة العـراق .

أهدي هذا الجهد المتواضع

محتويات الكتاب

الفصل الخامس
البرامج التربوية العلاجية للأطفال المصابين بالتوحد

المقدمـــــة

يعد الاهتمام بفئات التربية الخاصة بشكل عام تجسيدا للجانب الانساني ، وتعبيرا عن رقي المجتمعات وتحضرها. وكلما ارتقت الشعوب كلما إزداد اهتمامهم بفئات التربية الخاصة إذ يعكس ذلك درجة الوعي الذي يفرز إحساسا بالمشكلة ، لذلك فإن الاهتمام بفئات التربية الخاصة تعتبر واحدة من النقاط المهمة التي يمكن أن نقيس من خلالها مدى تحضر وتقدم الأمم .

وتعد ورقة التربية بشكل عام والتربية الخاصة بشكل خاص إحدى الأوراق المهمة التي تقدمها الأحزاب والجمعيات وكل المتقدمين للانتخابات على المستوى المحلي والقومي في العالم ،وخاصة في البلدان المتحضرة .

والتوحد فئة من فئات التربية الخاصة التي تحتاج إلى الرعاية والعناية والاهتمام من قبل القائمين على ميدان التربية الخاصة بمختلف تخصصاتهم . إنه عالم غريب يكتنفه الغموض ، وهو ما يدعو إلى البحث والتقصي للتعرف إلى ماهيته وأسبابه وعلاجه، فقد وقف المهتمون حائرين مندهشين من هولاء الأطفال الذين لا يظهر أي عيب في شكلهم الخارجي ، بل قد يتسمون بشكل عام بالوسامة كما أن للبعض منهم قدرات خارقة .

وهذا ما دعا الباحث إلى تأليف هذا الكتاب الذي تكون من سبعة فصول تعرض الفصل الأول إلى الخلفية التأريخية للتوحد وماهيته والطيف التوحدي ونسبة انتشاره وانتهى الفصل بموازنة بين التوحد وفئات التربية الخاصة الأساسية وهي صعوبات التعلم والإعاقة العقلية والإعاقة السمعية والاضطرابات الانفعالية .

وتطرق الفصل الثاني إلى الخصائص السلوكية والاجتماعية واللغوية والمعرفية والأكاديمية للأطفال المصابين بالتوحد، وبعض القدرات الخارقة ، ووازن الكاتب في نهاية

الفصل بين التوحد وصعوبات التعلم والإعاقة العقلية والإعاقة السمعية والاضطرابات الانفعالية.

أما الفصل الثالث فقد أضفى بظلاله على النظريات التي فسرت حالات التوحد، وهي النظرية السيكولوجية والنظرية البيوكيميائية والنظرية العصبية والنظرية الجينية، والاضطرابات التكوينية وصعوبات الولادة والدراسات الغذائية ونظرية العقل ثم نظرة أديلسون إلى التوحد

وختم الفصل بموازنة بين التوحد وصعوبات التعلم والإعاقة العقلية والإعاقة السمعية والاضطرابات الانفعالية . وتعرض الفصل الرابع إلى القياس والتشخيص ، حيث بدا الفصل بالملامح الأساسية للتطور من مرحلة الرضاعة إلى نهاية العام الخامس ، وما هي المؤشرات التي تتطلب عرض الطفل إلى الطبيب . ثم استعرض الفصل أهم الأدوات التي استخدمت في تحديد حالات التوحد . ثم وازن بين التوحد وصعوبات التعلم والإعاقة العقلية والإعاقة السمعية والاضطرابات الانفعالية .

وجاء الفصل الخامس ليغطي البرامج التربوية العلاجية للأطفال المصابين بالتوحدوبشكل أساسي برنامج تيج :(TEACCH) -: علاج وتعليم الأطفال المصابين بالتوحد والأطفال ذوي الإعاقات التواصلية المصاحبة (Treatment and Education of Autistic and Related Communication –Handicapped Children (TEACCH)و برنامج لوفاسLOVAAS وبرنامج بيكس (PECS) (Picture Exchange Communication System ، وأهم البرامج الأخرى التي استخدمت مع الأطفال المصابين بالتوحد ، أعقب ذلك موازنة بين التوحد وصعوبات التعلم والإعاقة العقلية والإعاقة السمعية والاضطرابات الانفعالية .

أما الفصل السادس فقد كان امتدادا للفصل السابق إذ تطرق إلى الطرق العلاجية الأخرى لحالات التوحد وغطى العلاج السلوكي Behavioral Therapy والتدريب على التكامل السمعي (AIT) Auditory Integration Training والتواصل الميُسرـ Facilitated Communication والعلاج بالتكامل الحسيSensory Integration

Therapy والعلاج بالحمية الغذائية العلاج بهرمون السكرتين Secretin والعلاج بالأدوية والعلاج بالفيتامينات والعلاج بالفن (Art Therapy) والعلاج باللعب(Play Therapy) وأنهى الفصل بموازنة بين التوحد وصعوبات التعلم والإعاقة العقلية والإعاقة السمعية والاضطرابات الانفعالية .

واختتم الكتاب بالفصل السابع الذي رمى بظلاله على تعليم الأطفال المصابين بالتوحد مهارات التواصل ، والمهارات الاجتماعية و تدريب الطفل المصاب بالتوحد على مهارات الحياة اليومية والتعلم التعاوني ، والتعلم عن طريق الحاسوب، وعملية دمج الأطفال المصابين بالتوحد مع أقرانهم غير التوحديين ، وتطرق الفصل كذلك إلى دور الأسرة ، وتعليم الآباء المهارات المطلوبة ، والدعم الاجتماعي .

آمل أن أضفت القليل في هذا الحقل وأسال الله التوفيق والسداد

د. قحطان أحمد الظاهر

الفصل الأول

- الخلفية التأريخية
- ماهية التوحد
- التشخيص الفارقي
- نسبة انتشار التوحد
- موازنة بين التوحد و

أ- صعوبات التعلم

ب- الإعاقة العقلية

ج- الإعاقة السمعية

د- الاضطرابات الانفعالية

التوحـــد

الخلفية التأريخية

لم يتفق الباحثون تماماً على البداية الحقيقية لاكتشاف التوحد بالرغم من أنّ اكتشافه لا يعني بأي حال من الأحوال أنه لم يكن موجودا من قبل ، وهذا الحال قد يكون كذلك لبقية حالات فئات التربية الخاصة كصعوبات التعلم ، إذ انّ الفروق الفردية موجودة منذ أن وجد الإنسان ما زالت هناك فروق من النواحي البيولوجية والطبيعية والاجتماعية، كما أن الفروق موجودة على مستوى الفرد الواحد ، فلا يمكن أن تكون القدرات المتعددة لدى أي فرد على درجة واحدة ،ويمكن أن يكون في بعض منها متميز ، والبعض الآخر يكون مقبولا فيها ، وربما في البعض الآخر لا يرقى أن يكون بالمستوى المقبول.

على أية حال، يكاد يكون هناك اتفاق بين المهتمين على أن أول من اكتشف التوحد هو ليو كانر (Leo Kanner) الطبيب النفسي الأمريكي في مركز جون هوبكنز الطبي عام (1943)الذي توصل إلى خصائص مشتركة لأحد عشر طفلا وهي الانسحاب الاجتماعي، وغرابة التعامل مع الآخرين ، والتماثل ، والقصور الواضح في التواصل سع الآخرين واضطرابات في السلوك اللفظي (مثل السلوك النمطي، وقصور التخيل في اللعب) وصعوبة فهم المفاهيم المجردة ، والاضطرابات اللغوية (مثل المصاداة، وعكس الضمائر).

ومع هذا فهناك من يربط التوحد بالطفل الذي وجد في غابة أفيرون الفرنسية والذي أطلق عليه أسم فكتور . كان هذا الطفل بعمر عشر سنوات ، وشخص على أنه معتوه . عمل معه إيتارد مدير معهد الصم والبكم في باريس خمس سنوات ، ولم يحقق معه إلا بعض النجاح الاجتماعي ثم تركه إيتارد بعد أن وصل إلى مرحلة البلوغ ليتولاه سيجوين أحد طلاب إيتارد.

إنّ الحكم على فكتور على أنه طفل مصاب بالتوحد لا يتسم بالمنطق لأن هذا الطفل عاش مع الحيوانات وكان يتصرف مثلهم حيث كان يمشي على أربعة وينبح كما تنبح الكلاب ،ويأكل اللحم النيئ فلم يتعلم الكلام ، وكان يسحب الناس إلى الأشياء التي يريد أن

يتعامل معها. وكان إيتارد يعلمه السلوك وفق السياق الاجتماعي ويعيده لكنه يرجع إلى السلوكات غير الاجتماعية التي تعلمها في السابق.، فكيف نريده أن يتعامل مع الآخرين كحال الأطفال المصابين بالتوحد الذين عاشوا مع أقرانهم.

وهناك من ربط التوحد بما توصل إلية الطبيب النفسي بلويلر (Bleuler) حيث تحدث عن بعض الخصائص المشتركة مع حالات التوحد للأشخاص الفصاميين وهي العزلة واللعب بأجزاء الأشياء والتقولب حول الذات وهي من الخصائص للفرد المصاب بالتوحد، وكان يطلق على الأشخاص الذين يتصفون بأعراض التوحد التي توصل إليها كانر بفصام الطفولة بالرغم من أنّ هناك فرقاً بين التوحد الطفولي والفصام الطفولي كما سيتضح لاحقاً.

لقد ذاع صيت كانر عبر العالم حيث ارتبط أسمه ارتباطا وثيقاً بالتوحد ، بينما لم يذع صيت الطبيب النمساوي هانز أسبيرجر (Hans Asperger) الذي توصل عام (1944) في بحثه الذي كتبه باللغة الألمانية إلى مجموعة من الأعراض مشابهة بعض الشيء مع أعراض أطفال كانر كالقصور في التفاعل الاجتماعي، القصور في التواصل مع الآخرين وفهمهم لمشاعرهم.ولكن كانت ثلاثة من أحد عشر من عينة كانر لا يتكلمون تماما والبقية نادراً ما يتكلمون بينما كانت عينة هانز أسبيرجر تتكلم وقد أطلق أسبيرجر على أطفاله مصطلح التوحد المرضي(Autistic Psychopath).

وقد يكون عدم إنتشار صيت أسبيرجر لأن مقالته كتبت باللغة الألمانية بينما كتبت بحوث كانر باللغة الانكليزية وهي لغة عالمية تستخدم في جميع بقاع العالم، بينما اللغة الألمانية محدودة الاستخدام ، كما قد يكون هناك عدم ارتياح العالم لألمانيا التي كانت سبباً للحرب العالمية الثانية . ولم ينتشر أسمه في العالم إلاّ بعد أن ترجمت أعماله إلى اللغة الانكليزية وخاصة في المجتمعات العربية ، إضافة إلى وجود بعض التباعد بين عينة أسبيرجر وعينة كانر. وقد كان للورنا وينج (Lorna Wing) التي لها بنت تعاني من حالات التوحد، دور هام في إثارة الاهتمام بأعمال أسبيرجر عام (1981) عندما وصفت (19) حالة لأعمار ما بين (5-35) سنة كانت مشابهة للأعراض التي ذكرها أسبيرجر.حدث ذلك عندما

التقت لورنا (طبيبة الأطفال) مع هانز اسبيرجر في إحدى اللقاءات العلمية في فيينا،وقامت بتلخيص بحثه من خلال تقارير دورية . (Wing, 1981)

ثم ذكر اسبيرجر كأحد إعاقات النمو الشائعة في الدليل الإحصائي التشخيصي- للإضطرابات الذهنية الطبعة الرابعة عام (1994) لأول مرة ، كذلك ذكره في نفس العام الدليل الدولي لتصنيف الأمراض الطبعة العاشرة . ولابد من الإشارة أن كتابات لورنا وينج كانت داعمة تماماً لأعمال أسبيرجر.

وعلى أية حال فإنّ التوحد عالم غريب يكتنفه الغموض ، وكان محل إهتمام كثير من الباحثين على اختلاف تخصصاتهم للتعرف على فهم طبيعة التوحد فهماً حقيقياً يساعد على وضع المعايير التشخيصية دون أن يكون هناك خلط بينه وبين إعاقات أخرى ، كما يساعد في نفس الوقت على وضع البرامج الكفيلة في كيفية التعامل مع الأطفال المصابين بالتوحد ، وأصعب ما في الأمر أنّ أعراض التوحد تظهر منذ ولادة الطفل , وهي مرحلة في غاية الصعوبة للتشخيص ، ونحن نعرف إنه كلما كان التشخيص مبكراً كان العلاج فاعلاً أو أوفر حظاً في التعديل والتغيير.

كما أنّ التوحد ليس اضطرابا واحداً وإنما هو مجموعة من الاضطرابات في النمو والاستجابات للمثيرات الحسية وفي اللغة والكلام وغيرها . لقد عدّ التوحد سابقاً اضطرابا انفعاليا، وبعد ذلك عدته الجمعية الأمريكية اضطراباً نمائياً.

أطلق عليه التمركز حول الذات أو الاجترازي لأن الطفل يعيش في عالم خاص غير مبال بالعالم الخارجي ، وغير خاضع للمعايير الاجتماعية فهو مغلق حول نفسه يعيش في أحلامه وخيالاته مبتعداً عن الواقع الذي يعيشه. وكان المصاب به يشخص بالفصام،وهذا ما ذهب إليه الدليل الإحصائي التشخيصي- للاضطرابات الذهنية الطبعة الثانية في الستينات واستمرت إلى عام (1980) حيث صدرت الطبعة الثالثة التي فرقت بين الفصام وحالات التوحد بالرغم من بعض الأعراض المشتركة وهي التقولب حول الذات والابتعاد عن العالم الخارجي والعيش في عالم خاص بعيداً عن الواقع واضطراب الكلام واللازمات الحركية. ولكنه يختلف في أهم الأعراض الفصامية وهي الهلوسات سواءً كانت سمعية أو بصرية

أوشمية أو ذوقية ، والهذاء كهذاء الاضطهاد أو هذاء العظمة أو هذاء توهم المرض ، والضعف الجسمي ونقص الوزن ، كما أنّ هناك اختلافا في قدراتهم العقلية فمعظم الأطفال المصابين بالتوحد يكونون في خانة المعاقين عقلياً ، بينما القدرات العقلية للأفراد الفصاميين قد تكون عادية، وقد يمتلك بعضهم إبداعات .

وهناك اتفاق بين المهتمين على أنّ الفصام مرض بينما لا يكون هناك اتفاق بين المهتمين على أنّ إضطراب التوحد مرض ، فهناك من يعده عرضاً أو إضطراب في السلوك أو إعاقة عقلية.

وإنّ معظم حالات الفصام كما يشير زهران (1977) عادةً ما تظهر بين (15-30) سنة وتصل إلى أقصاها في أواخر العقد الثالث من العمر .

وقد لا اتفق تماما مع ما ذكره زهران لأن الفصام الطفولي يمكن أن يظهر بعد السنتين .

ماهية التوحد

إنّ مصطلح التوحد (Autism) كلمة إنكليزية أصلها إغريقي ومشتقة من الجذر اليوناني (Autes) وتعني النفس أو الذات.

أول من استخدم هذا المصطلح هو الطبيب النفسي- ليو كانر (Leo Kanner) الذي لاحظ أحد عشر طفلاً أنّ لديهم أعراضاً متشابهة.

واستخدمت مصطلحات أخرى لتدل على أعراض التوحد كالفصام الذووي أو ذاتي التركيب, وذهان الطفولة، ونمو الأنا الشاذ(غير السوي)، وقد سمي كذلك بالطفل الآلي (Michanical Boy) . (Whittaker,1990)

أما عامة الناس فقد أطلقوا على الأطفال المصابين بالتوحد أوصافاً متعددة كالأطفال الشرسين ، أو البربريين أو الأطفال الغريبين.

أما أديلسون (Edelson,2004) فقد أستخدم مصطلح العمى الذهني لوصف الحالة الداخلية للأطفال المصابين بالتوحدوخاصة التقليدي .

وقد وصف" أحد الآباء وصف ولده قائلاً أنّ ابني مات عن وجوده السابق وبدأ وجوداً غريباً.

لقد تضاربت الآراء حول حالة التوحد ، وكل يدلو بدلوه من خلال رؤيته الخاصة فقد عدّ سابقاً إضطراباً إنفعالياً، أما التوجه الحديث فيعده إضطراباً نمائياً، وهذا ما يؤيده الكاتب.

لذلك يكون تأثيره كبيراً في الأسرة وخاصة الوالدين لأنه يمثل مشكلة في غاية الأهمية بالنسبة للنمو العقلي والاجتماعي والانفعالي والجسمي للطفل، والسنوات الأولى كما هو معروف مصيرية في رسم الملامح الأعراض لما سيكون عليه الطفل مستقبلاً.

لم يتفق الباحثون على تعريف محدد لاضطراب التوحد كما هو الحال لبقية الفئات الخاصة وذلك للأسباب الآتية:-

1- تعدد الشرائح التي اهتمت بحالات التوحد كالطبيب والأخصائي النفسي وأخصائي التربية الخاصة وعالم الاجتماع.

2- تعدد الأسباب التي تؤدي إلى حالات التوحد

3- إنّ التوحد ليس درجة واحدة وإنما هو درجات منها البسيطة والمتوسطة والشديدة .

4- إنّ أعراضه كثيرة جداً وليس بالضرورة أن تكون هذه الأعراض موجودة جميعها لدى أي طفل مصاب بالتوحد.

5- تعدد المصطلحات التي استخدمت لتدل على أعراض التوحد لما يتخلله من غموض وتعقيد ، وهناك من يعده مرضاً وآخر يعده إضطراب في السلوك وآخر يعده إعاقة عقلية.

6- وجود فروق في أعراض الطيف التوحدي حيث ذكر الدليل التشخيصي الإحصائي للاضطرابات الذهنية/ الطبعة الرابعة (Diagnostic and Statistical Manual of Mental Disorders (DSM-IV خمس فئات هي إضطراب التوحد (Autism)، متلازمة أسبيرجر (Asperger, Syndrome) ومتلازمة ريت (Rett's syndrome). إضطراب الطفولة الانتكاسي (Childhood Disintegrative Disorders (CDD والاضطرابات النمائية الشاملة غير المحددة Pervasive Developmental Disorders Not Otherwise Specified (PDD-NOS)

ويعد كانر أول من قدم عرض تشخيصي للتوحد التقليدي والذي أطلق عليه في ذلك الوقت التوحد الطفولي المبكر ، حيث أشار إلى أنّ هذا الاضطراب ينشأ منذ الولادة ويتصف بالقصور الواضح في التواصل مع الآخرين ، النمطية ورغبة شديدة في التماثل والنفور من التغيير ، تأخر في اكتساب الكلام ، ولغة لا تخدم التواصل مع الآخر ، التعلق بأشياء غريبة كالأشياء الدقيقة من الأدوات ، ومستوى من الذكاء وقدرة معرفية جيدة وخاصة تلك المتعلقة بالتذكر والمهارات الأدائية .

وأتحفظ فيما يتعلق بالنقطة الخامسة إذ تعد نسبة كبيرة من الأطفال المصابين بالتوحد في خانة المعاقين عقلياً.

وجدير بالذكر أنّ كانر لم يعط هذه النقاط وزناً واحداً وإنما أعطى النقطتين الأوليتين وزناً يفوق بقية النقاط .

أما تعريف كريك (Creak Definition) ذو النقاط التسعة فهو أقرب ما يكون إلى الفصام منه إلى إضطراب التوحد النمائي لذلك يعد تعريفه تشخيصاً لذهان الطفولة المبكرة الذي يتصف:

1- إضطراب في العلاقات الانفعالية مع الآخرين.

2- إضطراب في الهوية الذاتية بشكل غير مناسب للعمر

3- إنشغال غير طبيعي بأشياء محددة.

4- الإصرار على التماثل ورفض أي تغيير في البيئة التي اعتاد عليها.

5- خبرات إدراكية غير سوية.

6- قلق زائد غير طبيعي وبشكل متكرر.

7- عدم القدرة على اكتساب الكلام والفشل في تطويرها.

8- أنماط حركية شاذة لا تتسم بالاتساق .

9- قصور واضح في القدرات الذهنية. (Lahey, 1988)

يظهر من خلال تعريف كريك أن هناك نقاطاً تتجاوز عمر (30) شهراً وخاصة تلك المتعلقة بالقلق والهوية الذاتية

أما روتر (Rutter, 1978) فقد قام بمرجعة الأدب المتعلق بالتوحد الذي نشر بعد كانر، وتوصل إلى ثلاث خصائص رئيسية لحالات التوحد هي :-

1- إعاقة في العلاقات الاجتماعية.

2- نمو لغوي متأخر أو منحرف .

3- سلوك طقوسي أو إستحواذي أو الإصرار على التواصل (Sameness) .

يظهر ذلك من خلال أنماط اللعب ، وإنشغال الذهن غير العادي ، ومعارضته أي تغيير في بيئته.

وترى الجمعية الوطنية الأمريكية للأطفال المصابين بالتوحد (National Society of Autistic Children, 1978)

أن التوحد هو إضطراب في مظاهر متعددة هي النمو ، الاستجابات الحسية للمثيرات ، التأخر الواضح في اللغة والكلام ، والتعلق غير الطبيعي بالأشياء.

وهناك من يخلط بين التوحد وفصام الطفولة أو بشكل أدق يعد التوحد مرحلة أولى تليها مرحلة الفصام فهذا جابر وكفافي (1988) يريان التوحد بأنه حالة انسحاب الفرد عن الواقع إلى عالم خاص من الخيالات والأفكار وفي الحالات المتطرفة توهمات وهلوسات وهي من الأعراض الرئيسية للفصام ، كما أنّ هناك فرقاً بينهما في القدرات العقلية حيث أن الأطفال المصابين بالتوحد يكونون غالباً في خانة المعاقين عقلياً بينما القدرات العقلية للأطفال الفصاميين تكون أعلى بشكل عام من القدرات العقلية للمصابين بالتوحد. وترى سوليفان (Sullivan) في سليمان (2002) أول رئيس للجمعية الأمريكية للتوحد "أنه إضطراب في التواصل والتفاعل الاجتماعي والسلوك غير السوي الذي يستمر طول الحياة.

وقد أتحفظ فيما يتعلق بالجزء الأخير وخاصة في الوقت الحاضر الذي يشهد اكتشافات ما كانت تخطر على بال , فلا يمتلك أي شخص الحق في أن يقرر غلق الباب أمام تحسن أو علاج الأفراد المصابين بالتوحد.

وعلى أية حال فإنّ الفرد المصاب بالتوحد لا يستطيع أن يطور المهارات الاجتماعية كأقرانه غير المصابين ولا يتواصل مع الآخرين سواء لفظياً أو غير لفظي ، وقد تكون نتيجة لاضطراب عصبي يؤثر في الدماغ الذي ينعكس بشكل سلبي على التعامل مع المعلومات ومعالجتها الأمر الذي يجعله قاصراً من الاستفادة من المثيرات البيئية واستغلالها بشكل صحيح بأداءات وظيفية فاعلة .

كما يظهر القصور واضحاً في التعبير التلقائي عن الذات وبطريقة وظيفية ملائمة ، الأمر الذي يؤدي إلى عدم القدرة في التواصل مع الغير إضافة إلى عدم قدرة الطفل المصاب بالتوحد في فهم لغة الآخر، ومسايرة التغييرات التي تحدث في البيئة التي يعيش فيها

التشخيص الفارقي بين طفل توحد كانر وطفل الاسبيرجر

هناك تشابه في نواحي القصور والمتمثل في التفاعل الاجتماعي والاتصال وفي محدودية الاهتمامات، ولكن هناك اختلافات بينهما وتتعلق :

- هناك فرق بينهما في درجة القصور والتأخر ، فطفل كانر يعاني من توقف او تأخر شديد في النمو اللغوي والقدرة على التواصل سواء بالألفاظ أو اللغة غير اللفظية ، بينما طفل الاسبيرجر لا يتوقف أو يتأخر في النمو اللغوي بالرغم من أنه يعاني من صعوبة في استيعاب كلام الآخرين وخاصة ما يحتويه من صور بلاغية

- يعاني طفل كانر من القصور الشديد في القدرات المعرفية فيقع أغلبهم في خانة المعاقين عقلياً ، بينما طفل الاسبيرجر نادرا ما يعاني من قصور معرفي إذ غالبا ما تكون معدلات ذكائهم عادية تسمح بالنمو المعرفي الذي يتناسب مع البيئة الثقافية التي يعيش فيها . لذلك قد يطلق عليهم توحديون متفوقو الأداء الوظيفي .

- الطفل المصاب بالتوحد يتجنب الآخرين من الكبار والأقران بينما طفل الاسبيرجر يتفاعل اجتماعيا ولكن قد تكون محدودة، وتدور حول احتياجاته واهتماماته الشخصية، وقد تكون هذه الاهتمامات غير مألوفة للطفل العادي ، ويمكن أن يكون لطفل الاسبيرجر ميول شديدة نحو مهارة أو فن أو رياضة .

- إن برامج التدخل العلاجي والتأهيل أفضل مع طفل الاسبيرجر لأنه يمتلك من القدرات العقلية ما يجعله يستفيد من هذه البرامج بينما يجد طفل كانر صعوبة شديدة من الاستفادة من هذه البرامج

- يكون معدل الأداء اللفظي بالنسبة لطفل الاسبيرجر مقارب لمعدل الأداء غير اللفظي بينما في طفل كانر يكون معدل الذكاء اللفظي أقل من معدل الذكاء غير اللفظي وبفارق في الغالب يكون كبيراً

- بالرغم من أنهما قد يولدون بالسبب الذي أدى إلى حالتهم سواء كان السبب عصبيا أو جينيا ألا أن هناك فرقا في ظهور الأعراض حيث تظهر الأعراض بالنسبة لطفل كانر بعد الولادة (خلال الثلاثين شهراً الأولى) ويمكن الكشف عنها بينما تظهر أعراض طفل

الاسبيرجر متأخرة قياساً بطفل كانر إذ تظهر ما بين (4-6) سنوات وفي بعض الأحيان لا تظهر إلا في مرحلة المراهقة .

- يتمتع طفل الاسبيرجر بذاكرة قوية لأدق التفاصيل ، بينما لا يكون طفل كانر بشكل عام كذلك .

- يفوق طفل الاسبيرجر طفل كانر في حساسيته للأصوات العالية والضوء القوي والروائح النفاذة

- إن طفل الاسبيرجر أصعب في التشخيص من طفل كانر لأن الكاتب يعتقد بشكل عام في جميع فئات التربية الخاصة أن الحالة الأصعب والشديدة أسهل في التشخيص من الحالات البسيطة .

معايير تشخيص اضطراب أسبيرجر

أ- قصور كمي في التفاعل الاجتماعي في مجالين من المجالات الآتية

1- قصور في السلوك التخاطبي أو التواصل غير اللفظي (من خلال العيون أو الحركات الجسدية أو الايماءات ذات الدلالة الاجتماعية

2- عدم المبادرة التلقائية بمشاركة أقرانه في الأنشطة والاهتمامات

3- قصور المشاركة في التبادلات العاطفية والاجتماعية

4- فشل في التواصل مع الأقران بما يتناسب مع عمره الزمني

ب- محدودية تكرار السلوكات النمطية في الاهتمامات والأنشطة في واحدة مما يأتي :-

1- التعلق في تكرار سلوك عشوائي أو أكثر والتمسك باهتمامات غير طبيعية والإصرار عليها

2- حركات نمطية عشوائية غير وظيفية (كبرم الأصابع ، التلويح بالكتفين)

3- التعلق بإصرار في أشياء الأجزاء .

4- التعلق الشديد بسلوكات أقرب ما تكون روتينية

ج- قصور في العلاقات الاجتماعية والأنشطة الوظيفية المهمة .

د- ليس هناك تأخر ملحوظ في اللغة إذ يتطور بشكل قريب من الأطفال غير التوحديين

ه- لا يتصف بتأخر معرفي إذ يعتبر طفل الاسبيرجر متفوق في الأداء الوظيفي، ويستطيع اكتساب مهارات العناية اليومية والسلوكات التكيفية ويتصف بحب الاستطلاع .

و- عدم اتصافه بمواصفات انفصام الشخصية .

(Lord&lisi,2001)(Gillberg&Ehlers,1998)

أما إضطراب ريت (Rett's disorder) فيتصف بالتطور الطبيعي مـن (6-18) شـهراً ثـم يلاحـظ الوالدان تغيراً في سلوكات طفلتهم مع تراجع التطور أو فقد بعض القدرات المكتسبة خصوصاً المهارات الحركية الكبيرة مثل الحركة والمشي، ويتبع ذلك تراجع ملاحظ في القدرات مثل الكلام ، التفكير ، استخدام اليدين ، كما أن الطفلة تقوم بتكرار حركات وإشارات غير ذات معنى ، وهي المفتـاح في عمليـة تشخيص الحالة وتتكون من هز اليدين ورفرفتها أو حركات يدين غير مألوفة .

وقد يكون الجيـن (MECP2) المـرتبط بالكروموسـوم (X) هـو العيـب النمائي لاضطراب ريت .

(Powers, 2000)

معايير تشخيص متلازمة ريت

- تطور طبيعي في مرحلتي قبل الولادة (Prenatal) وإثناء الولادة (Perinatal)

- يكون محيط الرأس في مرحلة الوليد طبيعياً يتبعه بطؤ في نمو الرأس ما بين 6-48 شهرا

- تطور حركي طبيعي خلال الأشهر الخمسة الأولى

- تأخر في الكلام والفهم اللغوي مع تخلف عقلي شديد

- فقدان ما تعلمه من السلوك الاجتماعي والمهارات الحركية

- ظهور نماذج معقدة من حركات اليد متمثلة في الكتابة والمصافحة والتصفيق

- يشخص دائما ما بين 2-5 سنوات

(American Psychiatric Association , 1994)

وبعد ذلك تظهر عليها الأعراض الآتية :-

-يصغر محيط الرأس قياساً بالفترة السابقة من الشهر الخامس إلى الشهر الثامن والأربعين

-فقدان أو تراجع في المهارات التي اكتسبتها في الفترة ما بين الشهر الخامس والشهر الثلاثين

-ظهور حركات نمطية عشوائية ليست ذات معنى كالرفرفة والتصفيق .

-طريقة سير أو وقوف غير طبيعية بالرغم من عدم وجود عيوب عضوية حركية

-قصور شديد في تطوير اللغة التعبيرية والاستقبالية ، وتخلف حركي شديد

أما اضطراب الطفولة الانتكاسي(الانحلالي)(Childhood Disintegrative Disorders) فيتصفون بما يلي :-

1-تطور طبيعي واضح على الأقل خلال السنتين الأولى بما يتناسب مع عمره الزمني من حيث التواصل اللفظي وغير اللفظي وعلاقاته الاجتماعية واللعب والسلوك التكيفي .

2- فقدان واضح للمهارات التي تعلمها في السابق قبل السنة العاشرة من العمر وتكون في اثنتين على الأقل مما يأتي :-

أ-اللغة الاستقبالية واللغة التعبيرية

ب-المهارات الاجتماعية والسلوك التكيفي

ج- اضطراب في المعدة والمثانة

د- اللعب

ه- مهارات الحركة

3-الاضطراب في اثنين من الوظائف الآتية :-

أ- القصور النوعي في التفاعل الاجتماعي مثل (القصور في السلوك غير اللفظي، الفشل في تطوير علاقات مع أقرانه القصور في الجانب الاجتماعي والانفعالي

ب-القصور النوعي في التواصل مثل (القصور في اللغة الشفهية ، عدم القدرة على المباداه والاستمرارية في المناقشة استخدام اللغة بشكل مكرر ونمطي، والقصور في اللعب التخييلي

ج-السلوك النمطي التكراري المحدد (الاهتمامات ، الفعاليات النمطية ، التكرارية والأسلوبية)

4-ان لا يكون هذا الاضطراب محسوباً على اضطرابات تطورية أخرى كالفصام

وفيما يلي جدول يوضح الاضطراب وبداية حدوثه ومجال التأخر وشدته والمجالات التي تتأثر بذلك اعتمادا على الدليل الإحصائي التشخيصي للاضطرابات الذهنية النسخة الرابعة (Diagnostic and Statistical Manual of Mental Disorders Fourth Edition) والتصنيف العالمي للأمراض التابع لمنظمة الصحة العالمية (International Classification of Diseases Tenth Edition)

جدول (1) الاضطراب وبداية حدوثه والتأخر وشدته والجوانب المتأثرة

الاضطراب	بدايته	التأخر	الشدة	الجوانب المتأثرة
التوحد Autism	قبل ثلاث سنوات (أ)	ربما تكون أو لا تكون مرتبطة بتأخر عام (أ)	تفوق مستوى عتبة عدد من الأعراض (أ)	التفاعل الاجتماعي والتواصل والسلوك التكراري النمطي (أ)
اضطراب الطفولة الانتكاسي (Childhood Disintegrative Disorder)	يتطور بشكل طبيعي حتى عمر سنتين وبعدها يفقد الكلام وواحدة على الأقل من المهارات الأخرى (ج)	عادة ما تكون مرتبطة مع التخلف العقلي ويحتاج ألى مساندة واسعة (ب)	عتبات الأعراض ليست محددة ، ولكن تظهر مثل التوحد	يتاثر بجانبين من الجوانب الثلاثة للطفل التوحدي
الاسبيرجر Asperger Syndrome	ربما يكون قبل ثلاث سنوات أو بعدها (ب)	لا يوجد تأخر عام في الجانب المعرفي أو اللغوي (ج)	يتجاوز العتبة في الجانب الاجتماعي وأقل في واحدة أو أكثر من الجوانب الأخرى (ب)	الجانب الاجتماعي حدودية الاهتمامات (ب)
التوحد الشاذ(Atypical Autism) حسب التصنيف العالمي للأمراض النسخة العاشرة و الاضطرابات النمائية الشاملة غير المحددة Pervasive Developmental Disorders Not Otherwise Specified حسب الدليل الإحصائي التصنيفي للأمراض الذهنية النسخة الرابعة	ربما لا يقابل بدايات التوحد التقليدي (ب)	ربما يرتبط أو لا يرتبط بتأخر تطوري	ربما يقع تحت العتبة في واحدة أو أكثر من مجالات التوحد (ب)	الجانب الاجتماعي وإما التواصل أو السلوك النمطي (ج)

(أ) معيار التوحد التقليدي (ب) ربما يختلف عن التوحد التقليدي (ج) دائما يختلف عن التوحد التقليدي Source:Lord &Risi, 2001

نسبة إنتشار التوحد

يمكن القول ابتداء أنه لا توجد نسب دقيقة للأطفال المصابين بالتوحدفي العالم، لأن العالم يعتمد بشكل أساسي على ما هو معروض ، وقد لا تعرض قليل أو كثير من الأسر أطفالها أو تكشف عنهم لأسباب عديدة تتعلق مثلا بطبيعة المجتمع أو الجنس وغيرها، أوقد تكون الأعداد من خلال البحوث التي تجرى في هذا الميدان ، وقد لا تكون هذه الأعداد ممثلة للواقع.

كما قد يكون هناك اختلاف بين دولة وأخرى إذ قد تكون النسبة أكثر تمثيلا للحالة من بلد آخر، وهذا يرتبط بشكل أساسي بالوعي الحقيقي لهذه المشكلة وآثارها ، إضافة إلى وجود محكات تشخيص ومختصين في هذا الجانب كما تتأثر النسبة بالمحك المستخدم .

لذلك يمكن القول بشكل عام أنّ النسب التي تذكر في المجتمعات الراقية بالرغم من أنها غير دقيقة تماماً إلاّ أنها أكثر تمثيلا من النسب التي تذكر في البلدان غير الراقية. ولا يفوتنا ذكر أنّ البحوث والدراسات التي أجريت في البلدان الراقية أكثر من البلدان النامية . وتتأثر نسب الانتشار بالمرحلة العمرية التي يتم التشخيص فيها إذ تشير التقارير إلى أن الأعراض التوحدية تقل ما بين عمر (11- 19) سنة في الوقت الذي تظهر أعراض التوحد قبل عمر ثلاث سنوات . كما تتأثّر نسب الانتشار بمعايير التشخيص التي استخدمت إذ قد تختلف من دولة إلى أخرى ، وتختلف كذلك وفق الزمن .

وبالرغم من أنّ حالات التوحد في زيادة وليس في انحسار إلاّ أنها تقل بكثير عن الفئات الأخرى كصعوبات التعلم والإعاقات الجسدية.

ولا يوجد إتفاق بين المهتمين في هذا الحقل على سبب واحد يؤدي إلى التوحد وإنما ذكرت أسباب كثيرة سوف نتطرق إليها في باب أسباب التوحد . ومع ذلك فهناك عوامل مضافة إلى الأسباب الكثيرة المسببة للتوحد منها التلوث البيئي الناتج عن المحروقات بمختلف أنواعها والإشعاعات التي تفرزها الأسلحة وبشكل خاص المحرمة منها وخير شاهد على ذلك ما حدث في العراق الذي أثر في النسل والحرث والمحصولات . والأغذية غير الطبيعية في زيادة مستمرة كاستخدام المواد الحافظة للمواد المعلبة والهرمونات المنشطة

للمحصولات الزراعية والحيوانية فضلاً عن التلوث النفسي الذي أفرز بظلاله السلبي على الأجنة . ولا تقتصر هذه العوامل المضافة على التوحد فقط وإنما قد تؤدي إلى حالات أخرى من فئات التربية الخاصة .

ويلاحظ من خلال المتتبع للدراسات المتعلقة لنسبة إنتشار التوحد إنّ هناك زيادة في أعداد التوحديين فمثلاً يشير نوبلوك(Knoblock ,1983)أنّ نسبة إنتشار التوحد تشكل (2500/1).

أما الدراسات التي قام بها ايهلر وجيلبيرغ (Ehler &Gillberg,1993) فقد أشارا إلى أن نسبة حالات الاصابة بالتوحد هي (36) لكل (10000) للمواليد ما بين عام (1975-1983) والتي اعتمدت على معايير جيلبيرغ في التشخيص ، وهناك دراسات احصائية امريكية ذكرت نسب انتشار الاصابة بالتوحد وفق نسبة ذكائهم حيث أشارت إلى نسبة (20,6) لكل (10000) للذين نسبة ذكائهم أقل من (70) و (14,9) لكل (10000) للذين نسبة ذكائهم أكثر من (70) وفق معايير محددة . بينما أشار سكوبلر وميسبوف (Mesibov & Schopler) عام (1995) بناءً على إحصائيات عالمية إلى وجود ما بين (2-4)أطفال لكل (1000)طفل.

وأشار لايدلر(Laidler,2005) إلى الفرق في نسبة الانتشار بناء على التقارير الأمريكية التي كانت ترفع إلى الكونغرس الأمريكي بأعداد الأفراد التوحديين حيث كانت في عام (1993) أربعة من كل عشرة آلاف فرد ، وأصبحت في عام (2003) (25) من كل عشرة آلف فرد .

وقد يكون ذلك نتيجة لزيادة أدوات الكشف والتشخيص إضافة إلى زيادة المختصين في هذا المجال فضلا عن الأسباب التي ذكرت من قبل .

أعود وأقول إن هذه النسب قد لا تكون دقيقة إذ هي تمثل في الغالب الإحصائيات الرسمية ، وقد لا يعرض بعض الأسر أبنائهم إلى المختصين لأسباب متعددة منها الفقر، العادات الاجتماعية ، الجنس .

كما أنّ هذه النسب تختلف من دولة إلى أخرى تبعاً وبشكل أساسي لمدى تطور وتمدن هذه البلدان الذي يرتبط إرتباطاً وثيقاً بدرجة وعي الناس بالتربية الخاصة بشكل عام والتوحد بشكل خاص بالإضافة إلى عوامل أخرى ذكرت من قبل وهي توفر محكات التشخيص بالرغم من أنها قد تؤثر في نسبة حالات التوحد، وتوفر الاختصاصيين .

وقد أشار معهد أبحاث التوحد (Institute Autism Research, 14. No: 2, 2000) إلى زيادة حالات التوحد بشكل كبير ، كما أصدر مركز الأبحاث في جامعة كامبرج تقريراً بازدياد نسبة حالات التوحد حيث أصبحت(75) حالة في كل (10,000)من عمر (5-11) سنة وهي نسبة أكبر بكثير من النسبة التي يعتقدها كثير من المختصين وهي (5) حالات في كل (10,000) .

وفي هذا السياق فقد أشارت إحدى التقارير التي ذكرها شاكرابارتي وفومبون (Chakrabarti & Fombonne, 2005) أنّ تقدير إنتشار الاضطرابات النمائية في تزايد حيث توصلا من خلال دراستهما المسحية ان نسبة انتشارها (62,6) لكل (10000) طفل لمرحلة ما قبل المدرسة في بريطانيا للعمر ما بين (4-6) سنوات من خلال استخدام أدوات تشخيص مقننة . أما بالنسبة للتوحد بشكل خاص فظهرت نسبة انتشاره (22) لكل (10000) طفل لمرحلة ما قبل المدرسة .

أما فيما يتعلق بمتغير الجنس ، فيشير ماهل وترينتاكستل ورابين (Muhle, Trentacostle & Rapin, 2004) أن نسبة انتشار التوحد لدى الإناث تكون واحدة إلى (2,8- 6) أولاد من خلال ما توصل إليه الباحثون في خمس ولايات أمريكية هي أريزونا (Arizona) ،وجورجيا (Georgia) ، ونيوجرسي (New Jersey) وجنوب كارولينا (South Carolina) وغرب فرجينيا (West Virginia) .

وهناك من عزا سبب الفرق في الإصابة بالتوحد وفق متغير الجنس هو جيني ويتعلق بشكل أساسي بالكروموسوم الجنسي (X) إذ أن البنت تأخذ(X) من الأم والأب ، بينما يأخذ الولد (X) من الأم فقط ، ويكون الجين التي تأخذه البنت من أبيها منيع ومميز يحمي حامله من الإصابة بالتوحد .

موازنة بين التوحد وكل من صعوبات التعلم والإعاقة العقلية والإعاقة السمعية والاضطرابات الانفعالية

هنالك أوجه شبه واختلاف بين التوحد والفئات الرئيسية للتربية الخاصة وهي صعوبات التعلم والإعاقة العقلية والإعاقة السمعية والاضطرابات الانفعالية لذلك سيسعى الكاتب إلى الموازنة بين التوحد والفئات الأربعة السابقة بعد الانتهاء من كل فصل من فصول هذا الكتاب

جدول (2)

الموازنة بين التوحد وصعوبات التعلم في ماهية وتصنيف ونسبة انتشار كل منهما

التوحد	صعوبات التعلم
يمكن أن نطلق عليه إعاقة ، وقد أطلقت عليه إعاقة التوحد .	يستبعد الكاتب استخدام مصطلح إعاقة على هذه الفئة، بالرغم من ان من بين المصطلحات التي استخدمت في هذا الجانب الاعاقة الادراكية والاعاقة الخفية، لأن نسبة ذكائهم عادية أو تزيد ويمكن ان يكون للموهوبين صعوبات تعلم، كما أن هناك مشاهير متميزين كانت لديهم صعوبات تعلم، ولكنها تعد إحدى فئات التربية الخاصة علما أن التربية الخاصة ليست حكرا على فئات التربية الخاصة وإنما حتى العاديين يحتاجون تربية خاصة لبعض الوقت. فهل يمكن أن نطلق على انشتاين ،وأديسون ودافنشي- وتشرشل وويلسون الرئيس الأمريكي معاقين وكانت لديهم صعوبات تعلم .

التوحد	صعوبات التعلم
لا يصل الأطفال المصابون بالتوحد إلى درجات متقدمة أكاديميا كما هو الحال بالنسبة لذوي صعوبات التعلم.	يمكن أن يصل الأفراد ذوو صعوبات التعلم إلى أعلى المستويات وهناك الكثير من المشاهير كان لديهم صعوبات تعلم مثل انتشتاين وأديسون وتشرشل وبيل وغيرهم كثير.
تظهر أعراض السلوكات التوحدية في مرحلة الرضاعة.	تظهر أعراض صعوبات التعلم بعد هذه المرحلة وتكون أكثر وضوحا عند دخول الطفل المدرسة.
إن إصابة الطفل بالتوحد يعد صدمة كبيرة للأسرة وخاصة بالنسبة للتوحد التقليدي.	لا تصل الحال في حالة صعوبات التعلم إلى حد الصدمة التي تشعر بها أسرة الطفل المصاب بالتوحد.
إن عدد المصطلحات التي استخدمت مع التوحد اقُل من المصطلحات التي استخدمت مع صعوبات التعلم ،كالتوحد، والذاتوي ، فصام الطفولة ، التوحد الطفولي ،ونمو الأنا الشاذ، والطفل الآلي والعمى الذهني وعامة الناس يطلقون عليهم البربريون .	استخدمت مصطلحات كثيرة للدلالة على صعوبات التعلم قد تصل إلى خمسين مصطلحاً ومنها القصور الوظيفي الدماغي الطفيف ، اصابة الدماغ ، الإعاقة الادراكية ، أو مصطلحات محددة كعسر القراءة أو عسر الكتابة أو عسر الرياضيات ،أو تأخر الكلام وغيرها.
ارتبطت حالات التوحد بالعالم الذي اكتشفها وهو ليو كانر عام 1943وهذا لا يعني أنه غير موجود	أول من استخدم مصطلح صعوبات التعلم هو العالم كيرك عام 1963وهذا لا يعني انها

صعوبات التعلم	التوحد
غير موجودة وظهرت هذا العام .	وظهر في هذا العام.
يكاد يتفق المختصون في هذا الجانب أن صعوبات التعلم هو خلل عصبي.	تعد حالات التوحد اضطرابا نمائيا بعد أن كانت تعد لفترات طويلة إعاقة انفعالية.
لم يتفق المختصون على تعريف واحد لتعدد المهتمين بصعوبات التعلم وتعدد أعراضه وأسبابه كما انه ليس درجة واحدة.	لم يتفق المختصون على تعريف واحد وإنما تعددت التعريفات لتعدد المختصين الذين اهتموا بحالات التوحد ولتعدد أعراضه وأسبابه ودرجاته.
تكون نسبة انتشار صعوبات التعلم وفق متغير الجنس هي 4 ذكور مقابل أنثى واحدة.	تقترب حالات التوحد من صعوبات التوحد بنسبة انتشارهما وفق متغير الجنس إذ تكون نسبة الذكور إلى الإناث 4 :1
تعد فئة صعوبات التعلم من أكثر فئات التربية الخاصة انتشارا في العالم ، وهي أكثر بكثير من حالات التوحد .	إن نسبة انتشار حالات التوحد أقل بكثير من صعوبات التعلم.
لا يوجد اتفاق بين المهتمين على نسبة معينة لصعوبات التعلم .	لا يوجد اتفاق بين المهتمين على نسبة معينة لانتشار حالات التوحد .
لا ترتبط صعوبات التعلم بشكل عام بإعاقات أخرى كالعقلية والسمعية والانفعالية والبصرية وفق محك الاستبعاد وهو أشهر المحكات لتحديد صعوبات التعلم .	يمكن أن يرتبط التوحد بحالة الصرع وخاصة في مرحلة المراهقة حيث تظهر حالات الصرع في هذه المرحلة (Volkmar, 2000) والتحدب الصلبي (Tuberous Sclerosis) (Smally, 1998)

جدول (3)

الموازنة بين التوحد والإعاقة العقلية في ماهية وتصنيف ونسبة انتشار كل منهما

التوحد	الإعاقة العقلية
استخدمت مصطلحات كثيرة لحالات التوحد كما أشرنا إلى ذلك عند الموازنة بين التوحد وصعوبات التعلم.	لم تستخدم مصطلحات كثيرة في مجال الإعاقة العقلية إذا ما قورنوا بحالات التوحد.
التوحد فئة حديثة العهد قياسا بالإعاقة العقلية	تعد الإعاقة العقلية من أقدم الاعاقات ، وتسمى الإعاقة الكلاسيكية.
يظهر التوحد التقليدي خلال الثلاثين شهراً الأولى.	تظهر الاعاقة العقلية منذ الولادة إلى 18 سنة.
التوحد أقل وصمة على الطفل والأسرة من الإعاقة العقلية .	الإعاقة العقلية أشد وصمة على الطفل والأسرة من حالات التوحد .
لم يعامل الأطفال المصابون بالتوحد كما عومل المعاقون عقليا في الماضي .	لقد تعرض المعاقون عقليا في الماضي إلى شتى أنواع الظلم والاضطهاد فكانوا يقّتلون، ويشردون في الفيافي ويرمون في النهر ، وقد كان من ضمن الاعتقادات في السابق ان فيهم مس من الجن فتزهق روحهم تخلصا من الجن.
أعطي الأطفال المصابون بالتوحد منذ بداية اكتشافهم الرعاية والاهتمام ولا أدل على ذلك طرق الكشف والبرامج المقدمة لهم على الرغم من أن الفارق في نسبة الانتشار أقل بكثير	لم يعط الاهتمام المطلوب وخاصة في الزمن الماضي إذا ما قورنوا بالأطفال المصابين بالتوحد .

التوحد	الإعاقة العقلية
من حالات الإعاقة العقلية .	
ينتاب أولياء الأمور الأمل في تحسن أبنائهم إذا ما قورن الأمر بالمعاقين عقليا.	أن أملهم أقل بكثير من حالات الأطفال المصابين بالتوحد .
إن نسبة إنتشار حالات التوحد أقل من المعاقين عقليا إذ لا تتجاوز(1%) عالميا، وهذه النسبة لا تكون واحدة عبر الزمن والمكان.	إن نسبة إنتشار الإعاقة العقلية أكثر من حالات التوحد إذ قد تصل النسبة إلى (3%) عالميا ، ولا تكون هذه النسبة واحدة فقد تزداد في مكان وتقل في مكان آخر فالإعاقة العقلية في المجتمع الشرقي أكثر من المجتمع الغربي.
ان نسبة الانتشار وفق متغير الجنس هو اربعة ذكور مقابل انثى واحدة .	ان نسبة الانتشار وفق متغير الجنس هي ذكران مقابل انثى واحدة .
لا يكون الأمر واضحا بالدقة التي تظهر في مجال الإعاقة العقلية من أن النسبة تتأثر بشدة الإعاقة ، ولكن إذا تكلمنا عن إعاقة التوحد ذاتها لقلنا بشكل عام أنه كلما اشتدت الإعاقة قل العدد .	يكاد يكون واضحا أنه كلما اشتدت الإعاقة قل العدد فتكون الإعاقة العقلية البسيطة أكثر من الإعاقة العقلية المتوسطة ، وكذلك المتوسطة أكثر من الشديدة
ارتبطت حالات التوحد الكلاسيكي بالطبيب النفسي الأمريكي ليو كانر	لم ترتبط الإعاقة العقلية بعالم معين كما هو الحال بالنسبة للتوحد .
لا يتأثر حدوث حالات التوحد بالحالة الاقتصادية والاجتماعية والثقافية وحجم الأسرة وأساليب التعامل الوالدية.	تكون نسبة انتشار الإعاقة العقلية في المستويات الاجتماعية والاقتصادية والثقافية المتدنية أكثر من الطبقتين الاخريتين وهي الطبقة المتوسطة والعليا ،

التوحد	الإعاقة العقلية
	كما تتأثر بحجم الأسرة وأساليب المعاملة الوالدية.

جدول (4)

الموازنة بين التوحد والإعاقة السمعية في ماهية وتصنيف ونسبة انتشار كل منهما

التوحد	الإعاقة السمعية
استخدمت مصطلحات عديدة في حالات التوحد.	لم تستخدم مصطلحات عديدة كما هو الحال بالنسبة لحالات التوحد.
لا يوجد إتفاق بين المهتمين على تعريف واحد للإصابة بالتوحد لتعدد الاختصاصين الذين اهتموا بالتوحد والمظاهر الكثيرة والأسباب المتعددة .	يكاد يتفق المختصون في هذا الجانب على تعريف الإعاقة السمعية والتي تعتمد بشكل أساسي على درجة فقدان السمع بالديسبل (وحدة لقياس شدة الصوت) وإما يكون التعريف من الناحية القانونية أو التربوية بشكل أساسي .
إن حالة التوحد هي حديثة العهد قياساً بالإعاقة السمعية وتحدث في كل المجتمعات.	الإعاقة السمعية قديمة جدا لا يخلو منها أي مجتمع من المجتمعات.
لا تتأثر الإصابة بالتوحد بالحالة الثقافية للوالدين وقد لمسنا في واقع الحال كثير من التوحديين من مستويات ثقافية عالية.	تتأثر الإعاقة السمعية بالحالة الثقافية للوالدين وخاصة الأم ، فقد حدثت الكثير من الإعاقات السمعية نتيجة لعدم ثقافة المرأة لمتطلبات حالة الحمل فمثلا هناك عدد منهن أخذن المضادات الحيوية وهن في حالة الحمل وخاصة تلك المضادات التي تنتهي بالمايسين مما سبب ضررا في الخلايا المسوؤلة عن السمع أو عدم اعطاء الام الاهتمام المطلوب لالتهاب الاذن المتكرر للطفل.
إن نسبة انتشار التوحد أقل من نسبة انتشار الاعاقة السمعية.	إن نسبة انتشار الاعاقة السمعية أكثر من انتشار التوحد .
إن الطفل المصاب بالتوحد يكون طبيعيا من حيث الشكل الخارجي ، وقد يلاحظ من خلال سلوكه غير الطبيعي .	إن الطفل المعاق سمعيا كذلك طبيعيا من حيث الشكل الخارجي ، وقد لا يعرفه الآخر إلا عندما يتحدث معه.

الإعاقة السمعية	التوحد
يمكن أن تحدث الإعاقة السمعية بأسباب تتعلق ما قبل الولادة ،وأسباب إثناء الولادة ، ويمكن أن تحدث لأسباب بعد الولادة.	إن أغلب حالات الإصابة بالتوحد تحدث لأسباب ما قبل الولادة بشكل أساسي وقد تكون أحياناً إثناء الولادة .
لا تتصف الإعاقة السمعية بالغموض كما هو الحال بالنسبة للتوحد.	تتصف حالات التوحد بالغموض.
تأثر كثيراً بالتقدم العلمي والتقني فالتطور الذي حدث في مجال المعينات السمعية جعل المعاقين إعاقة بسيطة ومتوسطة يستفيدون بدرجة كبيرة من هذه المعينات إضافة إلى زرع القوقعة الحلزونية بالنسبة للصم وخاصة لما قبل السنوات الخمس أو من فقد السمع بأي مرحلة عمرية بعد أن اكتسب اللغة .	لم يتأثر التوحد بالتقدم العلمي والتقني كما هو الحال بالنسبة للإعاقة السمعية.
إن التعامل مع المعاقين سمعيا أسهل من الأطفال المصابين بالتوحد.	إن التعامل مع الأطفال المصابين بالتوحد أصعب من التعامل مع المعاقين سمعيا.

جدول (5)

الموازنة بين التوحد والاضطرابات الانفعالية في ماهية وتصنيف ونسبة انتشار كل منهما

التوحد	الاضطرابات الانفعالية
إضطراب نمائي ، بعد أن عد لسنوات عديدة في السابق إضطراب إنفعالي	إضطراب انفعالي .
استخدمت عدة مصطلحات لتدل على حالات التوحد .	لم تقتصر الاضطرابات الانفعالية على هذا المصطلح فقط وإنما استخدمت كذلك مصطلحات أخرى كالاضطرابات السلوكية (Behavioral Disorders) والاضطرابات الانفعالية الاجتماعية (Social Emotional Handicap) والصراع الانفعالي (Emotional Conflict) والإعاقة السلوكية (Behavioral Impairment) وهي تدل جميعا على السلوك غير السوي .
تعريفات التوحد أقل من تعريفات الاضطرابات الانفعالية.	تعريفات الاضطرابات الانفعالية أكثر من تعريفات التوحد .
مصطلح التوحد احدث من مصطلح الاضطرابات الانفعالية.	مصطلح الاضطرابات الانفعالية أقدم من مصطلح التوحد .
مدى الفروق بين حالات التوحد وخاصة التقليدي ليست كمدى الفروق في الاضطرابات الانفعالية ، وإنما هي أقل.	مدى الفروق بين الاضطرابات الانفعالية أعلى من مدى الفروق في حالات التوحد.
إن أنواع التوحد أقل بكثير من أنواع الاضطرابات الانفعالية.	إن أنواع الاضطرابات الانفعالية كثيرة .
إن نسبة إنتشار حالات التوحد عالميا أقل بكثير من نسبة إنتشار الاضطرابات الانفعالية.	إن نسبة إنتشار الاضطرابات الانفعالية أكثر من نسبة إنتشار حالات التوحد.

التوحد	الاضطرابات الانفعالية
إن التوحد أكثر تقارباً مع الاضطرابات الانفعالية قياساً بفئات التربية الخاصة الأخرى.	أقرب إلى فئة التوحد قياسا بفئات التربية الخاصة الأخرى.
إن نسبة انتشار حالات التوحد عند الإناث أقل من الذكور.	إن نسبة انتشار بعض الاضطرابات الانفعالية عند الإناث أكثر بشكل عام من الذكور وخصوصاً الاكتئاب .

الفصل الثاني
خصائص الأطفال المصابين بالتوحد

- الخصائص السلوكية
- الخصائص الاجتماعية
- الخصائص اللغوية
- الخصائص المعرفية
- الخصائص الأكاديمية
- التوحد بين الحقيقة والخيال
- موازنة بين التوحد و

أ- صعوبات التعلم

ب- الإعاقة العقلية

ج- الإعاقة السمعية

د- الاضطرابات الانفعالية

خصائص الأفراد المصابين بالتوحد

لا يختلف الطفل المصاب بالتوحد بشكل عام عن الطفل غير التوحدي بالمظهر العام وخاصة إذا كانت النظرة عن بعد. وقد توصل الباحث من خلال زياراته الميدانية للمراكز الخاصة بالأطفال المصابين بالتوحد والمؤسسات الأخرى التي تحوي أطفالاً مصابين بالتوحد أنهم بشكل عام يتسمون بالوسامة .

وقد صرح الكثير من الذين تعاملوا مع الأطفال المصابين بالتوحد هذه الميزة حتى أنّ إحدى مديرات مراكز التوحديين التي تعاملت مع أعداد كبيرة من الأطفال المصابين بالتوحد صرحت أنهم أفضل شكلاً من بقية إخوتهم، وهذا مما يزيد من معاناة وأنات أولياء الأمور.

إنّ الخصائص التي سنتحدث عنها لا تكون واحدة لجميع الأطفال المصابين بالتوحد إذ لا يتطابق طفلان مصابان بالتوحد في نفس المظاهر ، فقد يقتربان كل منهما من الآخر ، وقد يختلفان في بعض المظاهر ، وعلى أقل تقدير فإنّ السلوك الشائك قد يختلف في الشدة فبعضهم لا يتفاعل إجتماعياً والبعض الآخر له بعض التفاعل الاجتماعي، كما قد يكون بعضهم لا يستخدمون اللغة الشفهية في حين يستخدم البعض الآخر اللغة الشفهية.

وعلى أية حال، يمكن القول بهذا الصدد أنّ مظاهر التوحد هي كبقية فئات التربية الخاصة تزداد سلباً كلما إزدادت شدة مظاهره، وهذا يرتبط إرتباطاً وثيقاً بالأسباب التي أدت إلى حالات التوحد فضلاً عن المتغيرات التي يعيشها الطفل المصاب بالتوحد، ولا يمكن أن تكون الأسباب على درجة واحدة من الشدة، والظروف المحيطة به ليست واحدة .

الخصائص السلوكية

ابتداء عند المقارنة بين سلوك الطفل المصاب بالتوحد والطفل غير التوحدي نجد أنّ الأول يتصف بحدودية السلوكات وسذاجتها والقصور الواضح في التفاعل مع المتغيرات البيئية بشكل سليم وناضج فضلاً عن أنها تبتعد عن التعقيد. فهولاء الأطفال يعيشون في عالمهم الخاص، لا ينتبهون ولا يركزون على ما هو مطلوب منهم ، بل يركزون على جانب محدود لا يملون منه كتركيزهم على جزء صغير من آلة كبيرة ..

وقد رأى الكاتب خلال زياراته الميدانية أمثلة كثيرة لذلك , وعلى سبيل المثال وجد طفلاً مصاباً بالتوحد مولع بالحبل .

والكثير من هؤلاء الأطفال يتعلقون بالأشياء بشكل غير طبيعي ، وقد تكون هذه الأشياء ليست ذات جدوى من الناحية الوظيفية.

كما يتفق معظم الباحثين في هذا المجال على أنّ أهم خاصية يتصف بها الأطفال المصابون بالتوحد هو السلوك النمطي (Stereotyped Behavior) وتكرارية السلوك الطقوسي (Ritualistic Behavior) ، فقد يستمر في هز جزء من جسمه كرأسه أو رجلة لفترات طويلة وقد تكون تلك الحركات استثارة ذاتية ، وقد تنتهي بشكل مفاجئ دون تدخل الآخرين ، ثم يرجع قافلا إلى وحدته مغرقا فيها ومنغلقا على نفسه .

كما انهم يتعلقون بشكل غير طبيعي بالأشياء ولا ينفكون منها ، فهم أساساً لا يحبون التغيير ويصرون على التماثل ، لذلك ومن خلال مشاهداتنا إثناء زياراتنا الميدانية للمراكز الخاصة بالأطفال المصابين بالتوحد ومراكز التربية الخاصة التي تحتوي هولاء الأطفال أنهم قد يثار غضبهم عندما يرون تغييراً في النمطية التي اعتادوا عليها كتغيير شيء مرغوب فيه بالنسبة لهم من مكان إلى مكان آخر. لذلك فإنّ المظاهر النمطية والطقوسية تكون واضحة جلية والإصرار على التماثل أيضا . وقد ينتاب الطفل رغبات استحواذية غير وظيفية كحمل لعبة معينة أينما ذهب وأينما حل أو تحسس أشياء كالجدران غير مبالين بالقبول الاجتماعي أو عدم القبول .

وقد يظهر ذلك في الاهتمامات والأنشطة والحاجات كالمأكل والمشرب والملبس. لذلك قد يجد الآباء صعوبة في تغيير الغذاء وخاصة تلك التي تحتوي على الجلوتين والكاسيين لأنهم إعتادوا على نوعية من الأكل لا يرغبون في تغييره ، فمثلا قد يبدأ الأطفال المصابون بالتوحد بأكل الخبز قبل السلطة ، ويمكن أن يعمموا ذلك في المدرسة . لذلك عندما يحاول الباحثون علاج الطفل المصاب بالتوحد عن طريق الغذاء كإضافة مواد تحتوي على (B6) والمغنيسيوم فهم يخلطونه مع ما يفضله الطفل من الطعام . أو قد يعطونه القليل منه .

وقد يفضلون قدحاً معيناً في الشرب الذي إعتادوا عليه ، وقد ينتابهم سورة من الغضب في حالة التغيير.

وقد ينتاب الأطفال المصابون بالتوحد إضطرابات شديدة عند تعرضهم بشكل مفاجئ إلى بيئة جديدة غير البيئة التي إعتادوا عليها.

ويظهر الأطفال المصابون بالتوحد علامات الحزن دون أن يكون هناك أسباب بيئية تدعو إلى ذلك ، ودون أن يعوا ذلك ، أو قد يؤذون أنفسهم كعظ أنفسهم ، أو ضرب روؤسهم على الحائط، لذلك يفترض على المدارس الخاصة بالأطفال المصابين بالتوحد أن تضع عازلاً من الإسفنج أو ما شاكل ذلك لمواجهة هذه السلوكات التي تحدث من قبل هولاء الأطفال .

ويتصف هولاء الأطفال كذلك بالتبلد في الإحساس مقارنة بأقرانهم غير التوحديين، وقد لا يقدرون المخاطر التي يتعرضون إليها ، وقد تحدثت كثير من المعلمات اللواتي يتعاملن مع الأطفال المصابين بالتوحد بأنهن رأوا أطفالاً ينساب الدم من جسمهم دون أن يبكوا، لذلك يتطلب مراقبتهم سواءً في المؤسسات التعليمية أو داخل البيت.

وما يكون ملفتا للنظر أن الطفل المصاب بالتوحد قد يتضايق جداً ويصرخ بصوت عال جدا عندما يلمسه طفل آخر ، وقد يعكس ذلك خللا في توازن الحواس .

كما يتصف هولاء الأطفال بإستجاباتهم غير الاعتيادية ، فقد يستجيب بعضهم لبعض الأصوات ويغالون فيها، ويتصف منهم بالنشاط الزائد والحركة غير الهادفة، وقد يتصف بعضهم بالجمود والقصور الواضح بالحركة ، وقد يميلون إلى المشي على رؤوس الأصابع، وقد لا يتحكمون في حركات أيديهم في المهارات الحركية الدقيقة ، وصعوبات في تغيير أوضاعهم الجسمية .

ويتصف بعض الأطفال المصابين بالتوحد بردود أفعال عالية(Hyperreactivity) وبعضهم الآخر بردود أفعال واطئة(Hyporeactivity) .

ويشير انزولون ووليمسون (Anzalone & Williamson ,2001) في هذا الصدد أن الأطفال الذين يتصفون بردود الأفعال الزائدة (Hyperreactivity) يميلون أن تكون

العتبة الحسية لديهم واطئة(Low Sensory Threshold)، ولديهم انحرافات في ردود أفعال الجهاز العصبي السمبثاوي مثل زيادة في ضغط الدم ، ومعدل ضربات القلب ، والتنفس . ويميل هؤلاء الأطفال إلى مستوى إثارة عالية ومحددة وسيطرة صارمة على المدخلات الحسية .

أما الذين يتصفون بردود الأفعال الواطئة (Hyporeactivity) فيميلون أن تكون لديهم عتبة حسية عالية (High Sensory Threshold) . لذلك يحتاج هؤلاء الأطفال إلى كثير من المدخلات الحسية لتنشيط الجهاز العصبي السمبثاوي ، لذلك يمكن القول ان ألأطفال الذين يتصفون بردود أفعال عالية قد يتعلمون من البيئة المعاشة أكثر من أولئك الذين لديهم ردود أفعال واطئة .

ويتصفون كذلك بالانتقاء المتطرف للمثيرات والالتصاق بها بشكل غير طبيعي دون ملل أو سأم.

إضافة إلى ذلك لديهم حركات جسمية غير طبيعية كهز الجسم بشكل مستمر أو الدوران حول نفسه، أو تحريك نصف الجسم إلى الأمام والخلف، أو فرك اليدين أو طقطقة الأصابع أو رفرفة اليدين .

ومن المظاهر الأخرى التي يتصف بها الأطفال المصابون بالتوحد تجنب النظر بوجوه الآخرين، أو بشكل محدد القصور الواضح بتلاقي العيون أو ينظر من خلال الآخرين.

إنّ التمركز حول الذات للطفل التوحدي تجعله لا يستجيب بشكل طبيعي ومناسب للمثيرات الإدراكية ، فمثلا قد لا يستجيب للأصوات التي تصدر من الأشخاص الذين يحيطون به وكأنه لا يسمعها ، وأحيانا قد ينزعج من الأصوات بحيث يضع يديه على أذنيه وكأنه يريد أن يعيش في عالمه الخاص دون مؤثرات خارجية .

وقد يكون لبعضهم خشية وخوف من أشياء لا تستدعي الخوف إذ هي طبيعية لأقرانهم الذين هم في نفس أعمارهم .

ولابد من الإشارة إلى أنّ هذه السلوكات قد لا توجد جميعها عند كل طفل مصاب بالتوحد، كما أنّ هذه السلوكات ليست على درجة واحدة من الشدة .

وقد تظهر حالات الصرع عند الأفراد المصابين بالتوحد عندما يصلون إلى مرحلة المراهقة، وتشير التقارير في هذا الصدد أن واحداً من أربعة تظهر عليهم حالات الصرع في مرحلة البلوغ ، وقد تكون للتغييرات الهرمونية دوراً في ذلك (Volkmar, 2000) . وقد يميل بعض الأطفال المصابين بالتوحد إلى السلوك العدواني وخاصة عندما يكونون في حالة قلق أو إحباط أو في بيئة غريبة ، ويكون ذلك إما من خلال الاعتداء على الآخرين أو كسر الأشياء الموجودة أمامه أو إيذاء أنفسهم .

ويواجه الطفل المصاب بالتوحد صعوبات في مهارات العناية الذاتية كالاستحمام واستخدام الحمام وارتداء الملابس وتنظيف الأسنان وحدودية الاستقلال وخاصة في مرحلة الطفولة .

الخصائص الاجتماعية والانفعالية

إنّ من الخصائص التي يتفق عليها المختصون في هذا المجال هو القصور الواضح أو عدم التفاعل الاجتماعي ،فبعضهم منعزلون تماماً لا يتواصلون مع الآخر سواءً كان ذلك باللغة المنطوقة أو غير المنطوقة ، وقد لا يقتصر على ذلك فحسب ، وإنما قد يهربون بعيداً تجنباً للتفاعل الاجتماعي، وقد ينتابهم سورات من الغضب.

لذلك فإنّ عامة الناس قد أطلقوا عليهم أوصافاً مثل (الأطفال الشرسون أو الأطفال الغريبون أو البربريون) .

إنّ هؤلاء الأطفال لا يقيمون علاقات إجتماعية حتى مع أقرب الناس إليهم ، فهم يعزلون أنفسهم حتى عند وجودهم داخل الأسرة . كما أنهم لا يتواصلون بالعين مع أقرب الناس إليهم ، ويمكن أن تجنبوا تلاقي العيون . وقد يقضي الأطفال المصابون بالتوحد بعض الوقت مع آبائهم أو مربيهم ، وقد يحب الطفل المصاب بالتوحد الجلوس في حضن أمه، لكن لا ينظر إليها ولا يبادلها الابتسام كما يفعل الطفل غير التوحدي، وقد يفشل هؤلاء الأطفال في فهم العلاقات مع الآخرين ، ولا يستجيبون لمشاعرهم ، كما يظهر قصورهم

الواضح مشاركتهم الآخرين تجاربهم وسلوكاتهم. كما أنهم لا يعطون انتباها أو اهتماما للأشخاص الذين يحيطون بهم، وقد يوجهون انتباههم إلى الأشياء المادية ، وقد يتعاملون مع الأشخاص وكأنهم أشياء مادية ، وليسوا كائنات حية فلا يكون هناك تواصل بصري ، وقد يهتمون بجزء من الإنسان كيديه مثلا كما يهتمون بأجزاء الأشياء . ونادراً ما يسعون إلى الحنان، ولا يتضايقون في أغلب الأحيان عندما يغادر أحد الوالدين البيت ، كما أنهم لا يلاقون الآباء بلهفة عند عودتهم كما هو الحال بالنسبة لأقرانهم غير التوحديين ، وهذا ما يؤلم الوالدين.

وقد يتصف هولاء الأطفال بغياب الدلالة الاجتماعية إذ لا تظهر عليهم من التعبيرات ما يدل على الفرحة والسرور عند لمسهم لعبة أو أي شيء مرغوب فيه بشكل عام.

ويشير زكلر وبورلاك (Zigler & Burlack, 1998) في هذا الصدد إلى أنّ الأطفال المصابين بالتوحد:

- يفضلون الألعاب ذات الخصائص الحسية أكثر من تفضيلهم اللعبة نفسها.

- لعب الأطفال المصابين بالتوحد ينقصه الخيال أي أنهم لا يضيفون أفكارهم أو مشاعرهم أو تفسيراتهم الخاصة.

- يميل هولاء الأطفال إلى المواظبة والتكرار لنفس طريقة اللعب.

- لا يضيفون أفكاراً تلقائية ولا يستطيعون اللعب التمثيلي .

يظهر القصور الواضح في التمثل والابتكار إضافة إلى افتقارهم إلى إبداء المشاعر خلال المواقف الاجتماعية كما أنهم لا يعبرون أي إهتمام بمشاعر الآخرين، ونحن نعرف أنه من الخصائص الرئيسية للتفاعل الاجتماعي وبناء علاقات إجتماعية سليمة هو الإحساس بمشاعر الآخرين فضلاً عن قصورهم الواضح في التعبير عن مشاعرهم.

والأطفال المصابون بالتوحد لا يعبرون عن مشاعرهم وعواطفهم بشكل طبيعي كأقرانهم الآخرين، فمثلا قد يظهرون مشاعر الغضب والسرور والحزن دون أن يكون لذلك مبرر أو موقف يتطلب ذلك.

ويمكن القول كذلك أنّ هؤلاء الأطفال يتصفون بإفتقارهم إلى التعلق بالوالدين في مرحلة الطفولة المبكرة . كما أنهم لا يتجاوبون مع أي محاولة تبدي عطفا أو حباً ، أو قد يلاقي الآباء الفتور وعدم الاكتراث من ضمهم ومعانقتهم وتقبيلهم وهذا الحال يختلف تماما عما يفعله الأطفال غير التوحديين . كما قد يعاني الأطفال المصابون بالتوحد إلى اضطرابات في النوم كأن ينامون فترات أطول من الاعتيادي أو أقل بكثير مما هو عادي لنفس أعمارهم ، وقد يتخلل نومهم الكوابيس والأحلام المزعجة .

ولابد من الإشارة في هذا الصدد إلى أنّ التفاعل الاجتماعي ليس درجة واحدة لدى جميع الأطفال المصابين بالتوحد فهناك من لا يستجيب لكل أنواع التفاعل الاجتماعي ويحب العزلة بذاته، ويهرب تجنباً للاحتكاك، وقد يكون الحال حتى داخل الأسرة . والبعض الآخر لا يهرب ولا يتجنب مخالطة الناس عندما يحتاجون إلى شيء ما ، ولكن تفاعلهم الاجتماعي لا يكون بالمستوى المقبول الذي يضاهي أقرانهم غير التوحديين . فأطفال أسبيرجر يتفاعلون إجتماعياً مع الآخرين ، ولكن قد يفشلون في إقامة علاقات إجتماعية مستمرة للسلوك غير الطبيعي الذي يصدر منهم .

لذلك صنفت المشكلات الاجتماعية إلى ثلاث فئات هي :-

-المنعزل اجتماعياً : وهو أشد الفئات إذ يتجنب هؤلاء الأطفال كل أنواع التفاعل الاجتماعي ، ويبتعدون عن كل فرد يحاول الاحتكاك معهم . وان الغضب والهروب عن الناس هي الاستجابة الأكثر شيوعا ، وقد يوصف هؤلاء الأطفال بأنهم مذعورون ، وهناك من يعلل الحالة وفقا للمقابلات الشخصية للبالغين المصابين بالتوحد إلى فرص الحساسية لمؤثرات حسية معينة ، فيقول بعضهم أن صوت الأبوين يؤلم أذنيه ، وقسم يصف رائحة عطر والدية أو الكولونيا التي يستعملانها بالكريهة ، وآخرون يشعرون بالألم عندما يلامسون.

- غير المبالي اجتماعياً : وهؤلاء الأطفال لا يتجنبون المواقف الاجتماعية بشدة ، لكنهم لا يسعون إلى الاختلاط بالناس ، وفي ذات الوقت لا يكرهونهم ، كما أنهم لا يجدون بأساً في الخلو إلى أنفسهم ، وقد يمثل هذا النوع من السلوك الاجتماعي شائع بين الأطفال المصابين بالتوحد.

- **الأخرق اجتماعياً :** وهؤلاء الأطفال يحاولون جاهدين مصادقة الآخرين ، لكنهم يفشلون في الاحتفاظ عليهم ، أي لا يستطيعون الإبقاء على صداقتهم لأقرانهم لأنهم يتمركزون حول ذاتهم ، كما أنهم لا يمتلكون المهارات الاجتماعية الكافية ، ويفتقرون إلى الذوق الاجتماعي، وقد يكون هذا الشكل من السلوك الاجتماعي شائع بين الاسبيرجر من الأطفال .

ومن الدراسات التي تطرقت إلى السلوك التكيفي والتي قارنت بين الأطفال المصابين بالتوحد والأطفال المعاقين عقليا والأطفال العاديين دراسة رادرج وآخرون (Radrigue & Others,1995) التي هدفت الموازنة في السلوك التكيفي بين هذه الفئات . تكونت عينة الدراسة من (40) طفلا مصابا بالتوحد و(20) طفلا معاقا عقليا (فئة متلازمة داون) و(20) طفلا عاديا متطابقين في العمر الزمني والعرق ونظام الولادة وحجم الأسرة والوضع الاجتماعي والاقتصادي . توصلت الدراسة إلى أن مجموعة الأطفال المصابين بالتوحد أقل الأطفال إكتسابا للمهارات الاجتماعية حيث أظهروا تأخرا خطيرا في اكتساب هذه المهارات.

بينما لم تتفق دراسة جاكوبسون واكيرمان(Jacobson & Ackerman ,1990) تماما مع الدراسة السابقة إذ اشارت نتائج الدراسة التي اجريت على عينة كبيرة جدا ضمت (1442) طفلا مصابا بالتوحد و(24042) طفلا معاقا عقليا بأعمار (5-12) سنة إلى أن الأطفال المصابين بالتوحد تفوقوا على أقرانهم المعاقين عقليا المماثلين لهم في العمر الزمني، ولكن مع التقدم في العمر الزمني تفوق الأطفال المعاقون عقليا في المهارات التكيفية على اقرانهم التوحديين .

الخصائص اللغوية

من الخصائص التي يتصف بها الأطفال المصابون بالتوحد التقليدي والتي تكون مشتركة لدى جميعهم هي إعاقة التواصل حيث يتبادر إلى الذهن لأول وهلة عندما تلتقي هولاء الأطفال بأنهم بكم لأن الكثير منهم لا يستخدمون اللغة المنطوقة وكذلك اللغة غير المنطوقة كالتواصل البصري والابتسامات والإشارات والتوجيهات الجسدية ، ولا تكون تلميحات الوجه وقسماته متوافقة مع نبرة الصوت . فالطفل قبل تعلمه اللغة قد يستخدم

الإشارات والإيماءات عندما يشير أو يريد شيئاً ما ، أما الأطفال المصابون بالتوحد فهم لا يستخدمون الإشارات والإيماءات. كما أنّهم إن تكلموا فغالباً ما يرددون ما يقال دون فهم أو استيعاب وهذا ما يسمى بالمصاداه (Echolalia) . ولابد من الإشارة إلى أن المصاداه تكون طبيعية قبل ثلاث سنوات ، ولكن إذا إستمرت بعد هذا العمر فقد يشير إلى خصيصة من خصائص التوحديين . فلو سئل الطفل السؤال الآتي ما أسمك؟ سيردد السؤال مرارا بنفس شدة الصوت ونغمته .

وقد تحدث الكاتب مع كثير من أولياء أمور الأطفال المصابين بالتوحد ،وقد أشاروا أن الأطفال لا يستجيبون في السنة الأولى من عمرهم عندما ينادون بأسمائهم ، بينما يكون الأطفال غير التوحديين عكس ذلك . وقد يكتسب الأطفال المصابون بالتوحد بضع كلمات في السنة الثانية ، ويتأخر النمو اللغوي لهولاء الأطفال في السنة الثالثة .

ويتصف الأطفال المصابون بالتوحد بقصورهم الواضح في التعبير إذ يصعب عليهم بناء الجملة الكلامية ، ويجدون صعوبة في ربط الكلمات في جمل ذات معنى، وقد يتكلم بعضهم عدة مفردات فقط. وقد يعطي الطفل المصاب بالتوحد الأشياء مسميات قد لا يعرف دلالتها إلاّ القريبون منه كالآباء، كما قد يعكس الضمائر فيستخدم مثلاً أنت بدلاً من أنا ويمكن أن يقول أنت تريد شكولاته ويقصد أنا أريد شكولاته ، أو يخلط بينها فضلاً عن رتابة الصوت مما يشير إلى خلل في الصوتيات بحيث تكون شاذة الأمر الذي يصعب فهمها، أي أن كلام الطفل المصاب بالتوحد يخلو من النبرات الطبيعية فحدة الصوت وطبيعته ونوعه لا يجسد محتوى الكلام ، ويفتقد إلى تجسيد المعنى المعبر عنه .

كما يصعب عليهم فهم دلالة الألفاظ وفق السياق الاجتماعي مثل ذهب محمد إلى السوق، وذهب محمد إلى ما ذهب إليه أخوه .

وفي هذا السياق ترى جرادن (Gradin,1995) أن طريقة تفكير الأطفال المصابين بالتوحد يتصفون في معظم الأحيان بما يلي :-

- يفكرون بالصور وليس بالكلمات

- عرض الأفكار على شكل شريط فيديو في مخيلتهم ، الأمر الذي يحتاج إلى بعض الوقت لاستعادة الأفكار
- صعوبة في معالجة سلسلة طويلة من المعلومات الشفهية
- صعوبة الاحتفاظ بمعلومة واحدة في تفكيرهم إثناء محاولة معالجة معلومة أخرى
- يتصف باستخدام قناة واحدة من قنوات الإحساس في وقت بذاته
- لديهم صعوبة في تعميم الأشياء التي يتعلمونها .

لذلك فهم يقلدون بصرياً لكنهم يجدون صعوبة في التقليد اللفظي والحركي ، لهذا أكدت الكثير من البرامج العلاجية على المهارات البصرية مثل برنامج بيكس (نظام التواصل بإستخدام الصور) فاعلاً مع الأطفال المصابين بالتوحد.

كما أنهم قد يجدون صعوبة في فهم دوافع الآخرين في المواقف الاجتماعية ، وصعوبة التعامل مع المعلومات الحسية المستلمة ، ولا يستخدمون مشاعرهم في تفاعلهم مع الآخرين بل يميلون إلى استخدام الجانب العقلي .

ويعاني الأطفال المصابون بالتوحد بمشكلات في مكونات اللغة وتتمثل في قلة الحصيلة اللغوية، وعادة ما يتأخر الكلام عندهم حيث يبدؤون الكلام بعمر خمس سنوات ، ويعانون كذلك من اضطرابات صوتية إذ لديهم نبرات صوتية غريبة وشاذة ، وتتصف بالرتابة . ويتصفون كذلك بصعوبة ترتيب الكلام ، وتكوين جمل، ويجدون صعوبة في دلالات الألفاظ ، وخصوصاً الكلمات المجردة أو الجمل المجازية . إضافة إلى قصورهم في فهم الكلام في السياق الاجتماعي .

ويظهر القصور في تطوير الانتباه المشترك الذي يؤثر ليس فقط في الجانب اللغوي وانما في الجوانب المعرفية والاجتماعية .

كما يتصفون بالروتين اللفظي ، وقد شاهد الباحث خلال زياراته الميدانية للمراكز الخاصة بالأطفال المصابين بالتوحد أو المؤسسات التي تحوي بعض منهم . بأن بعضهم يكرر السؤال نفسه أو أكثر من سؤال بشكل روتيني وبطريقة واحدة حتى لو لم يتطلب الموقف ذلك .

ولابد من الإشارة إلى أنّ الاضطرابات لا تكون بدرجة واحدة ، وتتأثر بدرجة كبيرة بشدة الحالـة ، فقد يكون من حالته شديدة يصعب عليه الكلام ، ومن كانت حالته أخف قد يتـابع التعليـمات المصحوبة بالإشارة ، أما من كانت إصابته طفيفة فقد يواجهون صعوبة في الاختصارات واللغة الدقيقة .

ويمكن استعراض أهم مظاهر التأخر اللغوي من الميلاد إلى عمر ثلاث سنوات والمتعلقـة باللغة الاستقبالية واللغة التعبيرية والتي يمكن أن تغطي الأطفال المصابين بالتوحد (برهوم، 2003)

جدول (6)

مظاهر التأخر في اللغة الاستقبالية والتعبيرية حتى عمر ثلاث سنوات

العمر	اللغة الاستقبالية	اللغة التعبيرية
من الميلاد الى شهر	لا يستجيب للأصوات العالية والمفاجئة. لا تنخفض أو تتوقف حركته عند سماعه صوت غريب.	لا يبكي بشكل متكرر. لا يستخدم اصواتا أخرى غير البكاء.
شهر إلى شهرين	لا يعطي انتباها بشكل دائم إلى الأصوات المختلفة. دائما ما لا يستجيب إلى المتحدث بالابتسامة او النظر .	لا يتنوع بكاءه للدلالة على الجوع أو الألم . لا يستخدم صوتا للدلالة على السرور.
شهرين إلى ثلاثة	لا يحدد مكان المتكلم بعينيه. لا يراقب فم وشفاه المتكلم دائما.	لا يستجيب احيانا إلى ما يسمع من أصوات مثيرة حوله بأصوات أخرى.
ثلاثة أشهر إلى أربعة	لا يدير رأسه إلى مصدر الصوت لا يبحث عن المتكلم.	لا يستخدم غالبا أصواتا مثل الباء والميم. لا يضحك غالبا اثناء اللعب بالأشياء.
أربعة أشهر إلى خمسة	لا يستجيب عند مناداته بإسمه. لا يتوقف عن البكاء عندما يكلمه شخص قريب منه .	لا يعبر عن غضبه أو انزعاجه بإستخدام أصواتا أخرى غير البكاء. لا يستخدم اصواتا مثل أو /و/أي
خمسة أشهر إلى ستة	لا يستجيب إلى الزجر أو كلمة لا للتوقف عن العمل الذي يقوم فيه. لا يفهم الإشارات المعبرة عن الغضب	لا يبادر بإصدار أصوات لجلب انتباه الآخرين . لا يستخدم أصواتا إثناء لعبه بمفرده أو مع

العمر	اللغة الاستقبالية	اللغة التعبيرية
	أو الحب.	الآخرين.
ستة أشهر إلى سبعة	لا يستطيع التعرف على أفراد عائلته عند مناداة كل بإسمه.	لا يستجيب لأسمه بإصدار بعض الأصوات . لا يعيد غالبا صوتين مختلفين.
سبعة أشهر إلى ثمانية	دائما ما لا يتوقف عن النشاط الذي يقوم به عند مناداته بإسمه.	لا يلفظ أصواتا قريبة من الكلمة التي يريد استخدامها.
ثمانية أشهر إلى تسعة	لا يفهم بعض الأوامر اللفظية البسيطة.	لا يستخدم الإيماءات أو الإشارات اللغوية مثل حركة الرأس لليمين ولليسار للتعبير عن الرفض.
تسعة أشهر إلى عشرة	لا يهتم عند سماع كلمات جديدة.	لا يبدأ بنطق ألفاظ مثل بابا ، ماما.
عشرة أشهر إلى أحد عشر	لا ينفذ الأوامر البسيطة مثل اغلق الباب.	لا يحاول أن يقلد الكلمات.
أحد عشر شهرا إلى اثني عشر	لا يكرر بشكل مناسب بعض العبارات اللفظية مثل مع السلامة.	لا يتحدث مع ألعابه والآخرين.
اثني عشر شهرا إلى أربعة عشر	لا يفهم الكلمات الجديدة باستمرار.	لا يتكلم ويؤشر للحصول على الأشياء التي يريدها.
اربعة عشر شهرا إلى ستة عشر	لا يعرف بعض أسماء الجسم مثل الرأس والفم والأذن والعين.	لا يستخدم كلمات صحيحة مع الإشارة في حالة قدرته على التكلم.
ستة عشر شهرا إلى ثمانية عشر	لا يستطيع فرز أو تصنيف الأشياء.	لا تزداد الكلمات التي يستخدمها باستمرار.
ثمانية عشر شهرا إلى عشرين شهرا	لا يستجيب للأوامر مثل اجلس ، تعال ، قف ، ولا يفهم الضمائر.	لا يقلد الجمل المكونة من كلمتين أو ثلاث كلمات.
من عشرين شهرا إلى اثنين وعشرين	لا يستطيع تنفيذ أمرين أو ثلاثة بسيطة متتالية .	لا يبدأ بتكوين جملة متكونة من كلمتين.
اثنان وعشرون شهرا إلى أربعة وعشرين	لا يفهم الجمل البسيطة.	لا يكون جمل من ثلاث كلمات.
أربعة وعشرون شهرا إلى سبعة وعشرين	لا ينجح في اختيار الصورة الصحيحة عندما تطلب منه اختيار صورة تمثل حدثا مثل صورة لأطفال يرسمون وتسأله ان يشير إلى الصورة التي تمثل الرسم	لا يستخدم الضمائر المنفصلة مثل أنا ، أنت ، نحن.

العمر	اللغة الاستقبالية	اللغة التعبيرية
سبعة وعشرون شهرا إلى ثلاثين	لا يستطيع التمييز بين الأحجام المختلفة.	لا يستخدم ضمير المتكلم للدلالة على الملكية مثل لعبتي ، قلمي.
ثلاثون شهرا إلى ثلاثة وثلاثين	لا يفهم الجمل الطويلة.	لا يستطيع أن يخبرك ماذا عمل عندما تسأله ماذا تفعل ؟
ثلاثة وثلاثون شهرا إلى ستة وثلاثين	لا يستطيع تنفيذ ثلاث أوامر بسيطة من خلال جملة طويلة.	لا يستطيع التحدث عن الأشياء الماضية.

الخصائص المعرفية

إنّ القدرات العقلية للأطفال المصابين بالتوحدمتباينة لذلك تكون قدراتهم متفاوتة. ويشير ريتفو وفريمان (Ritvo & Freeman, 1977) في هذا الصدد إلى أنّ (60%) من الأطفال المصابين بالتوحد لديهم معاملات ذكاء أقل من (50) درجة وحوالي (20%) لديهم معاملات ذكاء ما بين (50-70) درجة و(20%) منهم لديهم أكثر من (70) درجة ، وقد يكون لبعضهم قدرات عقلية عادية..

وقد يصل النزر القليل من الأطفال المصابين بالتوحد إلى درجة التفوق العقلي، وخير دليل على ذلك تمبل جراون الحاصلة على درجة الدكتوراه .

ويعتقد الكاتب أنّ للأطفال المصابين بالتوحد طاقات كامنة غير مستغلة نتيجة للحالة التي يعيشونها وهي مقيدة ومكبلة لطاقاتهم وقدراتهم .

فكثير منهم يعيش في عالمهم الداخلي الذي ينفسون عنه من خلال الرسم والفن ، وما يدعم تحفظ الكاتب ما أشار إليه كوهين وبولتون (2000) من أنّ أداء الأطفال المصابين بالتوحد في إختبارات القدرات البصرية المكانية (Vistual Spatial Abilities) جيداً مثل تركيب الألغاز المصورة .

وقد يتميز بعضهم بقدرات غير عادية كالقدرات الحسابية ، التذكر الأصم والقدرات الفنية المتميزة، فيمكن لبعضهم على سبيل المثال تذكر أرقام السيارات أو تذكر أغاني متعددة ، كما قد يرسم القليل منهم رسما لا يمكن تصديقه وفق عمرهم الزمني .

ويشير أديلسون (Edelson,2004) في هذا الصدد أن واحداً من عشرة توحديين يظهر هذه القدرات المتميزة .

أما الخصائص النمائية الأخرى فهي لا ترقى أن تكون كالطفل غير التوحدي فمثلاً يتصف الطفل المصاب بالتوحد بإنتقائيته للمثيرات ، فتجد بعضهم لا يعطي الانتباه المطلوب لشيء ، وغالباً ما ينتقل من موضوع إلى آخر قبل الانتهاء منه.

وقد يركز إنتباهه لفترة غير عادية لشيء يهمه فقط ، وقد لا يكون ذا جدوى بالنسبة للآخرين الذين يتعاملون معه.فقصور الانتباه لا يقتصر على الأشخاص وانما على الأشياء إلا ما يهمه ، وقد تكون هذه الأشياء غير مهمة في نظر أقرانه غير التوحديين ، كما ان فترة الانتباه قصيرة ، وينتقل من مثير إلى آخر دون أن يعطي المثير الأول حقه .

وأشار انجيرير وسيجمان (Ungerer & Sigman,1987) أن الأطفال المصابين بالتوحد يظهرون صعوبات واضحة في بعض المهارات المعرفية (الادراكية) مثل الفرز والتصنيف وأوجه الشبه والاختلاف بين الأشياء ويكررون أخطائهم دون التعلم من الأخطاء السابقة ، ولا يستخدمون استراتيجيات لحل المشاكل التي تعترضهم ، وقد يكون ذلك ناتجا عن تدني درجة الذكاء .

ويركز الطفل المصاب بالتوحد على مثير محدد قد يكون جزءً من كل ، فهو يهتم بمثير معين ويتجاهل الصورة الكلية . ان النمو العقلي والانفعالي يعتمد على ربط بين مثيرين لذلك يرى بياجيه الذكاء هو قدرة الفرد على الربط بين المثيرات وكلما ربط مثيرات أكثر كلما دل على ذكاءه . فالطفل غير التوحدي يربط بين وجود الأم والحليب الذي يشبع به حاجة الجوع او الشعور بالأمن ، بينما الطفل المصاب بالتوحد لا يحقق ذلك لأنه يركز على مثير واحد ولا يربط بين المثيرات كما الحال بالنسبة لغير التوحدي .

ويتصف الطفل المصاب بالتوحد بالقصور في المعالجة المعرفية للمعلومات الحسية الصادرة من الآخرين عن طريق البصر او السمع او اللمس . وقد يركز على جزئية من الشيء دون أن يدرك المضمون الكلي فهو بعيد من النظرة التي تتسم بالشمول .

كما أنهم يتصفون بشكل عام بالقصور في مهارات التقليد الذي يعد مهما للتطور المعرفي والاجتماعي سواء الجسدية أو الوجهية أو اللفظية .

وقد أشار روجرز وبينينكتون (Rogers & Pennington ,1991) في هذا الصدد إلى ثماني دراسات قارنت بين الأطفال المصابين بالتوحد وآخرين ليسوا مصابين بالتوحد في مهارات التقليد ، وتوصلت سبع منها إلى قصور واضح في مهارات التقليد مقارنة بالمجموعات الأخرى .

أما عملية الإدراك فهي بشكل عام قاصرة وهي مسألة طبيعية لأنه غالباً ما لا ينظر إلى المواضيع بشكل شمولي ، وانما قد يهتم بجزئية معينة ، والقصور في الإدراك قد يجعله لا يتنبأ بالأحداث المستقبلية .

كما يتصف الأفراد المصابون بالتوحد بقلة دافعيتهم في اكتشاف البيئة التي يعيشون فيها أو استثمار المثيرات البيئية ، كما أنهم لا يستجيبون للمعززات والمكافآت كما هو الحال لأقرانهم الاعتياديين . ويتصفون بالقصور الواضح في الاستجابة الانفعالية للآخرين .

وقد أشار روتر (Rutter, 1978) في هذا الصدد باعتماده على دراسات متعددة والتي أشارت إلى أنّ القصور المعرفي هو نتاج العزلة الاجتماعية، وقد عارض روتر ذلك، وأعتبر أنّ نسب ذكاء الأطفال المصابين بالتوحد تكاد تكون ثابتة حتى لو حدث تحسن في الجانب الاجتماعي نتيجة لأساليب التدخل ، ويبرر روتر سبب أداء الأطفال المصابين بالتوحد بشكل منخفض على إختبارات الذكاء هو أنهم قد يتجنبون الإجابة بالرغم من معرفتهم لها، وقد يكون الموقف الذي يجري الاختبار فيه هو السبب وليس لصعوبة الاختبار ذاته.

ويتحفظ الكاتب لما توصل إليه روتر لأنّ ذلك من شأنه التقليل من أهمية التدخل وسوف نذكر لاحقاً كيف كان التدخل فاعلاً لعدد غير قليل باستخدام أساليب متعددة للتدخل، وكيف أثرت بشكل إيجابي حتى مع القدرات العقلية فضلاً عن الجوانب الأخرى.

كما يتصف الأطفال المصابون بالتوحد بأنهم لا يستجيبون إلى المعززات أو المكافآت كما هو الحال إلى أقرانهم غير التوحديين.

إنّ إنخفاض دافعية الأطفال المصابين بالتوحد يتماشى تماماً مع تدني قدراتهم العقلية كما أشرنا إلى ذلك من قبل إذ يعدون بشكل عام في خانة المعاقين عقلياً، كما أنهم لا يعيرون الأفراد القريبين منهم أي إهتمام ، كذلك لا يعيرون إهتماماً إلى البيئة المحلية التي يعيشون فيها عدا المواضيع التي هي محل إهتمامهم .

فالأطفال المصابون بالتوحد يلتقون مع الأطفال المعاقين عقلياً في إنخفاض نسب الذكاء لكن هناك اختلافا بينهم في الأعراض .

وقد أجرى في هذا الصدد تيل وويب (Teal &Weber,1988) دراسة هدفت إلى التفريق بين حالات التوحد والمعاقين عقلياً ، وقد استخدم الباحثان الأدوات الآتية للتفريق بين حالات التوحد والأطفال المعاقين عقليا

-مقياس التعرف على التوحد للتخطيط التربوي

-مقياس تقدير التوحد الطفولي

-قائمة ريملاند لتشخيص الأطفال المضطربين سلوكياً

شملت الدراسة (20) طفلاً مصاباً بالتوحدً ممن أظهروا الخصائص الآتية قبل بلوغهم الشهر الثلاثين من أعمارهم وهي:-

-إضطراب في معدل النمو

-إضطراب في الإستجابات الحسية

-إضطراب في الكلام ، اللغة والقدرات المعرفية الإدراكية

-اضطراب القدرة على الارتباط بالآخرين ، والأحداث ، والأشياء

و(20) طفلاً من المعاقين عقليا القابلين للتدريب . كان جميع الأطفال تتراوح أعمارهم ما بين (3-13) سنة وملتحقين بمدارس تكساس . طبقت عليهم اختبارات وكسلر وبينيه ومكارثي ، إنخفضت درجاتهم على هذه الاختبارات بمقدار إنحرافين معياريين أو أكثر دون المتوسط .

عندما طبق إختبار بينيه على مجموعة الأطفال المصابين بالتوحد ، إنخفضت درجات ذكائهم إنحرافين معياريين أو أكثر دون المتوسط .

وعندما طبقت معايير الجمعية الوطنية لأطفال التوحد التي اعتمدت عليها الأدوات الثلاث التي سبق ذكرها على الأطفال المعاقين عقلياً ، لم تنطبق أي من تلك المعايير على أي منهم .

وعند تطبيق هذه المقاييس الثلاث ، أوضحت نتائج التحليل التمييزي لمقياس تقدير التوحد الطفولي أن الدرجات الكلية بالإضافة إلى عدد الفقرات التي حصل فيها الأطفال على تقديرات ≤ 3 قد ميزت بين مجموعتي أطفال التوحد والأطفال المعاقين عقلياً القابلين للتدريب، حيث لم يحدث تداخل بين المجموعتين إطلاقاً ، مما مكن المقياس من إعطاء درجة تنبؤ صحيحة بلغت (100%) في حين تمكن مقياس ريملاند لتشخيص التوحد من إعطاء درجة تنبؤ صحيحة وصلت (85%) لمجموعة التوحد و(90%) لمجموعة المعاقين عقلياً بمتوسط صحة (90%) . أما مقياس التعرف على التوحد للتخطيط التربوي فقد أعطي درجة تنبؤ صحيحة بلغت (100%) لمجموعة التوحد و (95%) للمعاقين عقلياً وبمتوسط صحة (97,5%) (السرطاوي والشمري ،2002).

وأجرى دينس وآخرون (Dennis , et al,1999) دراسة قارنت بين ثلاث مجموعات تشتمل على أطفال مصابين بالتوحد وأطفال معاقين عقلياً وأطفال مصابين بإضطراب في الفص الجبهي الأمامي في مستوى الأداء الاجتماعي . تكونت العينة من (8) أطفال مصابين بالتوحد و(12) طفلاً معاقاً عقلياً و(12) طفلا مصاباً في الفص الجبهي الأمامي . توصلت النتائج أن مجموعة الأطفال المصابين بالتوحد أقل أداءً اجتماعيا من المجموعتين الأخريتين.

وفي هذا السياق ، فقد أجرى حلواني (1996) دراسة هدفت المقارنة بين الأطفال المصابين بالتوحد والأطفال المعاقين عقلياً والأسوياء من خلال أدائهم على بعض المقاييس النفسية وقوائم الملاحظة . تكونت عينة الدراسة من (27) طفلا مصاباً بالتوحد تراوحت أعمارهم ما بين (6-15) سنة ، و(27) طفلا من المعاقين عقلياً تراوحت أعمارهم ما بين (6-13) سنة ، و(27) طفلا من الأسوياء تراوحت أعمارهم ما بين (6-8) سنوات .

توصلت الدراسة إلى أن الأطفال المصابين بالتوحد هـم أكثر عـدوانياً وأ قـل انتباهاً وأكثر قلقاً وأكثر نشاطاً حركياً والأقل إجتماعياً مقارنة بالأطفال المعاقين عقلياً على قائمة كونرز لتقدير السلوك .

وأظهرت الدراسة كذلك أن أداء الأطفال المصابين بالتوحد على مقياس جودار أفضل مـن أدائهـم على مقياس ستانفورد- بينيه ، وذلك أن المقياس الأول يعد مقياساً أدائياً ، في حـين أن المقيـاس الثاني مـن المقاييس اللفظية .

وقد لاحظ الكاتب خلال زياراته الميدانية لكثير من المدارس الخاصة أنّ هناك خلطاً بـين حـالات التوحد والإعاقـة العقليـة للمظاهر المشـتركة بينهما . ولكن هناك فـروق بينهمـا في متغـيرات التواصل الاجتماعي واللغة والذكاء والعيوب الجسمية .

وقد أشار القريوتي والسرطاوي والصمادي (1995) إعتمادا على باحثين آخـرين إلى الفـروق بـين الأطفال المعاقين عقلياً والأطفال المصابين بالتوحد وهي :-

1- الأطفال المعاقون عقلياً ينتمون أو يتعلقون بـالآخرين وهـم لـديهم نسـبياً وعـي إجتماعـي، ولكن لا يوجد لدى الأطفال المصابين بالتوحد تعلق حتى مع وجود ذكاء متوسط لديهم.

2-القدرة على المهمات غير اللفظية وخاصة الإدراك الحركي والبصري ومهمات التعامـل موجـودة لـدى التوحديين ، ولكن غير موجودة لدى الأفراد المعاقين عقلياً

3-كمية وإستخدام اللغة للتواصل تكون مناسبة لمستوى ذكاء المعاقين عقلياً ، ولكن لدى التوحديين يمكـن أن تكون اللغة غير موجودة ، وإن وجدت فإنها تكون غير عادية .

4- نسبة العيوب الجسمية في الأفراد المصابين بالتوحد أقل بكثير من العيوب الجسمية الموجودة في الأفراد المعاقين عقلياً ، وقد لاحظ الباحث خلال زياراته الميدانية لمراكز التوحد ومراكز التربية الخاصة التي تحتوي أفراداً مصابين بالتوحد أنهم يتسمون بالوسامة .

5- يبدي الأطفال المصابون بالتوحد مهارات خاصة تشـمل الـذاكرة ، الموسيقى ، الفـن وغيرهـا ، وهـذا لا يوجد لدى الأطفال المعاقين عقلياً .

وقد لا أتفق تماماً مع النقطة الخامسة ، فليس كل طفل مصاب بالتوحد يظهر مهارات خاصة في الموسيقى والذاكرة والفن ، ولكن البعض القليل قد يظهر ذلك .

كما أنّ هناك تقارباً كبيرا بين التوحد الطفولي وفصام الطفولة حتى أن التوحد عد سابقاً فصاماً ، إذ أنّ الفصام الطفولي يشهد مرحلة تطور طبيعية ، ويظهر بعد السنة الثانية من عمر الطفل ، بينما التوحد الطفولي يظهر منذ الميلاد ، وكل منهما لديه اضطراب في الكلام ، ولكن التوحد الطفولي قد يعكس الضمائر ، بينما لا يحدث بشكل عام ذلك في فصام الطفولة .

التوحد الطفولي يعيش في عالمه الخاص حتى مع المقربين منه ، بينما في فصام الطفولة قد يكون علاقات محدودة وربما تكون غير ناضجة . كل منهما يكون ذكاؤه أقل من المتوسط ، ولكن قد يكون في فصام الطفولة أعلى .

وهناك من ربط بين الذكاء اللفظي والانحرافات في مقاييس فيرمز(Vermis) في الدماغ . فالأطفال المصابون بالتوحد الذين لديهم ذكاء لفظي متدن لديهم انحرافات في مقاييس فيرمز كبيرة ، بينما الأطفال الذين تكون سجلاتهم في الذكاء اللفظي عالية لديهم أقل الانحرافات في المنطقة المذكورة سابقاً .

وقد سجل الأطفال المصابون بالتوحد نسبة ذكاء لفظي (70) أو أقل ممن كان دماغهم اكبر من الاعتيادي (Courchesne , et al 1994).

الخصائص الأكاديمية

لا يمكن الفصل تماماً بين الخصائص المختلفة ، وكل نوع من هذه الخصائص له تأثير في الخصائص الأخرى . فالقصور اللغوي والنقص الواضح في التفاعل الاجتماعي يؤثر بشكل أو بآخر في تحصيلهم الدراسي .

كما أن الطفل المصاب بالتوحد يتصف من القصور الواضح في الدافعية والتقليد والتنظيم والاستمرارية إضافة إلى قصورهم في العمليات النمائية الأساسية وهي الانتباه

والتذكر(عدا التذكر الأصم) والإدراك ولا يمكن أن يتعلم الفرد بدون انتباه . ويمكن للطفل المصاب بالتوحد أن يتعلم القراءة لكنه لا يفهم محتواها .

التوحد بين الحقيقة والخيال

بالرغم من القصور في الجوانب الاجتماعية والسلوكية واللغوية والأكاديمية والمعرفية والانفعالية للأطفال المصابين بالتوحد، ولكن النزر القليل قد يمتلك من القدرات الخارقة التي لا تصدق أحياناً . وكل متخصص في هذا الحقل يقرأ عن الحالات الاستثنائية في مجال الرسم والفن والتذكر الأصم ، ويمكن لبعض الأطفال المصابين بالتوحد أن يظهروا قدرة فائقة في الرسم في عمر مبكر ، ويمكن أن يحفظوا عروض تلفزيونية بأكملها أو صفحات من دفاتر الهاتف .

وسأورد بعض الحالات الواقعية كما جاءت على لسان العاملين مع حالات التوحد .

قدرة خارقة على الشم

رامي كان أحد العاملين في هذا الحقل لسنوات عديدة ، وقد لاحظ أن طفلا مصابا بالتوحد له قدرات مميزة ، نحن نعرف أن لكل إنسان رائحة خاصة به وكلنا يعرف قصة يوسف عندما أرسل قميصه لأبيه وكيف ارتد بصيرا ،وتعد ذلك من المعجزات لأن النبوة تعني المعجزة ، ولكننا كناس عاديين لا نستطيع أن نفرق بين رائحة أولادنا ، فكيف لطفل يمكنه التعرف على رائحة آخرين . هذا ما سنوضحه من خلال الطفل خالد:-

خالد طفل مصاب بالتوحد عمره (13) سنة اعتاد الذهاب إلى بركة السباحة مع زملائه يوم الأربعاء من كل أسبوع ، واعتاد الطفل خالد ترتيب ملابسه بعد السباحة في حقيبته الخاصة وإغلاقها استعدادا للعودة إلى المركز ، وقد طلب منه المعلم رامي أن يترك حقيبته والذهاب إلى مكان آخر، وخلال غيابه عن الحقيبة وضع المعلم رامي فانيلة مبللة بين ملابسه لأحد زملائه، ثم طلب من الطفل خالد أن يأتي ويأخذ الحقيبة للرجوع إلى المركز ، وما أن وضع

خالد حقيبته على كتفة هاما بالذهاب إلى السيارة ، عاد وفتحها مرة ثانية وفتش فيها ووجد الفانيلة المبللة فشمها ثم ذهب إلى حقيبة الزميل صاحب الفانيلة، وفتح حقيبته ،ووضع الفانيلة فيها ،ثم عاد وأخذ حقيبته وصعد إلى السيارة . وقد كررت هذه الحالة مرات عديدة مع أكثر من زميل وأعاد القطع إلى أصحابها بعد شمها .

قدرة خارقة في مجال الجغرافية

سلطان طالب مصاب بالتوحد عمره (16) سنة ، أظهر قدرة فائقة في الجغرافيا ، حيث يستطيع سلطان أن يرسم خارطة أي دولة من دول العالم بقدرة متناهية بمجرد أن يطلب منه رسم أي دولة وقد قورنت رسوماته مع الأطلس وكانت متطابقة تماماً .

الأقراص المدمجة

وليد طالب مصاب بالتوحد عمره (18) سنة وهو مولع بشكل شديد في ألعاب الكمبيوتر، لديه أكثر من (200) قرص مدمج (CD) لا توجد على هذه الأقراص أية علامة مميزة سواءً كتابة أو إشارة أو علامة أو أثر أو أي شيء آخر ، ويستطيع أن يسحب بسرعة مذهلة(CD) أي لعبة تطلبها من مرة واحدة . وقد كررت الطلبات المتنوعة مرات عديدة ، ولم يخطئ بأي من هذه الطلبات وبسرعة فائقة

أعواد الكبريت

محمد طالب مصاب بالتوحد يستطيع أن يتعرف بنظرة واحدة إلى عدد عيدان العلبة بعد نثرها على الأرض وبأعداد متباعدة ، كررت هذه العملية مرات عديدة واستطاع الطفل محمد أن يتعرف على عدد العيدان بالضبط بمجرد نظرة بسيطة .

ومعروف لدى أي متخصص القدرات المتميزة لبعض الأطفال المصابين بالتوحد في مجال الحفظ فيمكن أن يحفظ دليل الهاتف أو الأغاني أو أرقام السيارات ونتكلم هنا ليس بالعشرات وإنما بالمئات، كما يمهر بعضهم بالرسم البارع الدقيق . لذلك قال الكاتب في

مكان آخر واحدة من النقاط التي نفرق بين الأطفال المصابين بالتوحد والأطفال المعاقين عقلياً بالرغم من أن كثير من الأطفال المصابين بالتوحد هم في خانة المعاقين عقلياً ألا أن الأطفال المصابين بالتوحد يمتلكون قدرات كامنة قد تكون تفجرت في جانب ما ، أو يمكن أن تتفجر لاحقاً .

جدول (7)

الموازنة بين التوحد وصعوبات التعلم المتعلقة بالأعراض

التوحد	صعوبات التعلم
لا يختلف الاطفال المصابون بالتوحد عن غير المصابين في مظهرهم الخارجي، وقد يتسمون بشكل عام بالوسامة .	لا يختلف الأطفال ذوو صعوبات التعلم عن الأطفال الذين ليس لديهم صعوبات تعلم في مظهرهم الخارجي ولا يتسمون بالوسامة كما هو الحال بالنسبة للتوحد ، وإنما هم اطفال عاديون فنجد من هو الجميل والمقبول ومن فيه عيوب.
يتصفون بحدودية السلوكات وسذاجتها.	لا يتصفون بحدودية السلوكات وسذاجتها كما هو حال الأطفال المصابين بالتوحد.
إن الأطفال المصابين بالتوحد يعيشون في عالمهم الخاص، لا ينتبهون ولا يركزون على ما هو مطلوب منهم ، بل يركزون على جانب محدود لا يملون منه كتركيزهم على جزء صغير من آلة كبيرة.	على الرغم من أن كثير من الأطفال ذوي صعوبات التعلم لديهم تشتت وقصور في الانتباه والتركيز لكنهم واعون لمن حولهم والأنشطة التي يقومون بها ، كما لا يكون اهتمامهم محدود كما هو الحال بالنسبة للأطفال المصابين بالتوحد.
يتعلقون بالأشياء بشكل غير طبيعي وفي الأغلب تكون ليست ذات قيمة وظيفية .	لا يتعلقون بالأشياء بشكل غير طبيعي كما يفعل الأطفال المصابون بالتوحد ، كما لا تكون سلوكاتهم غير وظيفية كما هو الحال بالنسبة للتوحد.
لديهم سلوكات نمطية وطقوسية وهي إحدى الأعراض الرئيسية التي يتصف بها الأطفال المصابون بالتوحد.	لا يتصفون بالسلوكات النمطية والطقوسية، وإن حدثت بعض السلوكات النمطية عند البعض منهم فتكون قليلة.

التوحد	صعوبات التعلم
لا يحبون التغيير ويصرون على التماثل.	لا يصر الأطفال ذوو صعوبات التعلم على التماثل ، كما أنهم يحبون التغيير .
يظهر الأطفال المصابون بالتوحد علامات الحزن دون أن يكون هناك أسباب بيئية تدعو إلى ذلك ، ودون أن يعوا ذلك.	لا يبدو على الأطفال ذوي صعوبات التعلم علامات الحزن ، وقد يكون العكس .
يتصفون بالتبلد في الإحساس، وقد لا يقدرون المخاطر التي يتعرضون إليها، وقد تحدثت كثير من المعلمات اللواتي يتعاملن مع الأطفال المصابين بالتوحد بأنهن رأوا أطفالاً ينساب الدم من جسمهم دون أن يبكوا.	لا يتصف الأطفال ذوو صعوبات التعلم بالتبلد، ويحسون بالألم ويبكون أحيانا إذا كان الألم كبيرا، كما أنهم يقدرون المخاطر ويبتعدون عنها.
يتصف بعض الأطفال المصابين بالتوحد بردود أفعال عالية (Hyperreactivity) وبعضهم الآخر بردود أفعال واطئة (Hyporeactivity)	لا يتصف الأطفال ذوو صعوبات التعلم بهذه الردود كما هو حال الأطفال المصابين بالتوحد .
يتصفون بالقيام بحركات جسمية غير طبيعية كهز الجسم بشكل مستمر أو الدوران حول النفس،أو تحريك نصف الجسم إلى الأمام والخلف،أو فرك اليدين أو طقطقة الأصابع أو رفرفة اليدين.	لا يتصف الأطفال ذوو صعوبات التعلم بشكل عام بهذه السلوكات غير الطبيعية .
يتصف الأطفال المصابون بالتوحد بالقصور الواضح بتلاقي العيون .	لا يتصف الأطفال ذوو صعوبات التعلم بالقصور في تلاقي العيون .
يتصفون بالتمركز حول الذات الأمر	لا يتصفون بالتمركز حول الذات وإنما يعون

التوحد	صعوبات التعلم
الذي يجعلهم لا يستجيبون بشكل طبيعي ومناسب للمثيرات الإدراكية.	متطلبات التواصل الاجتماعي بالرغم من أنهم لا يصلون إلى مستوى أقرانهم الذين ليس لديهم صعوبات تعلم .
من الخصائص الاجتماعية التي يتصفون بها هي عدم التفاعل الاجتماعي سواء باللغة المنطوقة أو غير المنطوقة وخاصة بالنسبة للاطفال المصابين بالتوحد التقليدي.	يتفاعل الأطفال ذوو صعوبات التعلم مع الآخرين باللغة المنطوقة أو غير المنطوقة ولكن بشكل عام لا يرقون أن يكونوا بمستوى الأطفال الذين ليس لديهم صعوبات تعلم .
يبدو عليهم القصور الواضح مشاركتهم الآخرين تجاربهم وسلوكاتهم ومشاعرهم . كما أنهم لا يعطون انتباها أو اهتماما للأشخاص الذين يحيطون بهم .	يشارك الأطفال ذوو صعوبات التعلم الآخرين تجاربهم وسلوكاتهم ،كما أنهم يستجيبون لمشاعر الآخرين .
يتصف هولاء الأطفال بغياب الدلالة الاجتماعية إذ لا تظهر عليهم من التعبيرات ما يدل على الفرحة والسرور عند لمسهم لعبة أو أي شيء مرغوب فيه بشكل عام.	يتصف الأطفال ذوو صعوبات التعلم بالدلالة الاجتماعية ، حيث يظهر عليهم علامات الفرح إذا ما دعا الأمر إلى ذلك، كما يظهر عليهم علامات الحزن إذا تعرضوا لأمر يستدعي ذلك .
يتصف هولاء الأطفال من الناحية اللغوية بالقصور الواضح وخاصة للتوحد التقليدي، وقد يتبادر إلى الذهن عند مقابلتهم لأول مرة بأنهم بكم .	بالرغم من أن أحد مظاهر صعوبات التعلم القصور اللغوي ، لكنهم يتواصلون لغويا مع الآخر، ويتفاعلون وفق قدراتهم .
يتصف الكثير من الأطفال المصابين بالتوحد بترديد الكلام دون فهم أو استيعاب وهذا ما يسمى بالمصاداة	لا يتصف الأطفال ذوو صعوبات التعلم في الغالب بالمصاداة .

التوحد	صعوبات التعلم
(Echolalia).	
يعطي الطفل المصاب بالتوحد الأشياء مسميات لا يعرف دلالتها إلا القريبون منه كالآباء، كما أنه يعكس الضمائر فقد يقول أنت ويقصد بها أنا .	في الغالب يسمي الطفل ذو صعوبات التعلم الأشياء بمسمياتها ، كما أنه لا يعكس الضمائر كما هو حال الطفل المصاب بالتوحد .
يفهم معظم الأطفال المصابين بالتوحد المفردات بدلالاتها اللغوية وليست بدلالتها وفق السياق الاجتماعي.	لا يكون حال الأطفال ذوو صعوبات التعلم كحال الأطفال المصابين بالتوحد فقد يفهمون الدلالة اللغوية وفق السياق الاجتماعي، ولكنهم لا يصلون بشكل عام إلى مستوى أقرانهم الذين ليس لديهم صعوبات تعلم .
يعاني الأطفال المصابون بالتوحد من إضطرابات صوتية وغريبة وشاذة.	لا يعاني الأطفال ذوو صعوبات التعلم بشكل عام من إضطرابات صوتية غريبة كحال التوحديين.
أما من الناحية العقلية والمعرفية فهم بشكل عام في خانة المعاقين عقلياً وقد أشار ريتفو وفريمان (Freeman& Ritvo,1977) في هذا الصدد إلى أنّ (60%) من الأطفال المصابين بالتوحد لديهم معاملات ذكاء أقل من (50) درجة وحوالي (20%) لديهم معاملات ذكاء ما بين (50-70) درجة و(20%) منهم لديهم أكثر من (70) درجة، وقد يكون لبعضهم قدرات عقلية عادية وقد تصل للنزر القليل منهم إلى التفوق	يكون ذكاء الأطفال ذوي صعوبات التعلم عادياً أو قد يكون أكثر من العادي ، وقد نجد من بين الموهوبين من لديه صعوبات تعلم في مظهر ما أو أكثر ، لذلك فإن أحد المساقات في برنامج الماجستير للموهبة والتفوق في كلية الاميرة عالية بجامعة البلقاء التطبيقية هو صعوبات التعلم للموهوبين.

التوحد	صعوبات التعلم
العقلي .	
يتصفون بالقصور الادراكي فهم لا ينظرون إلى الأمور بشكل شمولي وإنما ينظرون إلى جزئيات الأشياء .	بالرغم من أن الأطفال ذوي صعوبات التعلم يتصفون بقصورهم في عملية الادراك لكنهم لا ينظرون إلى جزئيات الأشياء كما هو الحال بالنسبة للأطفال المصابين بالتوحد.
نتيجة للقصور الواضح في الادراك لدى الأطفال المصابين بالتوحد وخاصة التقليدي فهم لا يستطيعون ادراك أكثر من مثير في آن واحد.	قد يكون هناك قصور لدى الأطفال ذوي صعوبات التعلم في عملية الإدراك لكنها لا تصل إلى مستوى الأطفال المصابين بالتوحد، كما أنهم يمكن أن يدركوا أكثر من مثير.
لا يحاولون جذب انتباه الآخرين عن طريق المشاركة.	يحاولون بشكل عام جذب انتباه الآخرين عن طريق المشاركة .
يتصفون بإنخفاض دافعيتهم في إكتشاف البيئة التي يعيشون فيها ، أو إستثمار المثيرات البيئية ، كما أنهم لا يستجيبون إلى المعززات أو المكافآت كأقرانهم العاديين .	قد لا يصل الأطفال ذوو صعوبات التعلم في دافعيتهم إلى مستوى دافعية أقرانهم الذين ليس لديهم صعوبات تعلم ،ولكن إذا ما قورنوا بالأطفال المصابين بالتوحد فانهم أفضل في دافعيتهم، كما انهم يستجيبون ويقدرون المعززات وخاصة الايجابية منها .
يتصف كثير من الأطفال المصابين بالتوحد بالنشاط الزائد والحركة	من الخصائص التي يتصف التي يتصف بها الأطفال ذوو صعوبات التعلم

التوحد	صعوبات التعلم
الزائدة.	النشاط الزائد والحركة الزائـدة لكنهـا لا تصـل إلى مسـتوى الأطفـال المصـابين بالتوحد.
قد يعاني الأطفال المصابون بالتوحـد من اضطرابات في النوم فمـنهم مـن ينـام لسـاعات طويلـة اكـثر مـن الاعتيادي ومنهم مـن تقـل سـاعات نومه عن المستوى الطبيعي.	لا يعاني الاطفـال ذوو صعوبات الـتعلم مـن اضـطرابات النـوم كـما هـو الحـال بالنسبة للأطفال المصابين بالتوحد .

جدول (8)

الموازنة بين التوحد والإعاقة العقلية المتعلقة بالأعراض

التوحد	الإعاقة العقلية
يتصف الأطفال المصابون بالتوحـد بـالمظهر العـادي وعدم وجود عيوب جسمية .	يتصف الأطفال المعاقون عقليا بوجـود عيـوب جسـمية وخصوصاً كلما اشتدت الإعاقـة، وأشـار الظـاهر (2005) إلى دراسـة آيرسـلب (Ayersip) إلى أن متوسـط العيـوب بالنسبة لبطيء التعلم بلغت (16,5%) مقابـل (1,3%) للعاديين والآن لا تعـد فئـة بطيئـي الـتعلم مـن ضـمن المعاقين عقلياً فكيف الحال بالنسبة للمعاقين عقلياً.
لديهم سلوكات نمطية وطقوسية.	يتصف الأطفال المعاقون عقليا بـالتكرار الممـل للسـلوكات، لكنه قد يبتعد عن السلوكات الطقوسية.
كثـير مـن الأطفـال المصـابين بالتوحـد لا يتـألمون للكدمات أو الجروح أو الضرب.	يشـعر الأطفـال المعـاقون عقلياً بـالألم وليسـوا متبلـدي الإحساس كما هو حال الأطفال المصابين بالتوحد.

التوحد	الإعاقة العقلية
ايـذاء الـذات اكـثر انتشـاراً بـين الاطفـال المصـابين بالتوحد من الاطفال المعاقين عقلياً.	ايذاء الذات اقل انتشاراً بين الأطفال المعاقين عقلياً من الاطفال المصابين بالتوحد.
كثير من الأطفال المصابين بالتوحد أقل اظهار للخوف من المعاقين عقليا وخاصة المعاقين اعاقة بسيطة في حالات الخطر الحقيقية.	يظهر معظم الأطفال المعاقين عقلياً الخوف في حالات الخطـر الحقيقيـة وخاصـة الأطفـال المعـاقون إعاقـة بسيطة.
يصرون عـلى التماثـل وعـدم التغيـير ، وقـد ينتـابهم الغضب إذا حدث تغيير فيما اعتادوا عليه.	لا يصرون بشكل عام على بقاء الأشياء ، ولا يغضبون إذا ما غيرت .
لا يوجـد لـدى الأطفـال المصـابين التوحـد تعلـق بالآخرين حتى مع وجود ذكاء متوسط لديهم.	الأطفال المعاقون عقلياً ينتمـون أو يتعلقـون بـالآخرين ولديهم نسبياً وعـي إجتماعـي، ولكـن لا يوجـد لـدى الأطفال المصابين بالتوحد تعلق حتـى مـع وجـود ذكـاء متوسط لديهم .
لا يميلـون إلى الطعـام بالقـدر الـذي يكـون عليـه المعاقون عقليا.	يميل الكثير منهم إلى أكل الطعـام بشـكل كبـير وخاصـة ذوي الاعاقات الشديدة.
يكـون التواصـل الاجتمـاعي بشـكل عـام أقـل مـن قدراتهم العقلية وخاصة الكامنة منها.	يكون التواصل الاجتماعي للمعاقين عقلياً أعلى بشـكل عام من قدراتهم العقلية.
لا يسـتخدم كثـير مـن الأطفـال المصـابين بالتوحـد وخاصة التقليدي اللغة المنطوقة وغير المنطوقة.	يستخدم الأطفال المعاقون عقلياً اللغة التي تتناسب مع قدراتهم العقلية.
يقلد الأطفال المصابون بالتوحد بصرياً لكنهم يجدون صعوبة في التقليد اللفظي والحركي.	يسـتطيع الأطفـال المعـاقون عقليـاً أن يقلـدوا بصـرياً ولفظيا وحركياً بما يتناسب وقـدراتهم العقليـة فالمعـاق إعاقـة بسـيطة أفضـل في التقليـد البصـري واللفظـي والحـركي مـن المعـاقين إعاقـة متوسـطة ،ولكـن في كـل الأحوال لا يصلون إلى المستوى الذي يصل اليـه أقـرانهم العاديون.
يمكن أن نجد أطفالا مصابين بالتوحد يزيد ذكـاءهم عن (70) درجة وقد يتجاوز النزر القليل منهم حتـى المتوسط .	لا يمكـن أن يتعـدى المعـاقون عقليـا درجـة (70) لأن المعاقين عدوا بذلك لأنهم ينحرفون إنحـرافين معيـاريين أي تبدأ الإعاقة العقلية البسيطة من (70) فما دون ولو كانوا أكثر من (70) لعدوا بطيئي تعلم .
يمكـن أن يكـون للأطفـال المصـابين بالتوحـد قـدرات خارقة كما وضحنا سابقا وخاصـة بالمهـارات المتعلقـة بالجانب البصري .	لا توجد لدى الأطفال المعاقين عقليا بشكل عام قـدرات خارقة كما هو الحال بالنسبة للأطفال المصابين بالتوحد، وإن وجدت فهـي نـادرة جـدا، وقـد رأى الكاتـب أحـد المعاقين عقليا لـه قـدرة رياضـية مذهلـة فكـان يعطـى ثلاثة أرقام أو أكثر وتضرب بثلاثـة أرقـام أخـرى، وكـان يستخرج الجواب قبـل الشـخص الآخـر الـذي يسـتخدم الحاسبة.

الإعاقة العقلية	التوحد
ليس للأطفال المعاقين عقلياً قدرات كامنة يمكن أن تفجر مستقبلا وإنما ما هو عليه يمثل قدراته الحقيقية والتي يمكن أن تتطور نسبيا من خلال البرامج والرعاية المستفيضة .	للأطفال المصابين بالتوحدقدرات كامنة يمكن أن تفجر يوما ما .
إن القصور المعرفي للأطفال المعاقين عقلياً هو بشكل أساسي نتيجة لقصور في قدراتهم العقلية وليس نتاج العزلة الاجتماعية.	قد يكون القصور المعرفي للأطفال المصابين بالتوحدهو نتاج العزلة الاجتماعية على الرغم من أن هناك من يعارض هذا الرأي .
يتصف المعاقون عقلياً بضعف الذاكرة والنسيان والقصور في التركيز وحل المشكلات والتعميم وضعف القدرة على التمييز البصري.	قد يركز وينتبه الأطفال المصابون بالتوحد إلى المثيرات البصرية ، وقد يتميز بعضهم بذاكرة جيدة .
يكون أداء الأطفال المعاقين عقليا أقل من أداء الأطفال المصابين بالتوحد في الاختبارات الأدائية.	يؤدي الأطفال المصابون بالتوحد على الاختبارات الأدائية أفضل من الأطفال المعاقين عقليا .
لا يحدث هذا الحال مع الأطفال المعاقين عقليا إذ يطورون لغتهم بما يتناسب مع قدراتهم العقلية لكنهم في كل الأحوال لا يصلون إلى المستوى الذي يصل اليه أقرانهم العاديون.	يتأخر كثير من الأطفال المصابين بالتوحد نموهم اللغوي ، فقد يتعلم هولاء الأطفال بضع كلمات في السنة الثانية ، لكنهم يتأخرون في السنة الثالثة ، وقد لا ينطقون الكلمات التي تعلموها في السنة الثانية .
الطفل المعاق عقليا أفضل في الانتباه إلى الآخرين إذا ما قورن بالطفل المصاب بالتوحد.	لا ينتبه إلى الآخرين على الرغم من أن لدية حاسة سمع طبيعية وخاصة التوحد التقليدي.

جدول (9)

الموازنة بين التوحد والإعاقة السمعية المتعلقة بالأعراض

التوحد	الإعاقة السمعية
إن التقولب حول الذات وعدم التفاعل الاجتماعي سيؤثر بالتأكيد في التطور اللغوي، ويكون القصور عند الطفل المصاب بالتوحد باللغة المنطوقة وغير المنطوقة.	إن القصور في اللغة المنطوقة هو الذي يجعل الطفل المعاق سمعيا لا يتواصل مع الأفراد السامعين باللغة المنطوقة لكنه يتواصل باللغة غير المنطوقة ويتفاعل مع أقرانه الصم بلغة الإشارة.
يتأثر النضج الاجتماعي بالقصور اللغوي، واللغة تؤدي إلى توثيق الصلة والاتصال البشري بمختلف الأنشطة الاجتماعية والتكيف وفق متطلبات السلوك الاجتماعي المقبول ، وقد لا يتحقق ذلك للطفل المصاب بالتوحد وخاصة التقليدي منه .	تؤثر الإعاقة السمعية في تطور النضج الاجتماعي ولكن ليس بالدرجة التي تحدث بالنسبة للطفل المصاب بالتوحد التقليدي إذ هو في أغلب الحالات لا يستخدم اللغة المنطوقة وغير المنطوقة ،بينما الأصم يمكن أن يستخدم اللغة غير المنطوقة .
يمهر الكثير منهم بالجانب البصري دون اللفظي والحركي ، كما أنه لا يستغل الحاسة البصرية كالمعاق سمعيا وبشكل خاص الأصم.	يستغل جميع الأطفال الصم الحاسة البصرية إلى أقصاها كحالة من التعويض ، كما أنه يمهر في الجانب الحركي لأنه يستخدم الأصابع واليد بشكل كبير جدا من خلال لغة الإشارة .
القدرات العقلية للأطفال المصابين بالتوحدأقل من الأطفال المعاقين سمعياً.	القدرات العقلية للمعاقين سمعيا أعلى من القدرات العقلية للأطفال المصابين بالتوحد
بتقدير الكاتب أن الأطفال المصابين بالتوحد أقل	إن الأطفال المعاقين سمعيا أكثر قبولا إجتماعيا من

التوحد	الإعاقة السمعية
قبولا اجتماعيا من الأطفال المعاقين سمعياً،وكلاهما أقل قبولا من الأطفال العاديين.	الأطفال المصابين بالتوحد ، وكلاهما لا يرقى أن يكون بمستوى قبول الأطفال العاديين .
بما أن التحصيل الأكاديمي يتأثر باللغة، وسبق وقلنا أن المعاقين سمعيا أفضل بشكل عام في اللغة غير المنطوقة من الأطفال المصابين بالتوحد لذلك يتأثر التحصيل الأكاديمي لهذه الفئة أكثر من المعاقين سمعياً.	بالرغم من أن الأطفال المعاقين سمعيا لديهم قصور واضح باللغة المنطوقة، وهي تؤثر في التحصيل الدراسي ،لذا لا يرقى أن يكون مستوى تحصيل المعاقين سمعيا بمستوى أقرانهم السامعين ، ولكن وفي ذات الوقت هم أفضل من الأطفال المصابين بالتوحد.
إن الطفل المصاب بالتوحد أصعب تحملا من الطفل المعاق سمعيا في البيت وفي المؤسسات التعليمية وفي المجتمع المحلي.	إن الطفل المعاق سمعياً أسهل في التعامل من الطفل المصاب بالتوحد في البيت وفي المؤسسات التعليمية والمجتمع المحلي .
إن بعض الأطفال المصابين بالتوحد لديهم حساسية شديدة للأصوات العالية، بينما البعض الآخر لا يستجيبون للأصوات تماما ويتصرفون كأنهم صم.	يرتاح أغلب الأطفال ضعاف السمع للأصوات العالية التي تمكنهم من السمع، كما أن الصم قد يرتاحون للأصوات العالية فقد يحقق ذلك بعض السمع وما هو معروف أن معظم الأطفال الصم لديهم بقايا سمعية ،لذلك يمكن الاستفادة من الأصوات العالية .
العديد من الأطفال المصابين بالتوحد لديهم مشكلات في ضبط الحركة في اليدين ، لذلك يفضل بعضهم استخدام الحاسوب بدلا من الأيدي.	في الغالب يمهر الأطفال المعاقون سمعيا في الضبط الحركي المتعلق بشكل أساسي باليدين لأنه يستخدمها بشكل كبير جدا خلال التعامل مع الآخرين ، وهذا يتماشى مع مبدأ الاستخدام وعدم الاستخدام.
لا يقترب الأطفال المصابون بالتوحد من بعضهم البعض كما هو الحال بالنسبة للمعاقين سمعيا.	يقترب المعاقون سمعيا بشكل كبير جدا من بعضهم البعض، ويشكلون أحياناً مجموعات، ويكونون سعداء في تجمعهم وأنشطتهم،وقد لاحظ الكاتب هذه الظاهرة في أغلب دول العالم التي زارها
يعبر الطفل المصاب بالتوحد وخاصة التقليدي عن حاجاتة بالاشارة.	يستخدم الطفل المعاق سمعيا وخاصة الشديدة الاشارة للتعبير عن حاجاته.
السلوك النمطي والطقوسي والاصرار على التماثل هي من اعراض الاطفال المصابين بالتوحد.	لا يتصف الاطفال المعاقون سمعياً بشكل عام بالسلوك النمطي والطقوسي والاصرار على التماثل.
السلوك العدواني والاساءة الى الذات واضح لدى الاطفال المصابين بالتوحد.	لا يتصف الاطفال المعاقون سمعياً بالاساءة إلى الذات، ولا يكون السلوك العدواني واضحاً لديهم كما هو الحال بالنسبة للأطفال المصابين بالتوحد.
الاعراض المشتركة بين التوحديين أقل تلاقياً من الاعراض المشتركة بين المعاقين سمعياً وخاصة الصم.	الاعراض المشتركة بين الاطفال المعاقين سمعياً وخاصة الصم اكثر تلاقياً من الاعراض المشتركة للتوحديين.

جدول (10)

الموازنة بين التوحد والاضطرابات الانفعالية المتعلقة بالأعراض

التوحد	الاضطرابات الانفعالية
إن ذكاء الأطفال المصابين بالتوحد بشكل عام أقل من الأطفال المضطربين انفعاليا.	إن ذكاء المضطربين انفعالياً بشكل عام أعلى من الأطفال المصابين بالتوحد.
إن التحصيل الأكاديمي أقل بشكل عام من الأطفال المضطربين إنفعالياً.	إن التحصيل الأكاديمي للأطفال المضطربين إنفعاليا بشكل عام أفضل من الأطفال المصابين بالتوحد
السلوك العدواني عند الأطفال المصابين بالتوحد نحو الذات والآخرين والأشياء المحيطة به أكثر بشكل عام من الأطفال المضطربين إنفعالياً .	السلوك العدواني عند الأطفال المضطربين إنفعالياً نحو الذات والآخرين والأشياء أقل من الأطفال المصابين بالتوحد .
في الغالب لا يطور الأطفال المصابون بالتوحد أي علاقات اجتماعية، ولا يستجيبون للأشخاص الآخرين .	يمكن أن يطور الأفراد المضطربون انفعاليا علاقات اجتماعية ، كما أنهم يستجيبون للآخرين ، ولو بنسبة محدودة.
ان القلق اقل ظهورا عند الأطفال المصابين بالتوحد من الأطفال المضطربين	إن القلق من العلامات الرئيسية للمضطربين إنفعالياً ، لذلك فهو أكثر

التوحد	الاضطرابات الانفعالية
إنفعالياً.	وضوحا من الأطفال المصابين بالتوحد .
يختلف التوحد عن الاضطرابات الانفعالية الذي عد لفترات طويلة على أنه اضطراب انفعالي، وبعد ذلك عد اضطرابا نمائيا، في بعض الاعراض حيث لا يظهر على الأطفال المصابين بالتوحد الهلوسات سواءً كانت سمعية أو بصرية أوشمية أو ذوقية ، والهذاء كهذاء الاضطهاد أو هذاء العظمة أو هذاء توهم المرض، والضعف الجسمي التي تعد من مظاهر الاضطرابات الانفعالية.	من مظاهر بعض الاضطرابات الانفعالية الهلوسات سواءً كانت سمعية أو بصرية أوشمية أو ذوقية ، والهذاء كهذاء الاضطهاد أو هذاء العظمة أو هذاء توهم المرض، والضعف الجسمي .
الإساءة للذات اكثر ظهورا ووضوحا عند الأطفال المصابين بالتوحد من الأطفال المضطربين انفعالياً .	لا يخلو الأطفال المضطربين انفعاليا من الإساءة للذات لكنها لا تكون بنفس الدرجة التي تظهر عليها عند الأطفال المصابين بالتوحد.
الخجل غير واضح عند الأطفال المصابين بالتوحد قياساً بالأطفال المضطربين انفعاليا.	يعد الخجل من الأعراض الظاهرة لدى الأفراد المضطربين انفعالياً .
النشاط الزائد مظهر من مظاهر الأفراد المصابين بالتوحد على الرغم من أن بعضهم قد يكون خاملا .	يعد النشاط الزائد أحد المظاهر للاضطرابات الانفعالية بشكل عام ولكن ليس بالضرورة أن يكون علامة من علامات كل الاضطرابات الانفعالية.
إن السلوك الانسحابي لدى الأفراد المصابين بالتوحد أكثر وأشد من السلوك الانسحابي للأفراد المضطربين انفعاليا.	بالرغم من أن السلوك الانسحابي هو مظهر من مظاهر الاضطرابات الانفعالية لكنه لا يصل إلى مستوى الأفراد المصابين بالتوحد .

الاضطرابات الانفعالية	التوحد
قد يكون لدى المضطربين انفعاليا اضطرابات في الكلام كاضطرابات في الصوت كالخنف أو اضطرابات الطلاقة مثل سرعة الكلام أو بطئه أو اضطرابات في النطق كالإبدال. لكنها لا تحمل دالة تشخيصية .	لديهم قصور واضح في اللغة المنطوقة وغير المنطوقة وخاصة التوحد التقليدي، وهي تحمل دالة تشخيصية.
لا يكون الحال بالنسبة للأفراد المضطربين انفعاليا كحال الأفراد المصابين بالتوحد إذ هم يستخدمون اللغة التعبيرية.	يستخدم كثير من الأفراد المصابين بالتوحد طرق اللغة الوسيلية وليست التعبيرية.
قد يكون للاضطرابات الانفعالية بشكل عام تأثير في تنقيص الوزن.	لا تؤثر الإصابة بالتوحد بشكل عام في تنقيص الوزن.
يمكن أن يكون لبعض المضطربين انفعاليا شذوذات جنسية كالمثلية والسادية وغيرها.	لا يكون لدى الأفراد المصابين بالتوحد شذوذات جنسية كالمثلية والسادية وغيرها.
تكون اضطرابات النوم عند المضطربين انفعاليا أكثر من الأفراد المصابين بالتوحد كالأرق، وتقطع النوم والتقلب الزائد، والمشي اثناء النوم والمخاوف الليلية والاحلام المزعجة وغيرها .	على الرغم من أن الاطفال المصابين بالتوحد لديهم اضطرابات النوم لكنهم لا يصلون الى القدر الذي تكون عليه عند الأفراد المضطربين انفعاليا.
لا يبتعد الطفل المضطرب انفعاليا في تفكيره عن الواقعية التي تحكمها الظروف الاجتماعية المحيطة كما هو الحال بالنسبة للطفل المصاب بالتوحد.	يبتعد الطفل المصاب بالتوحد في تفكيره عن الواقعية التي تحكمها الظروف الاجتماعية المحيطة ، فهو يدرك العالم الذي يعيش فيه من خلال الرغبات والاهتمامات الخاصة غير مبال بالآخرين.
قد يقترب الأفراد المضطربون انفعاليا من بعضهم البعض لأنهم ربما يشتركون بإنات	الأطفال المصابون بالتوحد غير قادرين على تكوين صداقات مع أقرانهم المصابين

الاضطرابات الانفعالية	التوحد
وآهات واحدة ، وقـد يـنفس كـل مـنهما للآخر، كما أن الآهات المشتركة قد تجعل الواحد منهما أكثر تجاوبا للآخر .	بالتوحد.
يستخدم الفرد المضطرب انفعاليا بشكل عام اللفظ للتعبير عن حاجاته.	يستخدم الطفــل المصــاب بالتوحــد التقليدي الاشارة للتعبير عن حاجاته.

الفصل الثالث
نظريات التوحد

- النظرية السيكولوجية
- النظرية البيوكيميائية
- الدراسات العصبية
- الدراسات الجينية
- اضطرابات التكوينية وصعوبات الولادة
- الدراسات الغذائية
- نظرية العقل
- نظرة أديلسون إلى الأسباب التي تؤدي إلى حالات التوحد
- موازنة بين التوحد و
  أ- صعوبات التعلم
  ب- الإعاقة العقلية
  ج- الإعاقة السمعية
  د- الاضطرابات الانفعالية

نظريات التوحد

لا توجد نظرية واحدة يتفق عليها المختصون في تفسير حدوث حالات التوحد إذ لم تتوصل البحوث العلمية التي أجريت في هذا الجانب إلى نتيجة قطعية حول السبب المباشر للتوحد .

وهناك العديد من النظريات التي فسرت حدوث التوحد وأشهرها :

النظرية السيكولوجية : وهي من أقدم وأشهر النظريات التي فسرت حالات التوحد والتي بدأها كانر والتي تفسر التوحد على أنه حالة من الهرب والعزلة من واقع مؤلم يعيشه الطفل نتيجة للجمود والفتور واللامبالاة في العلاقة بين الأم وابنها والتي قد تكون نتيجة للعلاقة بينها وبين زوجها ، ويمكن أن يكون ذلك في فترة الحمل من خلال عدم حمل الأم أي مشاعر وانفعالات نحو جنينها الأمر الذي يفضي ـ إلى ولادة طفل مصاب بالتوحد. وتعد هذه العلاقة علاقة مريضة لا يتخللها الحب والحنان . لذلك فإن السلوكات التي تصدر من الطفل هي بمثابة وسيلة دفاع لرفضه عاطفيا .

لذلك النشأة الأولى التي عاشها الطفل هي السبب الرئيسي لحالة التوحد حسب هذه النظرية .

ولكن السؤال .... هل أنّ حالة الطفل هي نتيجة للظروف المعتمة التي عاشها الطفل ؟ وقد يثير هذا القول بعض الأفكار التي قد تعطي تبريراً لهذه النظرية في حالة قبولها (ولا يرى الكاتب ذلك) كالعلاقة بين الزوج والزوجة ، هل هي صحية أو مريضة ؟ هل عمل الطفل برغبة أو بدون رغبة لأحدهما أو كلاهما ؟ وضع الأم الصحي ؟ وخاصة تلك المتعلقة بالصحة النفسية والعقلية .

وقد ربطت طلال (Tallal, 1996) بين الحمل المتوتر ومشكلات الطفل اللغوية . وإن الاستعداد للتعلم يبدأ بمرحلة الحمل .

على أية حال ، لقد لاقت هذه النظرية رفضاً من قبل الكثير من المهتمين في هذا الشأن وأشهرهم ريملاند(Rimland) الذي رد على بتلهايم (Bettelhiem) الذي يعد من أشهر المؤيدين لهذه النظرية بعدة نقاط من أهمها :-

- من الواضح أن بعض الأطفال المصابين بالتوحد مولودون لآباء لا تنطبق عليهم أنماط الشخصية المريضة الأبوية التوحدية

- الأطفال المصابون بالتوحد من الناحية السيكولوجية غير إعتياديين منذ لحظة الميلاد

- إنّ نسبة الإصابة للذكور يفوق الإناث بثلاثة أو أربعة أضعاف ، وتكاد تكون هذه النسبة ثابتة

- غالباً ما يكون أخوة الأطفال المصابين بالتوحد طبيعيين إلا في بعض الحالات النادرة

- هناك أطفال طبيعيون غير مصابين بالتوحد ينطبق عليهم وصف المورثين جينياًَُ (Knoblock,1983)

ويمكن القول في هذا الصدد أنه لا يمكن القبول بهذه النظرية التي تقول أن العلاقة المريضة أو الباردة بين الطفل والأم هي التي تسبب حالة التوحد إذ أن واقع الحال يشير عكس ذلك من خلال مقابلاتنا لأمهات الأطفال المصابين بالتوحد ، فلم تشر أي واحدة منهن على أن هناك علاقة مريضة أو باردة بينها وبين أبنها ، وكنا نحس بالألم والمرارة لمعاناتهن ، كما أنه من غير المنطق أن يكون ذلك ونحن نرى حتى الحيوانات كيف تدافع عن أبنائها ، كما أنّ المعاناة التي تعانيها الأم خلال فترة الحمل والجنين جزء منها يتنفس بنفسها ، ويتغذى بغذائها ، ويستجيب لانفعالاتها فضلا عن معاناتها إثناء فترة الحمل ، لذلك لا يمكن أن تكون علاقتها بإبنها تتصف بالمريضة إذا كانت الأم طبيعية عادية .

النظرية البيوكيميائية

إنّ الخلل الكيميائي في الدماغ قد يؤثر في الأداء الوظيفي لأجزاء من المخ كالفصين الصدغي والأمامي وكذلك جذع المخ والمخيخ .

ويعد السيروتونين (Serotonin) من النواقل العصبية المهمة في الجهاز العصبي المركزي الذي يتمركز في وسط الدماغ ، ويتحكم في العديد من الوظائف والعمليات السلوكية بما فيها إفرازات الهرمونات والنوم وحرارة الجسم والذاكرة والسلوك النمطي . وقد عمل

المختصون على فحص مستوى هذا الناقل بفحص السائل المخشوكي ومستويات السيروتونين في الدم .

والسيروتونين ينشأ في الدم من جدران الأحشاء أو القناة الهضمية كالأمعاء ويخزن على شكل صفيحات إثناء الدوران حيث يتم هدمه من خلال عملية الأيض بواسطة أنزيمات خاصة بعد امتصاصها في الكبد

ولكن عندما يكون هناك مشكلات في عملية الأيض يترسب بكميات أعلى في الدم أو البول لدى التوحديين .

وأشار بوتزن واكوسيلا وألوي (Bootzin,Acocella,Alloy ,1993) إلى أن الأطفال المصابين بالتوحد إذا تناولوا عقاقير تخفض من مستوى السيروتونين في الدم ، فإن ذلك من شأنه أن يحسن الكلام ، والسلوك الاجتماعي، ودرجة الذكاء ، واستمر هذا التحسن لمدة ستة أسابيع ولكن بعد مضي ـ ثلاثة أشهر تضاءل التحسن الذي حدث . وقد يتطلب الأمر مزيداً من الدراسات.

كما أنّ الدوبامين (Dopamine) يلعب دوراً في التوحد ، وهذا يتشكل من الحامض الأميني الفينيلانين (Phynylanine) ، ويتركز كذلك في الدماغ الأوسط وإذا زادت كميته فهو يلعب دوراً في السلوكات التوحدية مثل الطقوسية والنمطية والنشاط الزائد. إن السيروتونين والدوبامين هي مواد كيميائية أشبه بالسماعة التي تبث إلى مناطق واسعة من الدماغ وهي التي تولد السلوكات التي تظهر في غرفة الصف كالانتباه والتوتر أو النعاس.

وقد أشار كامبل وزملاؤه (Campbell,1982) في هذا الصدد إلى أن الكثير من أعراض التوحد تقل مثل سلوك إيذاء الذات والحركات النمطية المتكررة عند تناول الطفل عقار يخفض من مستوى الدوبامين.

الدراسات العصبية

قد يرتبط التوحد بإضطراب دماغي ناشئ من أصل عصبي أي إضطراب في المنظومة العصبية للمخ وخاصة المتعلقة بالفص الصدغي والمخيخ .

فقد أظهرت بعض الاختبارات التصويرية للدماغ إلى وجود إختلافات غير عادية في تشكيل الدماغ ، كما توجد فروق في المخيخ إذا ما قورن بين الأطفال الاعتياديين والأطفال المصابين بالتوحد إذ وجد العلماء ضمور في المخيخ ليصل إلى (13%) عند التوحديين، وخاصة في خلايا بوركنجي (Purkinge) (الراوي وحماد ،1999) .

وتوصل بيفن وزملاؤه (Piven,& Colleagues ,1995) إلى أن حجم دماغ المصابين بالتوحد أكبر من أقرانهم غير المصابين بالتوحد . وقد يكون الكبر محدد في الفصوص الصدغية والجداري والمؤخري .

بينما لم يظهر فرق في حجم الفص الجبهي على عينة مقدارها (23) طفلا مصاباً بالتوحد والأطفال الذين ليس لديهم توحد .

وبينت دراسات أخرى كذلك وجود شذوذ وخلل في النشاط الكهربائي أو القصور الوظيفي لأداء جذع الدماغ وهناك من يعزو إلى الخلل الحادث في القشرة الدماغية الذي يسبب في السلوكات التوحدية وخاصة تلك المتعلقة باللغة (DeMyer,Barton,& Norton,1972)

وتوصل كل من باومان وكامبر (Bauman & Kamper ,1995) إلى أن وزن الدماغ لدى الأطفال المصابين بالتوحد أكثر وزناً من أدمغة أقرانهم ألاخرين في مرحلة الطفولة ، ثم يكون أقل وزناً في مرحلة البلوغ ، كما أن هناك خللا في الخلايا الموجودة في المخيخ إذ يكون نموها غير طبيعي فإما يكون نقص في نموها أو فرط في نموها الأمر الذي يؤثر في وظائف المخيخ ، كما أكدت نتائج الدراسة ما توصل إليه كل من دي ماير وبارتون ونورتون (DeMyer,Barton,& Norton,1972) في اختلاف حجم وعدد خلايا بوركنجي في المخيخ إذ هي أقل من الأطفال غير المصابين بالتوحد .

وتوصل كورشيسن وآخرون (Courchesne ,et al ,1988)من خلال الفحص بالرنين المغناطيسي للمخ أن الأطفال المصابين بالتوحد لديهم أجزاء ضامرة في المخيخ ، حيث ظهر خللا في وظيفة الجهاز العصبي المركزي لدى (14) طفلا مصابا بالتوحد من مجموع (18) طفلا .

إنّ الشذوذ العصبي لدى الأطفال المصابين بالتوحد جعل العلماء يفترضون عدة إفتراضات فريملاند (Rimland) يرى أن التكوين المعقد في جذع الدماغ (Brainstem) للطفل المصاب بالتوحد يفشل في التزويد بإثارة مناسبة . وهناك من توصل إلى أن جذع الدماغ أقصر عند الأطفال المصابين بالتوحد مقارنة بجذع دماغ غير المصابين .

وأشار جيلبيرج (1996) إلى دراسات بينت وجود إضطراب في وظائف المخ، وذلك ما أظهره التصوير الطبقي المحوري بالكمبيوتر حيث وجد تغيرات في الفصوص الصدغية وحول بطينات المخ مما يؤدي إلى ظهور سلوكات غير طبيعية ، كما ظهر أنّ واحداً من أثنين لديهم تخطيط دماغي كهربائي (EEG) غير عادي.

بينما ذكر باجافالير وميرجيريان (Bachavalier &Merjarian ,1994) أن الأطفال المصابين بالتوحد لديهم خللا في الجهاز العصبي الطرفي يؤثر في سلوكاتهم الاجتماعية والعاطفية والتعلم والذاكرة .

وأشار كوهين وبولتون (2000) أن درجة تركيز حامض الهوموفانيليك (Homovanilic Acid) أكثر ارتفاعا في السائل المخي المنتشر بين أنسجة المخ والنخاع الشوكي في حالات التوحد قياسا بالأسوياء .

الدراسات الجينية

هناك من الدراسات والبحوث التي ربطت بين الخلل الكروموسومي وحالات التوحد، ولكن لم يتفقوا على كروموسوم واحد ، فهناك من ربط بين الكروموسوم الثاني وحالات التوحد لاعتقادهم بوجود علاقة بينه واضطرابات النطق .

وهناك من ربط بين الكروموسوم الثالث وحالات التوحد حيث يعتقد بوجود جين يسمى (Gat) وهذا الجين يصنع البروتين الذي يعمل مع أحد النواقل العصبية (Gaba) وهي إحدى المواد الكيميائية الأعراض في الدماغ التي توصل الرسائل بين خلايا الدماغ . وقد أثبت العلماء أن زيادة أو عدم إتزان (Gaba) يعمل على زيادة تنشيط الدماغ فوق الحد الطبيعي مما يؤدي إلى السلوكات التوحدية .

وهناك من ربط بين الكروموسوم السابع بحالات التوحد حيث يحتوي هذا الكروموسوم مجموعة من الجينات التي تؤدي كل منها وظائف معينة، وهذه الجينات هي:-

(Fox 2) وهو مرتبط بإضطرابات النطق واللغة ومسؤول عن تطوير حركات الوجه والانفعالات والتعابير الضرورية للوجه .

(Wnt 2) وهو مسؤول عن توجيه مصير الخلايا وكيفية تنقلها ، ووظيفتها في جسم الجنين.

(Reln) وهو مسؤول عن مساعدة تنظيم خلايا الدماغ خلال تطور الجنين .

وقد وجد آخرون من دراسة الكروموسوم الخامس عشر ـ أن تضاعفه يمكن أن يؤدي إلى حالات التوحد وخاصة في الجزء المسمى (Q13) و(Q11) .

وبعض أشار إلى الكروموسوم (X) وهو الجنسي الأنثوي حيث يوجد لدى الانثى زوجان من الكروموسوم (X) ، أما الذكر فيوجد لديه كروموسوم (X) وكروموسوم (Y) ووجود خلل ما في الكروموسوم (X) يكون بصفة متنحية بينما يكون لدى الاناث كصفة ناقلة ، وقد يربط ذلك في تفسير حدوث التوحد لدى الـذكور أكثر من الإناث . وفي دراسات حول الشذوذ الكروموسومي (X) تبين أنه يحدث بنسبة   (16%) لدى الذكور المصابين بالتوحد   (Genetic Overview, 2000)

وقد حدد بعضهم كروموسوم بذاته فقد توصل بونورا وآخرون (Bonora ,et al 2005) مـن خـلال دراسات عديدة إلى وجود دلائل على ان الكروموسوم السابع هو الذي يسبب حالات التوحد .

بينما ذكر لامب وآخرون (Lamb,et al,2005) ان الخلل في الكروموسوم السابع والسادس عشر ـ يسبب حالات التوحد لدى الجنسين ، والكروموسوم الثاني والتاسع يسببان ظهور السلوكات التوحدية لـدى الأخوة .

وفي هذا السياق فقد أشار بايلي وآخرون (Bailey,et al,1995) وجود علاقة محددة بـين الخلل في الكروموسوم (X) وبعض حالات التوحد المقترن بالتخلف العقلي .

وتسهم الوراثة كسبب من الأسباب التي تؤدي إلى حالات التوحـد حيـث أشـارت الدراسـات أن حالات التوحد بين التوائم المتطابقة أكثر من التوائم الأخويـة ، وتوصـلت إلى أن نسبة حـدوث الاضطراب بلغ (95,7%) بين التوائم المتطابقة و (23%) بين التوائم الأخوية (Ritvo, et.al. 1985)

ويذكر بايلي وآخرون (Bailey,et al ,1997) ان النسبة في التوائم المتطابقة قد تصل إلى (60%) فهو يختلف عن النسبة التي توصل إليها ريتفو وآخرون (Ritvo,et al., 1985)

وفي هذا السياق فقد توصل والـش (Walsh, 2003) في دراسته عـن العوامـل الجينيـة المسببة للتوحد إلى زيادة وجود حالات التوحد أو أعراض قريبة في القرابة العائليـة ، وأشار إلى أن أخوة الأطفال المصابين بالتوحد أكثر عرضة لظهور مشكلات لغوية واجتماعية إذ قد تصل النسبة إلى (10-15 %) ، كـما يميلون إلى تدني نسبة الذكاء . وهذا يشير إلى وجود استعداد جيني لتطور غير طبيعي اثناء فترة الحمل . ووجدت دراسـات أخرى علاقـة بـين إضطرابات الفينولكيتونيوريا (PKU) وحالات التوحـد (Schwean,1999)

ولم تتفق دراسات مع ذلك إذ أشار روتر وآخرون (Rutter,et al,1997) في دراساتهم إلى عـدم وجود علاقة بين الكروموسومات وحالات التوحد ، حيث درسوا كثير من حالات التوحد ولم يكن لـديهم أي خلل كروموسومي ، وأضافوا إلى أن حالات التوحد المرتبطة بإختلالات جينية لا تتعدى نسبة (4 - 5%) و هي نسبة قليلة . وهذا يدلل على عدم وجود سبب واحد يسبب حالات التوحد . ويتحفظ الكاتب إلى مـا توصل إليه روتر وزملاؤه.

دراسات الاضطرابات التكوينية وصعوبات الولادة

أشارت الدراسات والبحوث في هذا الجانب إنّ الاضطرابات التكوينية وصعوبات الولادة قد تكون إحدى الأسباب التي تؤدي إلى حالات التوحد كالإصابة بالحصبة الألمانية إثناء فترة الحمل وخاصة خلال الأشهر الثلاثة الأولى ،نقص الأوكسجين ،حالات النزيف التي تصيب الأم وخاصة بين الشهر الرابع والشهر الثامن ،استخدام عقاقير طبية وخاصة المضادات الحيوية ، أو اصابة الأم بالحصبة الألمانية ، والولادة المبكرة ، والعملية القيصرية ، والحوادث والصدمات وعمر الأم عند عمل الطفل .

وقد أشارت الراوي وحماد (1999) إعتمادا على دراسات أن الحوادث والصدمات البيئية المختلفة التي تصيب الرأس وما ينتج عنها من خلل في الجهاز العصبي المركزي قد تؤدي إلى حدوث حالات التوحد ، كما ذكرت الباحثتان دراسة أريكسون التي توصل إلى أن الولادة العسرة تزيد من احتمالية حدوث التوحد .

الدراسات الغذائية

قد تكون بعض الأطعمة التي تسبب الحساسية لها علاقة بأعراض التوحد ، وعدم التوازن الغذائي يساعد أسباب أخرى تؤدي إلى ظهور أعراض التوحد كترسب مواد الزئبق والرصاص والزنك أو الخلل الوظيفي في جهاز الكبد يسبب التسمم الذي يؤدي إلى عدم قدرة الكبد على تنقية السموم ، أو عدم التوازن في الكيمياء الحيوية في الجسم .

وقد يرتبط التوحد بعدم قدرة الطفل على هضم مادتي الجلوتين (الغروين) (Glutin) ويوجد في الشوفان والشعير والحنطة والكاسين (الجبنين) (Casein)ويوجد في الحليب ومشتقاته لتصبح ذات تأثير مخدر كالافيون إذ يتحول الأول إلى الكاسومورفين والثاني إلى الجلوتومورفين وهما ذات مفعول مخدر ،لأن الطفل المصاب بالتوحد لا يستطيع هضم هذا المواد في عملية الاستقلاب فيودي ذلك إلى ظهور سلوكات توحدية.

وقد ترتبط بظهور أعراض مثل الشعور بالألم وحركة زائدة ثم خمول، سلوكات شاذة غير مقبولة إجتماعياً ،شرود الذهن ، إضطرابات في النوم .

نظرية العقل Theory of Mind (ToM)

يعرف فيرث (Frith,1989) نظرية العقل على أنها القدرة لتنبأ العلاقات بين الحالات الخارجية للاحداث والحالات الداخلية للعقل ، مثلا عندما يصرخ الطفل عند رؤية الكلب ، نحن نستخلص أن الطفل خائف من الكلب وعندما يشرق وجه الطفل عند رؤية والديه نستخلص بأن الطفل سعيد برؤية والديه ، أي أن هناك علاقة بين الحالات الخارجية للأحداث والحالات الداخلية للعقل . أما ما يتعلق بالطفل المصاب بالتوحد فتتلخص هذه النظرية بقصور الطفل المصاب بالتوحد في الجانب المعرفي الاجتماعي الذي ينبأ بمعرفة البناء النفسي للآخرين كمعتقداتهم (Baron-Cohen ,1994) ، وهذا يحمل في طياته عدم اكتمال تطور الأفكار في العقل ، بحيث لا يستطيع الطفل المصاب بالتوحد من قراءة مشاعر وأفكار الآخرين ، ويحل المشكلات التي تواجهه في المواقف الاجتماعية . ويمكن أن نعبر عنها بأنها التقولب المعرفي الذاتي دون مراعاة لأفكار ومشاعر الآخرين . ان هذه النظرية تتلاءم مع أعراض الأطفال الكبار والراشدين المصابين بالتوحد .

كما أن القصور في التواصل اللغوي هي مسألة ثانوية أساسها أو هي نتيجة للسبب الرئيسي- وهو القصور المعرفي الاجتماعي .

نظرة أديلسون إلى الأسباب التي تؤدي إلى حالات التوحد

يعتقد أديسلون(Edelson,2004) أنّ أكثر الأسباب الشائعة التي تؤدي إلى حالات التوحد هي :-

-عوامل البيئة الناتجة عن العوامل الكيميائية والمواد الثقيلة

-الخلل الوظيفي في الكبد بسبب التسمم حيث لا يستطيع الكبد من تنقية السميات داخل الجسم والتي قد ترتبط بأسباب متعددة كأن تكون وراثية

-الخلل في الجهاز المناعي

-الخلل في التوازن الغذائي

-الخلل الجيني والذي سبق ذكره حيث لم يكن هناك إتفاق بين المهتمين على جين بذاته وقد ذكر أحد المختصين الألمان في هذا المجال في مؤتمر جرى في السعودية أنه قضى خمس سنوات في دراسة الكروموسوم المسؤول عن أعراض حالات التوحد وتوصل إلى أن الكروموسوم الثاني هو المسبب لحالات لتوحد

وقد قام أديلسون بعدة دراسات ففي دراسته الأولى هدف إلى التحقق من الأسباب التي تؤدي إلى تعطيل جهاز المناعة كالتسمم الكيميائي بالمعادن والمتخلفات الثقيلة مثل الزئبق والحديد والزنك، والحساسية الشديدة .

أما الإجراءات التي قام بها أديلسون فهي :-

-دراسة تسرب العناصر المسممة في جسم الفرد وكيفية التخلص منها

-تحليل الشعر للتعرف على مستوى العناصر الثقيلة في الجسم كالزئبق والرصاص والزنك

-الحوامض : نسبة المعادن والعناصر الكيميائية الغريبة في أنواع معينة من الحوامض ودراسة الأحماض الأمينية ونقص الفيتامينات التي تسبب أعراض التوحد.

-دراسة الجهاز الهضمي وعمليات الهضم والامتصاص والقولون والبراز.

-دراسة البول والصفائح الدموية لمعرفة الخلل ومحاولة علاجه.

-دراسة المضادات الجسمية في الدم .

-فحص وظائف الكبد.

-دراسة الحساسية ضد الأطعمة والعناصر الكيميائية.

من النتائج التي توصل إليها أديلسون أنّ أول (30) طفلاً مصاباً بالتوحد تم فحصهم وجد نسبة عالية من التسمم الكيميائي والعناصر المعدنية الصلبة مثل الرصاص والزنك والزئبق والتي أصابت لديهم الجهاز العصبي مقارنة بأقرانهم غير المصابين بالتوحد.

مما يؤشر على وجود علاقة بين التسمم الكيميائي وهذه العناصر وحالات التوحد. وتبين كذلك أن (25%) منهم لديه مشاكل في الجهاز الهضمي و(50%) لديهم مشاكل في عملية الامتصاص و (80%) لديهم نظام غير محكم من الحماية وبالتالي لا يمنع من تسرب بروتينات غريبة وسموم إلى الدم .

ووجد ترسبات في البول تزيد حوالي (10%) عن الأطفال غير المصابين بالتوحد. وقد أشار أديلسون في مؤتمر عقد عام (1995) إلى أن هناك عدة عوامل تسبب الأعراض التوحدية وعدم قدرة الكبد في تنقية السموم الكيميائية يؤدي إلى ترسبها في الدماغ ، وتشتد أعراض التوحد كلما ازدادت الترسبات ، لذلك لجأت كثير من الدراسات إلى إستخدام نظام غذائي لعلاج حالات التوحد .

وقام الباحث مع مساعديه بالتأكد من نتائج الدراسة الأولى والتركيز على دور الكبد، وأختار (20) حالة (15) ذكور و(5) إناث . وأجرى الباحث الفحوص الآتية :

-مستويات الحامض الذي يبين تأثير الأدوية أو أمراض الكبد أو الكحول أو تأثير العناصر الكيميائية على وظائف الكبد.

-فحص الدم لمعرفة السموم الكيميائية .

-الفحص الشامل لوظيفة الكبد.

-توصلت الدراسة إلى أنّ العشرين طفلاً لديهم مشاكل في الكبد حيث كان غير قادر على التنقية المطلوبة .

وأشارت إلى ما يلي :-

(100%) لديهم مشاكل في الكبد.

(89%) لديهم مشاكل في الأحماض.

(95%) لديهم مستويات كيميائية عالية.

(100%) لديهم مشاكل جلدية (حساسية).

(100%) لديهم مشاكل في الناقلات العصبية.

(100%) لديهم إضطراب في الجهاز المناعي.

(100%) أظهروا إضطرابات غذائية.

إنّ أي مشكلة بسبب واحد أسهل في العلاج من الأسباب المتعددة ، والنتيجة التي توصل إليها أديلسون ومساعديه تجعلنا لا نقر بسبب واحد يؤدي إلى ظهور حالات التوحد ، وقد يتطلب ذلك إلى مجموعة من الإجراءات العلاجية .

وفي دراسة تتبعيه قام بها أديلسون على عينة متكونة من (56) حالة مشخصين رسمياً على أنهم أفراد مصابون بالتوحد تتراوح أعمارهم ما بين (3-12) سنة . ركز الباحث في دراسته على وظائف الكبد ومستوى التسمم الكيميائي في الدم.

توصل الباحث إلى أنّ (55) من (56) حالة لديهم مشاكل في الكبد، و(53) من (56) حالة لديهم مشاكل في مستويات التسمم الكيميائي .

إنّ التسمم الكيميائي يؤثر في تلف الخلايا الدماغية . يركز اديلسون على عضوية الطفل الداخلية وليس على السلوك الظاهري .والعلاج يركز على العوامل الداخلية وليس على النواتج والأعراض ، أي المسببات الرئيسية لحالات التوحد ، وقد يكون صعبا على المدرس التعامل مع العوامل الداخلية العضوية إذ لم يهيئ لذلك ، ولكن يمكن أن يتعامل مع السلوك الظاهري ، ولكن يمكن لمعلم التربية الخاصة بشكل عام ومعلم الأطفال المصابين بالتوحد أن يتابعهم في البرامج الرياضية البدنية والساونا والتغذية إضافة إلى الاستفادة من البرامج التربوية الخاصة بالأطفال المصابين بالتوحد كبرنامج تيج (TEACCH) ولوفاس (Lovaas) والأبكس (PECS) وغيرها .

وهناك من يربط بين المطعوم الثلاثي وحدوث السلوكات التوحدية ، وقد أشار أحد أولياء الأمور وانا جالس أتحدث مع أحد مدراء مراكز التوحد عن المطعوم الثلاثي ضد الحصبة والحصبة الألمانية والنكاف ، إلى أن ابنه كان طبيعيا قبل أخذه المطعوم الثلاثي حيث كان يتكلم ويتفاعل اجتماعيا ويتصرف بشكل عادي ، ولكن بعد أخذه المطعوم الثلاثي

تغير حاله وظهرت الأعراض التوحدية . ولا نستطيع ان نسلم بذلك لأن الأعراض تظهر خلال الثلاثين شهرا من عمر الطفل وقد يكون ظهور الأعراض مصادفة مع أخذ المطعوم . كما ذكر ذلك في أدبيات الموضوع ، وأشارت ونج (Wing ,2001) إلى احدى الدراسات التي توصلت إلى عدم وجود علاقة بين الأعراض التوحدية والمطعوم الثلاثي ، وعلى أية حال فالأمر يحتاج إلى مزيد من الدراسات .

إما النظرية الطبية الصينية فتشير إلى أن المخ هو محيط النخاع , والكليتين تهيمن وتنتج النخاع . بالنسبة للأطفال المصابين بالتوحد واستنادا إلى النظرية الطبية الصينية فان التوحد الذي يحدث أثناء الحمل يعـــزى إلى مشـــكلة في وظيفـــة الكـــلى لـــدى الوالـــدين والتـــي ربمـــا تكون عن طريق الأم وأحيانا الأب . ويشير الأطباء الصينيين أنه عندما يكون لدى الأم كلية ضعيفة فان الجسم لا يمتص فيتامين ب 6 بطريقة فعالة . لذلك سميت هذه النظرية بنظرية الكلى .

إنّ النظرية الصينية التي عالجت الأطفال المصابين بالتوحد عن طريق تحسين الجهاز الهضمي والمناعي والتي توصلت النتائج إلى تحسن أعراض التوحد والسلوكات الشاذة . إذ يعتقد العلماء الصينيون في هذا الصدد ان الكلى عضو خلقي موجود منذ الولادة ، بينما الطحال هو عضو وظيفي رئيسي ـ بعد الولادة ، وأن الخلل حسب هذه النظرية في الطحال أو المعدة أو الاثنين معاً تمنع الجسم من امتصاص فيتامين (ب6) وغيرها من العناصر التي تساعد على نمو وتطور المخ وصيانته ، ويكون التلف المناعي هو نتيجة للتلف في الطحال والكليتين كما ترى هذه النظرية ، فالنقص الحاصل لفيتامين (ب6) وعنـــاصر أخـــرى حيويـــة يعرقـــل بنـــاء ونمـــو المـــخ الأمـــر الـــذي يـــؤدي إلى إضـــطراب وظيفـــي في المخ ، www.gulfnet.ws .

جدول (11)

الموازنة بين التوحد وصعوبات التعلم المتعلقة بالأسباب

التوحد	صعوبات التعلم
لا يوجد اتفاق بين المهتمين على سبب بذاته يؤدي إلى الاصابة بالتوحد.	هنالك أسباب كثيرة تؤدي إلى حدوث صعوبات التعلم منها ما يكون وراثي ومنها بيئي وخصوصاً الحوادث التي تؤثر في الجهاز العصبي .
غالبا ما ترتبط الإصابة بحالات التوحد بأسباب تحدث قبل الولادة وأثناء الولادة.	قد تكون الأسباب قبل الولادة وإثناء الولادة وما بعد الولادة.
نسبة حدوث حالات التوحد بين التوائم المطابقة أكثر بكثير من التوائم الأخوية. يشير ريتفو وآخرون (Ritvo et al ,1985) أن نسبة حدوث الإصابة بالتوحد في التوائم المتطابقة بلغ (95.7%) بينما في التوائم الأخوية (23%).	هنالك تقارب كبير في هذه المسألة حيث ان حدوث صعوبات التعلم بين التوائم المتطابقة أكثر بكثير من التوائم الأخوية.
لا يوجد أتفاق بين المهتمين على الإصابة بالتوحد سببها عصبي ،والنظرية العصبية هي واحدة من الأسباب التي فسرت حدوث الإصابة بالتوحد.	قد يكون هناك شبه إجماع بين المختصين على أن صعوبات التعلم سببها عصبي .
لا يكون سوء التغذية بشكل عام كسبب يؤدي إلى الإصابة بالتوحد ذا وزن كما هو الحال بالنسبة لصعوبات التعلم . ولكن ذكر ان الاغذية التي تحتوي الجلوتين والكاسين قد تؤدي إلى ظهور السلوكات التوحدية.	يعد سوء التغذية من الأسباب التي تودي إلى حدوث صعوبات التعلم . ولكن لم يذكر بشكل خاص ان الاغذية التي تحتوي الجلوتين والكاسين سبباً لحدوث صعوبات التعلم.
تعد النظرية السيكولوجية إحدى النظريات التي فسرت حدوث التوحد والتي رفضت مؤخرا وكان ريملاند من أشد المعارضين لها.	تعد الحالات النفسية للأم خلال فترة الحمل من الأسباب التي تؤدي إلى حدوث صعوبات التعلم وكذلك الحال إثناء الولادة إذ أن الحالات النفسية الشديدة قد تؤدي إلى حالات تشنج والذي لا يساعد على الولادة الطبيعية.
لقد أشار المختصون في هذا الجانب إلى الأسباب الجينية كأحد الاسباب التي تؤدي	لقد ذكرت العوامل الجينية كأحد الأسباب التي تؤدي إلى حدوث صعوبات التعلم ، وقد ركز

صعوبات التعلم	التوحد
على الكروموسوم السادس والكروموسوم الخامس عشر على أنهما المسؤولان عن صعوبات التعلم.	إلى الاصابة بالتوحد لكنهم لم يتفقوا على كروموسوم بذاته، وتعددت الكروموسومات التي ذكرت في مجال التوحد فقد أشاروا إلى الكروموسوم الثاني والثالث والخامس والسابع والخامس عشر وغيره .
كما توصلت الدراسات في حقل صعوبات التعلم إلى أن هناك خلل دهليزي في المخيخ بالرغم من ان المخيخ لا يصدر أفعال إرادية وإنما هي مسؤولية المخ لكنه نتيجة لارتباطه بالعضلات والاوتار، ويقوم بعملية تنسيق عن طريق النبضات العصبية التي تساعد على القيام بالحركة بشكل صحيح وخاصة الدقيقة منها، لذلك فإن هذا الخلل قد يؤدي إلى صعوبات التعلم.	أشارت الدراسات في مجال التوحد أن هناك خللأ في المخيخ وخاصة في خلايا كورنيجي، وقد يصل النقص في المخيخ إلى (13%) كما أشير إلى ذلك سابقا.
لقد ذكر العامل الجنسي الهش (X Fragile) كأحد الأسباب التي تسبب حدوث صعوبات التعلم .	لقد أشير إلى العامل الجنسي الهش (X Fragile) كسبب من الأسباب التي تؤدي إلى الإصابة بالتوحد، وكذلك صعوبات التعلم، وقد يفسر ذلك نسبة حدوث التوحد وصعوبات التعلم وفق متغير الجنس وهي أربعة ذكور مقابل أنثى واحدة.
لم تذكر نظرية العقل في حقل صعوبات التعلم كسبب يؤدي إلى حدوث صعوبات التعلم.	تعد نظرية العقل احدى النظريات التي فسرت حدوث التوحد والمتمثلة بعدم قدرة الطفل المصاب بالتوحد من قراءة مشاعر وأفكار الاخرين وعلى حل المشاكل التي تواجهه في المواقف الاجتماعية.
أشارت الدراسات إلى وجود علاقة بين الحساسية وصعوبات التعلم، وقد ذكرالخطيب والحديدي(1998) ردود الأفعال التحسسية الناتجة عن الأغذية وصعوبات التعلم .	أشارت دراسات إلى أن الحساسية قد تؤدي إلى حدوث السلوكات التوحدية.
لم يربط بين المطعوم الثلاثي (الحصبة والنكاف	هناك من ربط بين المطعوم الثلاثي (الحصبة

التوحد	صعوبات التعلم
والنكاف والحصبة الالمانية) وحالات التوحد.	والحصبة الالمانية)وصعوبات التعلم.

جدول (12)

الموازنة بين التوحد والإعاقة العقلية المتعلقة بالأسباب

التوحد	الإعاقة العقلية
أسباب التوحد أقل من الأسباب التي تؤدي إلى الإعاقة العقلية.	أسباب الإعاقة العقلية كثيرة جدا ، وقد اشار هيوز (Hughes,1980) في هذا الصدد إلى وثيقة تحتوي على (250) سبباً للإعاقة العقلية وهي تشكل ربع الأسباب المعروفة، وان ثلاثة أرباع الأسباب غير معروفة. وقد يكون الأمر مبالغا فيه لبعض الشيء.
تستبعد الظروف البيئية كعوامل تؤدي إلى حدوث التوحد .	تكون العوامل البيئية من العوامل المهمة التي تؤدي إلى حدوث الإعاقة العقلية وخصوصاً الإعاقة العقلية البسيطة التي ترجع في كثير من الأحيان إلى عوامل ثقافية .
لا يخضع حدوث حالات التوحد إلى الحالة الاجتماعية والاقتصادية والثقافية كما تشير إلى ذلك أدبيات الموضوع إذ	تخضع الإعاقة العقلية للجوانب الاجتماعية والاقتصادية والثقافية ، إذ تزداد الإعاقة العقلية في المستويات

التوحد	الإعاقة العقلية
يحدث التوحد في البيئات الغنية والفقيرة وفي المستويات الاجتماعية المختلفة وفي الأسر ذات الثقافة العالية والأقل ثقافة.	الاجتماعية والاقتصادية والثقافية المتدنية، وتقل في المستويات الاجتماعية والاقتصادية والثقافية العالية، يقول هيوز في هذا الصدد أن (75%) من المعاقين يأتون من عوائل فقيرة.
لا تتأثر الإصابة بالتوحد بحالة وعي الأم كما هو الحال بالنسبة للمعاقين عقلياً.	أن وعي الأم له أثر في الحد من الإعاقة العقلية فكثير من الأمهات كن يجهلن في السابق أثر أشعة أكس والمضادات الحيوية وعقار الثاليدومايد والتغذية وأهميتها وحامض الفوليك وأهميته والعمر الزمني عند عمل طفل وغيرها من الأسباب التي تؤدي إلى حدوث الإعاقة العقلية .
لا يرتبط التوحد بشكل عام بإعاقات أخرى قياساً بالإعاقة العقلية عدا الصرع والتصلب الحدبي.	قد ترتبط الإعاقة العقلية بإعاقات أخرى كالصرع أو الشلل المخي .
قد يحدث التوحد نتيجة لخلل جيني في الكروموسوم ، ولا يوجد اتفاق بين المهتمين على كروموسوم معين .	قد تحدث الإعاقة العقلية نتيجة لخلل جيني أو لزيادة كروموسوم أو نقصان كروموسوم فزيادة كروموسوم في الخلية يؤدي إلى حدوث متلازمة داون (المنغولية)ونقصان الكروموسوم الذكري يؤدي إلى حدوث متلازمة تيرنر .
هناك من ربط بين المطعوم الثلاثي	لم تربط ادبيات الموضوع بين المطعوم

التوحد	الإعاقة العقلية
وحالات التوحد.	الثلاثي والاعاقة العقلية.
لم يرتبط عمر الام عند الحمل كسبب لحدوث حالات التوحد بالقدر الذي ارتبط بالاعاقة العقلية.	ارتبط العمر الزمني عند الحمل بالاعاقة العقلية اكثر من ارتباطه بحالات التوحد.
تعد الحالة النفسية للام خلال فترة الحمل وما بعد الحمل احدى الاسباب الاولى التي فسرت التوحد وما جاء به كانر بالرغم من انها رفضت بشكل كبير جداً.	تعد الحالة النفسية المزرية والمستمرة للام خلال فترة الحمل احدى الاسباب التي تؤدي إلى الاعاقة العقلية.
تعد صعوبات الولادة من الاسباب التي ذكرت في حالات التوحد، ولكن لم يجر التركيز عليها كما هو الحال بالنسبة للاعاقة العقلية.	ركز على صعوبات الولادة كسبب يؤدي إلى الاعاقة العقلية اكثر من حالات التوحد.

جدول (13)

الموازنة بين التوحد والإعاقة السمعية المتعلقة بالأسباب

التوحد	الإعاقة السمعية
لا يوجد اتفاق بين المهتمين على المكان المحدد الذي يكون مسؤولا عن السلوكات التوحدية .	يوجد اتفاق على المكان المحدد الذي يكون مسؤولا عن الإعاقة السمعية .
في الغالب يكون السبب الذي يودي إلى حالات التوحد يرتبط بأسباب ما قبل أو إثناء الولادة.	قد تكون الأسباب التي تؤدي إلى الإعاقة السمعية تتعلق بما قبل الولادة وإثناءها وما بعد الولادة .
لا تحدث في الغالب السلوكات التوحدية بسبب السقوط أو الضرب أو الأصوات العالية.	يمكن أن تحدث الإعاقة السمعية عن طريق السقوط أو الضرب أو الأصوات العالية.
قد يكون الخلل الذي أدى إلى السلوكات التوحدية وظيفية.	في الغالب يكون السبب الذي أدى إلى الإعاقة السمعية عضوي.
قد تكون الأسباب التي تؤدي إلى الإصابة بالتوحد	قد تكون الأسباب التي تؤدي إلى الإعاقة السمعية

الإعاقة السمعية	التوحد
أكثر وضوحا من الأسباب التي تؤدي إلى الإصابة بالتوحد.	أقل وضوحا من الأسباب التي تؤدي إلى الإعاقة السمعية.
لم تذكر نظرية العقل اطلاقاً في حقل الاعاقة السمعية إذ يستطيع المصاب سمعياً من قراءة أفكار ومشاعر الآخرين.	نظرية العقل واحدة من النظريات التي فسرت حدوث التوحد والمتمثلة بعدم قدرة المصاب بالتوحد من قراءة مشاعر وأفكار الآخرين.
لا تعد النظرية البيوكيميائية من النظريات التي فسرت حدوث الاعاقة السمعية.	تعد النظرية البيوكيميائية من النظريات الرئيسية التي فسرت التوحد وخاصة النواقل العصبية كالسيروتونين والدوبامين.
لم يركز على الجانب النفسي كما هو الحال بالنسبة لحالات التوحد.	تعد النظرية السيكولوجية من النظريات التي فسرت حدوث التوحد بالرغم من انها لاقت معارضة كبيرة.
لم تذكر ادبيات الموضوع ان الاغذية التي تحتوي الكاسيين والجلوتين تؤدي إلى حدوث الاعاقة السمعية.	تعد الاغذية التي تحتوي الكاسيين والجلوتين احدى الاسباب التي تؤدي إلى حدوث السلوكات التوحدية.
لم يربط حدوث الاعاقة السمعية بالمطعوم الثلاثي.	هناك من ربط بين المطعوم الثلاثي وحدوث حالات التوحد.

جدول (14)

الموازنة بين التوحد والاضطرابات الانفعالية المتعلقة بالأسباب

الاضطرابات الانفعالية	التوحد
تميل الدراسات الى تغليب التفسير النفسي- والبيئي سبباً للاضطرابات الانفعالية.	تميل الدراسات الباحثة عن سبب التوحد إلى التفسير المادي (البيولوجي).
ترتبط الأسباب التي تؤدي إلى الإضطراب الانفعالي بشكل أساسي بالظروف البيئية ، وهذا لا يعني على الإطلاق إنها لا ترتبط بالوراثة ، وقد يكون هناك استعداد وراثي يؤدي إلى الاضطراب الانفعالي ، ولكن بمساعدة الظروف البيئية .ويمكن القول أن للعوامل البيئية دورا كبيرا في الاضطراب الانفعالي ، لا يكون كذلك في حالة التوحد.	ترتبط الأسباب التي تؤدي إلى الإصابة بالتوحد في الغالب بأسباب ما قبل الولادة وأثناءها.
تعد العوامل الثقافية سببا أو سببا مساعدا لحدوث الاضطراب الانفعالي.	لا تعد العوامل الثقافية كسبب يؤدي إلى حدوث حالات التوحد.
تعد البيئة المدرسية بشكل عام سببا أو سبباً مساعداً لحدوث الإضطراب الانفعالي.	لا تعد البيئة المدرسية بشكل عام سببا لحدوث السلوكات التوحدية.
لقد توصلت الدراسات إلى وجود علاقة بين العوامل الجينية والعصبية والبيوكيميائية والاضطرابات الانفعالية والسلوكية.	قد تؤدي العوامل الجينية والعصبية والبيوكيميائية إلى السلوكات التوحدية.
تظهر آثار الأسباب التي تؤدي إلى الاضطراب الانفعالي بعد مرحلة الرضاعة.	تظهر آثار الأسباب التي تؤدي إلى التوحد في مرحلة الرضاعة.
يمكن أن تكون عملية التنشئة الاجتماعية التي تشكل السلوك الاجتماعي للفرد أحد العوامل التي تؤدي إلى الاضطراب الانفعالي .	لا تتأثر الإصابة بحالات التوحد بعملية التنشئة الاجتماعية التي هي عملية تعلم وتعليم وتربية كما هو الحال

بالنسبة للاضطراب الانفعالي .	
تعد العوامل الغذائية واحدة من الاسباب التي ذكرت في حالات التوحد وخاصة التي تحتوى على الكاسيين والجلوتين.	لم تذكر العوامل الغذائية في الاضطرابات الانفعالية كما ذكرت في حالات التوحد وبشكل خاص تلك التي تحتوي على الكاسيين والجلوتين.
تعد نظرية العقل إحدى النظريات التي فسرت التوحد وتتمثل في القصور في الجانب المعرفي الاجتماعي الذي ينبأ بمعرفة البناء النفسي للآخرين.	لم تذكر ادبيات الموضوع نظرية العقل كواحدة من النظريات التي فسرت الاضطرابات الانفعالية.

الفصل الرابع
القياس والتشخيص

-الملامح الأساسية للتطور من مرحلة الرضاعة إلى نهاية العام الخامس

-الأدوات المستخدمة في تحديد التوحد

- موازنة بين التوحد و

أ- صعوبات التعلم

ب- الإعاقة العقلية

ج- الإعاقة السمعية

د- الاضطرابات الانفعالية

القياس والتشخيص

إنّ القياس هو تقدير الأشياء كمياً ، والتي يمكن أن نستخلص مـن خلالهـا اكتشـاف الحـالات الخاصة، وتحديد جوانب القوة والضعف ، والمفاضلة والمقارنة بين الأفراد والتوجيه والإرشاد .

ويمكن التعرف على اللاسواء مـن خـلال التطـور الطبيعـي وفـق المراحـل المختلفـة والتـي يمكـن الاستفادة منها في حالات التوحد وكذلك بقية فئات التربية الخاصة .

وقد أشار شيلوف وهنرمان (Shelov & Hannermann,2004) إلى مظاهر النمـو الطبيعـي خـلال السنوات الخمسة الأولى والتي تعد مهمة في تشكيل الملامح الأساسية لمـا سـيكون عليـه الطفـل مسـتقبلا والمؤشرات التي تحتاج إلى لفت نظر أولياء الأمور، وقد يتطلب ذلك عرضا للطبيب المختص، وهي :

الملامح الأساسية لتطور الرضيع إلى نهاية الشهر الثالث :

في الجانب الاجتماعي والانفعالي

- يبدأ بتطوير الابتسامة الاجتماعية.

- يتمتع في اللعب مع الآخرين وقد يبكي عند توقف اللعب.

- يصبح أكثر تعبيرا ويتواصل أكثر مع الوجه والجسم.

- يقلد بعض الحركات والتعبيرات الوجهية.

الحركة

- يرفع رأسه وصدره عندما يكون مضطجعا على بطنه.

- يساعد الجزء العلوي من الجسم بيده عندما يكون مضطجعا على بطنه.

- يمدد رجليه بعيدا ويرفس بها عندما يكون مضطجعاً على بطنه.

- يفتح ويغلق يديه.

- يدفع رجليه إلى الأسفل عندما توضع قدميه على سطح ثابت.
- يضع يديه في فمه.
- يخبط على الأشياء المتدليه بيديه.
- يمسك الألعاب ويهزها بيديه.

الرؤية

- يراقب الوجوه بقصد.
- يتابع حركة الأشياء.
- يميز الأشياء والناس المألوفين عن مسافة.
- يبدأ استخدام يديه وعينيه بتناسق.

السمع والكلام

- يبتسم إلى الصوت الذي يصدر من الفرد الذي يتعامل معه.
- يبدأ بإصدار أصوات مختلفة.
- يبدأ بتقليد بعض الأصوات.
- يدير وجهه لمصدر الصوت.

المؤشرات التي لا تمثل التطور الطبيعي لهذه المرحلة

يفضل عرض الطفل إلى الطبيب إذا أظهر أي من المؤشرات الآتية :-

- لا يبدو أي استجابة للضوضاء العالي.
- لا يهتم بيديه ما بين الشهر الثاني والثالث .
- لا يتابع حركة الأشياء المتحركة بعينيه من الشهر الثاني والشهر الثالث.

- لا يمسك أو يحمل الأشياء في الشهر الثالث .

- لا يبتسم إلى الناس الذين يتعاملون معه في الشهر الثالث.

- لا يستطيع مساندة رأسه بشكل حسن في الشهر الثالث.

- لا يعطي انتباهاً للألعاب أو يمسك بها في الشهر الثالث .

- لا يصدر أصواتاً مختلفة ما بين الشهر الثالث والشهر الرابع.

- يبدأ بإصدار الأصوات لكنه لا يقلد أي من الأصوات خلال الشهر الثالث.

- لا يدفع رجليه إلى الأسفل عندما توضع أقدامه على مكان ثابت.

- له مشاكل في حركة إحدى عينيه أو كلتيهما في كل الاتجاهات.

- لا يعطي إنتباها للوجوه الجديدة أو يبدو خائفا منها أو المحيطين منه.

الملامح الأساسية لتطور الرضيع إلى نهاية الشهر السابع :-

في الجانب الاجتماعي والانفعالي

- يتمتع بالألعاب الاجتماعية.

- يظهر اهتماماً في الصور المنعكسة.

- يستجيب للتعبيرات الانفعالية للناس ويظهر غالبا المرح.

الجانب الذهني

- يجد جزئيا الأشياء الخفية.

- يحاول جاهدا الوصول إلى الأشياء التي تكون بعيدة عن متناول اليد.

- يستكشف يديه وفمه.

اللغة

- يستجيب لأسمه.
- يبدأ استجابته لكلمة (لا).
- يعبر عن انفعالاته من خلال نغمة صوته.
- يستجيب إلى الأصوات من خلال عمل أصوات.
- يستخدم الصوت تعبيرا عن الفرح أو الألم .
- يصدر سلسلة من الأصوات.

الحركة

- يستدير بالاتجاهات المختلفة من الأمام إلى الخلف ومن الخلف إلى الأمام.
- يجلس بمساعدة يديه أو بدونها.
- يصل إلى الأشياء بيد واحدة.
- ينقل الأشياء من يد إلى يد أخرى.
- يستخدم يده في جمع الأشياء.
- يسند كل وزنه على رجليه.

الرؤية

- يطور بشكل كامل رؤية الألوان.
- ينضج في رؤية الأشياء عن مسافة.
- تتحسن القدرة في تتبع حركة الأشياء.

المؤشرات التي لا تمثل التطور الطبيعي لهذه المرحلة

يفضل عرض الطفل إلى الطبيب إذا أظهر إحدى المؤشرات الآتية :-

- عندما يبدو صلبا وبعضلات مشدودة.

- عندما يبدو مرتخياً مثل لعبة خرقة.

- عندما يبقى رأسه متهدلا إلى الخلف عند سحبه لوضعية الجلوس.

- عندما يستخدم يدا واحدة للوصول إلى الأشياء.

- عندما يرفض الاحتضان.

- لا يظهر الود والحب للناس الذين يعتنون به.

- لا يظهر ارتياحا عندما تكون حوله.

- عندما لا يكون هناك اتساق في واحدة أو كلتا عينيه.

- عندما يدمع بشكل مستمر ، أو الحساسية للضوء.

- لا يستجيب إلى الأصوات من حوله.

- يجد صعوبة في ايصال الأشياء إلى فمه.

- يجد صعوبة في إدارة رأسه نحو مصدر الصوت .

- لا يستدير من الخلف إلى الأمام وبالعكس خلال الشهر الرابع.

- يبدو عليه استحالة الارتياح في الليل بعد الأشهر الخمسة.

- لا يبتسم إلى محبيه خلال الأشهر الخمسة.

- لا يستطيع الجلوس مع المساعدة خلال الشهر السادس.

- لا يضحك أو يحدث أصوات سواء دالة على الفرح أو الحزن خلال الشهر السادس.

- لا يصل إلى الأشياء بكفاءة ما بين الشهر السادس إلى الشهر السابع.

- لا يتابع الأشياء بكلتا عينيه عندما تكون قريبة (قدم واحد) أو بعيدة (6 أقدام) خلال الشهر السابع.

- لا يتحمل الوقوف على رجليه خلال الشهر السابع.

- لا يحاول جذب الانتباه خلال الأفعال في الشهر السابع .

- لا يظهرون الاهتمام في الألعاب .

- فقدان كبير للمهارات والتجارب مرة واحدة.

الملامح الأساسية لتطور الرضيع إلى نهاية العام الأول

الجانب الاجتماعي والانفعالي

- خجول أو قلق مع الغرباء.

- يبكي عندما يغادر الأب أو الأم.

- يتمتع عند تقليد الآخرين في اللعب.

- يظهر أفضلية محددة من الناس أو الألعاب.

- يختبر الاستجابات الوالدية لأفعاله خلال الطعام.

- يختبر الاستجابات الوالدية لسلوكه.

- ربما يكون خائفاً في بعض المواقف.

- يفضل الأم أو المعتني به أكثر من الآخرين.

- يعيد الأصوات والإيماءات من الانتباه.

- يطعم نفسه بأصابعه.

الجانب الذهني

- يكتشف الأشياء بعدة طرق مختلفة (كالهز ، الرمي ، السقوط ، الضربات).
- يجد الأشياء المخفية بسهولة.
- يقلد الإيماءات.
- يبدأ بإستخدام الأشياء بشكل صحيح الشرب من القدح تمشيط الرأس ،ادارة أرقام التلفون).

اللغة

- يعطي انتباها متزايدا للكلام.
- يستجيب للطلبات اللفظية البسيطة.
- يستجيب إلى كلمة لا.
- يصدر أصواتاً بتصرف (يغير في النغمة).
- يقول ماما ودادا.
- يستخدم الأصوات التي تدل على الانفعال مثل وا .
- يحاول أن يقلد الكلمات.

الحركة

- يصل إلى أماكن الجلوس بلا مساعدة.
- يزحف على رجليه وركبته.
- يحبو إلى الأمام على البطن.
- يتحول من الجلوس إلى الزحف أو الميل إلى موضع الاضطجاع على بطنه.
- يسحب نفسه للوقوف.
- يمشي مستعيناً بالأثاث.

- يمكن أن يمشي خطوتين أو ثلاث بدون مساعدة.

مهارات الأصابع واليد

- يستخدم الجلاب للمسك .

- يضرب شيئين معا.

- يضع الأشياء في الإناء.

- يأخذ الأشياء من الإناء.

- يدع الأشياء تذهب بشكل طوعي.

- ينكش الأشياء بسبابته.

- يحاول تقليد الخربشة.

المؤشرات التي لا تمثل التطور الطبيعي لهذه المرحلة

يفضل عرض الطفل إلى الطبيب إذا أظهر إحدى المؤشرات الآتية :-

- عندما لا يزحف.

- يستخدم جانب واحد عند الزحف (ويكون ذلك أكثر من شهر).

- لا يحاول البحث عن الأشياء المخفية عندما يراقب ذلك.

- لا يقول الكلمة الواحدة (ماما أو دادا).

- لا يتعلم استخدام الإيماءات كالتلويح وتحريك الرأس.

- لا يؤشر على الأشياء والصور.

- فقدان كبير للمهارات والتجارب التي تعلمها مرة واحدة.

الملامح الأساسية لتطور الرضيع إلى نهاية العام الثاني

الجانب الاجتماعي

- يقلد سلوكات الآخرين وخاصة الراشدين والأكبر منه سناً.
- أكثر وعيا بنفسه ومنفصلاً عن الآخرين.
- أكثر ولعاً بمرافقة الأطفال الآخرين.

الجانب الانفعالي

- يظهر زيادة في الاستقلالية.
- يبدأ ظهور السلوك المنحرف.
- يزداد قلق الانفصال في منتصف السنة وبعد ذلك يتلاشى.

الجانب المعرفي

- يجد الأشياء حتى عندما تغطى بغطاءين أو ثلاثة.
- يبدأ التنويع من خلال الأشكال والألوان.
- يظهر تطورا في اللعب.

اللغة

- يشير إلى الأشياء أو الصور عندما تسمى له.
- يميز الأسماء للناس المألوفين له ، والأشياء وأجزاء الجسم.
- يقول عدة مفردات لفظية ما بين الشهر الخامس عشر إلى الشهر الثامن عشر.
- يستخدم عبارات بسيطة ما بين الشهر الثامن عشر والشهر الرابع والعشرين.
- يستخدم جمل متكونة من كلمتين إلى أربع كلمات.
- يتبع التعليمات البسيطة .
- يعيد كلمات من رأسه في المناقشة.

الحركة

- يمشي لوحده.

- يحمل لعبة كبيرة أو عدة لعب وهو يمشي.

- يبدأ بالركض.

- يقف على رؤوس الأصابع.

- يضرب الكرة.

- يصعد على الفراش وينزل بدون مساعدة .

- يصعد وينزل السلم من خلال مسكه للمساندة.

مهارات اليد والأصابع

- يخربش على ممتلكاته

- يقلب الإناء ليصب ما فيه

- يبني برجا متكونا من أربع بلوكات

- غالبا ما يستخدم يد واحدة دون أخرى

المؤشرات التي لا تمثل التطور الطبيعي لهذه المرحلة

يفضل عرض الطفل إلى الطبيب إذا أظهر إحدى المؤشرات الآتية :-

- عندما لا يستطيع المشي بعمر سنة ونصف.

- عندما يفشل في تطوير مشي يدل على النضج بعد عدة أشهر من المشي- كأن يمشي على الأصابع أو الكعب.

- عندما لا يتكلم (15) كلمة على الأقل.

- لا يحكي جملة متكونة من كلمتين في السنة الثانية.

- في الشهر الخامس عشر لا يبدو معرفة وظيفة الأشياء الرئيسية في البيت كالمكنسة والتلفون والجرس والشوكة والملعقة .

- لا يستطيع تقليد الأفعال أو الكلمات في نهاية هذه الفترة.

- لا يستطيع أن يتبع التعليمات البسيطة في السنة الثانية.

- لا يستطيع دفع عجلة اللعبة في السنة الثانية.

- فقدان كبير للمهارات والتجارب التي تعلمها مرة واحدة.

الملامح الأساسية لتطور الطفل إلى نهاية العام الثالث

الجانب الاجتماعي

- يقلد الراشدين وأقران اللعب.

- يظهر الحب والتعاطف بشكل تلقائي لأقران اللعب.

- يستطيع أخذ أدواره في الألعاب.

- يفهم مفاهيم لي ، له ، لها .

الجانب الانفعالي

- يعبر عن حبة وتعاطفه بشكل منفتح.

- يعبر عن سلسلة واسعة من الانفعالات.

- في نهاية السنة الثالثة ينفصل بسهولة عن الوالدين.

- يعترض على التغييرات الكبيرة في الروتين الذي اعتاد عليه.

الجانب المعرفي

- يلعب في الألعاب بشكل ميكانيكي.

- يطابق الشيء الذي في يده أو في الغرفة مع ما يماثلها في الكتاب.

- يلعب بشكل تخيلي مع الألعاب والناس والحيوانات .
- ينوع الأشياء من خلال الأشكال أو الألوان.
- يكمل الشكل من خلال القطع الثلاث أو الأربع المكونة له.
- يفهم مفهوم رقم (2).

اللغة

- يتبع أمرين أو ثلاثة أوامر.
- يميز ويحدد تقريبا كل الأشياء والصور العامة.
- يفهم معظم الجمل.
- يفهم معاني (في ، على ، تحت).
- يستخدم جمل متكونة من أربع إلى خمس كلمات.
- يستطيع قول أسمه وعمره وجنسه.
- يستخدم الضمائر (انا ، انت ، نحن ، هما).
- يستطيع الناس الغرباء فهم معظم كلماتهم.

الحركة

- يتسلق ويصعد بسهولة.
- يصعد السلم وينزل مستخدما قدم واحدة في السلمة الواحدة.
- يضرب الكرة.
- يركض بسهولة.
- يستطيع استدارة عجلة الدراجة.
- ينحني بسهولة دون فشل.

مهارات اليد والأصابع

- يعمل خطوط أفقية وعمودية وخطوط دائرية بالقلم أو الطباشير.
- يقلب أوراق الكتاب ورقة ورقة.
- يبني برجا متكوناً من ست بلوكات.
- يثبت غطاء البرطمان أو الصمولة .
- يتحكم بإدارة المقود.

المؤشرات التي لا تمثل التطور الطبيعي لهذه المرحلة

يفضل عرض الطفل إلى الطبيب إذا أظهر إحدى المؤشرات الآتية :-

- الفشل في صعود السلم أو صعوبة التعامل مع درجات السلم.
- لا يستطيع بناء برج يزيد عن أربع بلوكات.
- صعوبة معالجة الأشياء الصغيرة.
- لا يظهر فهما للعب التظاهري.
- يسيل لعابه باستمرار ، وكلامه غير مفهوم.
- لا يستطيع استنساخ دائرة بعمر ثلاث سنوات.
- لا يستطيع فهم التعليمات البسيطة.
- اهتمام قليل بالأطفال الآخرين.
- صعوبة بالغة عند فصله عن الولدين أو البديل الذي يعتني به.
- ضعف في التواصل غير اللفظي (تلاقي العيون).
- اهتمام محدود في الألعاب.

- فقدان المهارات والتجارب التي تعلمها مرة واحدة .

الملامح الأساسية لتطور الطفل إلى نهاية العام الرابع

الجانب الاجتماعي

- مولع ومهتم في التجارب الجديدة.

- يتعاون مع الأطفال الآخرين.

- يزداد اللعب الابتكاري والخيالي.

- يلعب لعب الأب والأم.

- أكثر استقلالية.

- يناقش الحلول للصراعات.

الجانب الانفعالي

- يتصور العديد من الصور غير المألوفة بأنها ربما تكون مخلوقات خيالية.

- ينظر إلى الذات كشخص بشكل كامل متضمنة الجسم والفكر والمشاعر.

- لا يستطيع مرارا أن يخبرنا عن الاختلاف بين الواقع والخيال.

الجانب المعرفي

- يسمي بعض الألوان بشكل صحيح.

- يفهم مفهوم العد وربما يعرف بعض الأرقام.

- يحاول حل المسائل من زاوية واحدة.

- يبدأ امتلاك معنى أوضح للوقت.

- يتبع ثلاثة أجزاء من الأوامر.

- يستدعي أجزاء من القصة.

- يفهم مفاهيم مشابه ومختلف.
- يشغل نفسه في اللعب التخيلي.

اللغة

- يتقن بعض أحكام القواعد الأساسية.
- يتكلم جملا متكونة من خمس إلى ست كلمات.
- يتكلم بوضوح كاف ليكون مفهوما من قبل الغرباء.
- يحكي قصصاً.

الحركة

- ينط على رجل واحدة ويقف على قدم واحدة لمدة خمس ثوان.
- يصعد السلم وينزل بدون مساعدة.
- يضرب الكرة للأمام.
- يرمي الكرة خارج يديه.
- يمسك بالكرة عند طبطبتها معظم الأوقات.
- يتحرك إلى الأمام والخلف برشاقة.

مهارات اليد والأصابع

- يستنسخ أشكال المربعات.
- يرسم الشخص برجلين أو برجلين ويدين.
- يستخدم المقص.
- يرسم دوائر ومربعات.
- يبدأ بإستنساخ بعض الحروف الكبيرة.

المؤشرات التي لا تمثل التطور الطبيعي لهذه المرحلة

يفضل عرض الطفل إلى الطبيب إذا أظهر إحدى المؤشرات الآتية :-

- عندما لا يستطيع رمي الكرة خارج يديه.

- لا يستطيع القفز من مكانه.

- لا يستطيع ركب الدراجة.

- عندما لا يستطيع مسك الطباشير بين الإبهام والأصابع.

- يواجه صعوبة في الخربشة.

- لا يستطيع تكديس البلوكات واحدة فوق الأخرى.

- يبقى متعلقا ويبكي متى غادر الوالدان.

- لا يظهر اهتماما بالألعاب الجذابة.

- يتجاهل الأطفال الآخرين.

- لا يستجيب إلى الأشخاص خارج إطار أسرته.

- لا ينشغل في اللعب التخيلي.

- يقاوم اللبس والنوم والذهاب إلى التواليت.

- يخبط بشكل كبير جدا دون أي سيطرة عند الغضب أو الانزعاج.

- لا يستطيع استنساخ دائرة.

- لا يستطيع أن يكون جملة أكثر من ثلاث كلمات.

- لا يستطيع استخدام لي أو أنت.

- فقدان مهارات مهمة وتجارب مرة واحدة.

الملامح الأساسية لتطور الطفل إلى نهاية العام الخامس

الجانب الاجتماعي

- يريد أن يسر الأصدقاء.

- يريد أن يكون مشابها لأقرانه.

- أكثر احتمالية لقبول الأحكام.

- يحب الغناء والرقص والتمثيل.

- يظهر استقلالية أكثر ، ويمكن ان يزور جيرانه المجاور بنفسه.

الجانب الانفعالي

- واعيا لجنسه.

- قادرا على التفريق بين الخيال والواقع.

- بعض الأوقات يكون مطالباً وأحيانا أخرى متعاونا بلهف.

الجانب المعرفي

- يستطيع العد إلى عشرة مواضيع.

- يستطيع تسمية أربعة ألوان على الأقل بشكل صحيح.

- يفهم مفهوم الوقت بشكل أفضل من السابق.

- يعرف الأشياء المستخدمة يوميا في البيت (كالفلوس ، والطعام ، والادوات).

اللغة

- يستدعي جزء من القصة.

- يستطيع استخدام جمل تزيد عن خمسة أحرف.

- يتحدث قصص أطول.

- يقول الاسم والعنوان.

الحركة

- يقف على رجل واحدة عشر ثوان.

- ربما يكون قادرا على القفز.

- ينط على رجل واحدة ويتشقلب.

- يتأرجح ويقفز.

مهارات اليد والأصابع

- يستنسخ المثلث وبقية الأشكال.

- يرسم شخصا بجسمه.

- يطبع بعض الحروف.

- يلبس وينزع بدون مساعدة.

- يستخدم الملعقة والشوكة وفي بعض الأحيان سكين المائدة.

- عادة ما يعتني بنفسه مع متطلبات استخدام التواليت.

المؤشرات التي لا تمثل التطور الطبيعي لهذه المرحلة

يفضل عرض الطفل إلى الطبيب إذا أظهر إحدى المؤشرات الآتية :-

- يتصرف بخوف وخجل متطرف.

- يتصرف بعدوانية متطرفة.

- غير قادر على الانفصال عن الوالدين بدون احتجاج كبير.

- يتشتت بسهولة وغير قادر على التركيز خلال فعالية واحدة أكثر من خمس دقائق.

- يظهر اهتماما قليلا في اللعب مع الأقران.

- يرفض الاستجابة للناس بشكل عام وقد يستجيب بشكل سطحي.

- نادرا ما يلعب لعب تخيلي أو يقلد الآخرين.

- يظهر غير سعيد وحزين معظم الوقت.

- لا ينشغل بفعاليات متنوعة.

- يبدو مبتعدا من أقرانه والراشدين.

- لا يستطيع التعبير عن مجموعة من الانفعالات.

- لديه مشاكل في الطعام والشراب واستخدام التواليت.

- لا يستطيع التفريق بين الحقيقة والخيال.

- يبدو سلبيا بشكل غير اعتيادي.

- لا يستطيع فهم جزأين من الأوامر مثل اذهب إلى الحديقة واجلب الجردل.

- لا يستطيع أن يعطي الاسم الأول والأخير بشكل صحيح.

- لا يستطيع استخدام الجمع أو الماضي بشكل صحيح.

- لا يتكلم حول الأنشطة اليومية والتجارب.

- لا يستطيع بناء برج متكون من ستة إلى ثمانية مكعبات.

- يبدو عدم ارتياحه عند مسك الطباشير.

- يعاني من مشاكل في خلع الملابس.

- لا يستطيع تفريش أسنانه بكفاءة.

- لا يستطيع غسل أو تجفيف يديه.

- فقدان رهيب للمهارات والتجارب مرة واحدة.

إنّ القياس والتشخيص للأطفال المصابين بالتوحدمن المحاور المهمة التي يتوقف عليها جميع الأنشطة من تخطيط ووضع أهداف ومحتوى وطرق ووسائل وعلاج وخدمات .

وإنّ عملية القياس والتشخيص ليست سهلة وذلك للأعراض المتعددة والأسباب الكثيرة إذ لم يتفق المهتمون في هذا الجانب على سبب بذاته وإنما ذكرت أسباب متعددة كالسيكولوجية والعصبية والجينية والبيوكيميائية واضطرابات التكوين وصعوبات الولادة والغذائية وغيرها، وصعوبة الاتصال مع الطفل المصاب بالتوحد . وما يجعل القياس والتشخيص صعباً وشائكاً هو أن هناك طيفاً للتوحد قد يختلف في مظاهره فمثلا في حالات متلازمة أسبيرجر(Asperger,s Syndrome) تكون قدراته العقلية واللغوية أفضل من التوحد التقليدي لكانر ، وهناك فرق بين الطفل المصاب بالتوحد، ومن لديه صفات توحدية .

والتشخيص عملية اصدار حكم وفق المعايير التي يتفق عليها أغلب المختصين وخاصة في القصور في التفاعل الاجتماعي والتواصل اللفظي وغير اللفظي والسلوك النمطي والتماثل .

ويمكن أن يساعد التشخيص تحديد درجة الاعاقة والتصنيف الدقيق لحالة التوحد وخاصة أن هناك مظاهر مشتركة بينه وبين الاعاقات الأخرى كالاعاقة العقلية والاضطرابات الانفعالية وصعوبات التعلم والاعاقة السمعية ، كما يساعد على وضع الطفل في المكان المناسب والذي يمكن أن يلبي احتياجاته ،ويدعو الى التدخل لتخفيف الحالة وخاصة إذا كان التشخيص مبكرا ، ويمكن وضع برامج علاجية تتناسب وحالة الطفل، ويمكن تزويد الأسر بالتوجيهات والارشادات في كيفية التعامل مع الطفل المصاب بالتوحد.

وليس بالضرورة أن يبقى التشخيص واحدا بشكل كامل عبر الزمن ، فقد أشار لورد وآخرون (Lord,et al,1995) في هذا الصدد ، ان التشخيص الذي قام به أحد المختصين لمجموعة من الأطفال في عمر سنتين ، وبعد ذلك قام بتشخيصهم في عمر ثلاث سنوات ، فوجد أن (72%) وافق التشخيص السابق . وقد يختلف الحال وفق نوع التوحد إذ يشير الاضطراب النمائي العام غير المحدد (Pervasive Developmental Disorde (r Not Otherwise Specified PDD-NOS) أقل تماثلا من جميع أنواع الطيف التوحدي إذ كان التشابه بين تشخيص سنتين وثلاث سنوات لا يزيد عن (43%) .

إن تعدد الأسباب والمظاهر لحالات التوحد ، وعدم وجود إختبارات دقيقة لتحديد الأسباب المتوقعة لحدوث حالات التوحد وتعدد أشكال التوحد إضافة إلى اشتراكه بمظاهر مشتركة لحالات أخرى كالإعاقة العقلية وصعوبات التعلم ونقص الانتباه المصحوب بالنشاط الزائد وصعوبات اللغة النمائية والصمم الاختياري (Elective Mutism) حيث يرفض الطفل المصاب بالتوحد الحديث في المواقف التي تتطلب الحديث ، كل ذلك يجعل مسألة التشخيص ليس بالأمر السهل . كما أن التشخيص لا يقوم به فرد بذاته وإنما عن طريق فريق متعدد التخصصات ومنهم طبيب الأعصاب الذي يمكن أن يتعرف على الجهاز العصبي المركزي والطبيب النفسي- الذي يكون مخولا لقراءة التحاليل الطبية والعلاج الطبي، والأخصائي النفسي (وهو المتخصص لتطبيق اختبارات الذكاء) وأخصائي التخاطب الذي يكون مؤهلا لمعرفة المستوى اللغوي وهل يتماشى مع عمره الزمني واختصاصي التربية الخاصة الذي يكون قادراً على تقييم الطفل من الناحية التعليمية ، كما يستطيع أن يضع البرنامج التعليمي المناسب له .

ويشير كوهين وبولتون (2000) إلى الحالات التي تشابه التوحد في بعض مظاهرها

-الصمم الاختياري (Elective Mutism) ومن مظاهره هو رفض الطفل الحديث في مواقف معينة

-صعوبات التعلق العاطفي (Attachment Disorders) إذ لا يتمكن الطفل من إقامة علاقات عاطفية ثابتة مع الأبوين

-صعوبات اللغة النمائية(Developmental Language Disorders) حيث يتأخر الطفل لغوياً مما يوثر سلباً في النمو الاجتماعي

-الفرط الحركي التكراري (Hyperkinetic Disorder With Stereotypes)حيث تنخفض قدرة الطفل على التركيز مع اختلال القدرة على العمل والنشاط ، كما يوصف سلوكه بالتكرار وعدم الثبات

-انتكاسة النمو(Disintegrative Disorder) وهو التدهور السريع في مهارات الطفل بعد أن تكون قد مرت بمراحل طبيعية

-الإعاقة العقلية(Mental Handicap) حيث تتشابه مظاهر عديدة من مظاهر الإعاقة العقلية مع حالات التوحد .

-متلازمة لاندو-كلفنر(Landau-Kleffner Syndrome) حيث يفقد الطفل قدرته على الكلام بعد أن نما بشكل طبيعي ، وقد يرافق ذلك صرعاً

إنّ تشخيص التوحد في مرحلة الرضاعة ليس أمرا سهلا بالرغم من أن مظاهره تظهر خلال الثلاثين شهرا، وقد يكون ذلك ممكنا بعد نهاية العام الثاني ، وتكمن صعوبة التشخيص في مرحلة الرضاعة -:

-تتسع الفروق الفردية كلما تقدم الطفل بالعمر حيث تتضح معالمه من النمو الطبيعي أو غير الطبيعي بالمقارنة إلى الأقران في الجوانب المتعددة
-لا تتضح معالم اللغة والكلام إلا بعد العام الثاني للطفل وبالتالي تظهر مشاكله اللغوية والكلامية
قد ينشغل الوالدان بالأمراض التي تصيب الطفل في مرحلة الرضاعة مما تشغلهم عن الأعراض التوحدية التي تظهر على الطفل . أو قد يعزو هذه الأعراض إلى المرض .

وهناك ما هو مشترك بين الطفل الطبيعي والطفل المصاب بالتوحد كالمصاداه التي تعد طبيعية خلال هذه الفترة بينما تكون خصيصة من خصائص الطفل المصاب بالتوحد في مراحل لاحقة .

وإذا ما قارنا بين التشخيص في عمر سنتين والتشخيص الذي يحدث بالأعمار التي تسبق مرحلة المدرسة ، يكون الثاني أفضل في إعطاء فهم ومعنى ، وذلك لأن السلوكات الاجتماعية الخاصة قبل ثلاث سنوات ليست واضحة للحد الذي يمكن الحكم من خلالها على أن الطفل مصاب بالتوحد فربما يكون معاقا عقلياً ، كما قد يكون صعبا التمييز بين حالات التوحد ومن لديه قصور لغوي بسيط في المرحلة التي تسبق ثلاث سنوات ، ويكون صعباً كذلك التمييز بين حالات التوحد والقصور المعرفي الشديد .

كما أن قليلا من الأطفال يظهرون سلوكات شاذة وذات تكرارية عالية في عمر سنتين ، كما قد يكون صعبا على أولياء الأمور معرفة المظاهر التوحدية في هذا العمر وخاصة أن الكثير منهم لا يعرف تماما مظاهر الإصابة بالتوحد.

وقد تختلف أعراض الطفل عبر الزمن ، فيمكن أن يشخص الطفل في مرحلة السنتين على أنه مصاب بالتوحد التقليدي (Classic Autism)، وقد يتحول في تشخيص عمر خمس سنوات إلى الاضطراب النمائي العام غير المحدد(PDD-Nos) ، أو قد يحدث العكس .

ومع كل ما أشرنا إليه لابد من القول بشكل عام أن تشخيص أي حالة مبكرا تكون أفضل في العلاج ، لذلك قام كل من بارون كوهين وألين وجيلبرج (Baron Cohen, Allen,&Gillberg ,1992) في (Baron-Cohen &Colleagues,1996)بوضع قائمة للتوحد في مرحلة الرضاعة (The Checklist for Autism in Toddlers CHAT) المتكون من تسع مواد تتعلق بولي الأمر وخمس مواد تتعلق بملاحظة المهني الصحي ، وقد طبق على (41) طفلا بأعمار (18) شهراً من الذين يعانون من مخاطر جينية والتي يمكن أن تطور الإصابة بالتوحد ، فشل أربعة منهم في ثلاث مواد أساسية وبعد متابعة استمرت اثني عشر شهراً شخصوا على أنهم مصابون بالتوحد . وقد طبق بيرون كوهين وزملاؤه (Baron-Cohen &Colleagues,1996) هذه القائمة للكشف على (1600) طفلا بعمر (18) شهراً في شمال شرق انكلترا ، وفشل (12) منهم في ثلاث مواد أساسية ، تبين أن (10) منهم شخصوا على أنهم مصابون بالتوحد في عمر ثلاث سنوات ونصف .

إنّ التوحد بشكل أساسي ليس عرضاً واحداً وإنما أعراض متعددة هي :-

- الجمود العاطفي فلا يستجيب الطفل المصاب بالتوحد إستجابات طبيعية إنفعالية كما يظهر الطفل الاعتيادي ولا يستجيب لمشاعر الآخرين بما فيهم الأب والأم ، قصور في تكوين العلاقات مع الآخرين .

- إستجابات شاذة غير طبيعية فهو لا يستجيب بشكل طبيعي للمثيرات البيئية الحسية، وقد يستجيب لجزء بسيط لا قيمة له .

- القصور الواضح في اللغة اللفظية وغير اللفظية فهو لا يتكلم ، ويكاد يحسبه الفرد عند رؤيته لأول وهلة إنه ابكم ، كما أنه لا يستجيب بلغة غير لفظية مثل الابتسامات ، الايماءات، تلاقي العيون وغيره .

- سلوك نمطي تكراري بإثارة ذاتية غير هادفة كتحريك اليدين ، والهز ، والدوران حول النفس، المشي على أصابع الرجلين ، الخوف من التغيير حتى ولو كان صغيرا.

- التقولب حول الذات وعدم إقامة علاقات إجتماعية.

-قصور في التقليد .

- إضطرابات اللغة والكلام في النطق وإضطرابات الصوت أو في طلاقة الكلام.

- حدودية الاهتمامات ، وقد يكون إهتمامه متمركزاً في إطار ضيق دون تغير مع غياب الأنشطة التخيلية.

- نوبات من الغضب غير المبرر .

هذه هي الأعراض الرئيسية التي يمكن أن نحدد من خلالها حالات التوحد ، ولكن ليس بالضرورة أن تجتمع جميع هذه الأعراض في فرد بذاته ، كما أن هذه الأعراض قد تتباين في درجتها من فرد إلى آخر تبعاً للأسباب التي أدت إليها .

يتم تشخيص حالات التوحد بشكل أساسي عن طريق الملاحظة المباشرة لسلوك الطفل بواسطة اختصاصي .

وقد أشرنا سابقاً إلى المعايير التي وضعها كانر (1943) في تحديد حالات التوحد. وقد جاء بعده كريك (Creak,1961) في (Lahey, 1988) الذي رأس فريقاً من العمل ليضع قائمة متكونة من تسع نقاط هدفت إلى تشخيص فصام الطفولة ، وقد أشرنا سابقا إلى هذه الأعراض، وهناك نقاط مشتركة بينه وبين كانر إلا أنه أضاف نقاطاً لم يذكرها كانر وهي القلق الحاد وغير الطبيعي والمتكرر ، والخبرات الادراكية غير الطبيعية ، والأنماط الحركية الشاذة . وقد أعتمدت نقاط كريك التسعة في تشخيص ذهان الطفولة خلال مرحلة الستينات .

وركز روتر(Rutter,1978) على خصائص ثلاث في تشخيص حالات النوحد وهي:-

-القصور الواضح في النمو اللغوي .

-سلوك طقوسي واستحواذي أو الإصرار على ثبات المتغيرات البيئية .

-شريطة أن تظهر هذه الأعراض خلال الأشهر الثلاثين الأولى.

واسترسالا زمنياً فقد أشار هيوارد وأورلانسكي (Heward ,Orlansky,1992) إلى سـت خصائص للكشـف عـن حالات التوحد وهي :-

أ- القصور الواضح في الاستجابة للمثيرات البيئية فهو لا يسـتجيب إلى الأفـراد الـذين حواليـه مهـما عملـوا وفعلوا فهو متقولب حول نفسه.

ب- البرود العاطفي الشديد فهو لا يستجيب لمظاهر الحب والحنان والعناق الأمـر الـذي يـؤدي أحيانـاً إلى ردة فعل الوالدين.

ج- إيذاء الذات ونوبات الغضب فقد يعض نفسه أو يضرب نفسه على الحـائط لـذلك يوضـع في المـدارس الخاصة بالتوحديين عازل من البلاستيك على حيطان الصفوف لتخفيف الأثر على الرأس إذا ما قـام الطفل المصاب بالتوحد بضرب رأسه على الحائط، وينتابهم نوبات من الغضب الشديد.

د- السلوك النمطي الشديد كهز الجسم أماماً وخلفاً بشكل متكرر بحيث يمكن أن يشعر المشاهد بالتعب وهو لا يتعب والدوران حول النفس والتلويح بالذراعين .

ه- الترديد الببغاوي بالرغم من أن معظمهم لا يتكلمون وإن تكلمـوا فهم يهمهمـون، أو يكـررون كلـمات سمعوها من الأفراد الذين يتعاملون معهم.

و- التأخر في نمو السلوك فهو يتخلف مثلا بمهارات العنايـة الذاتيـة إذا مـا قـورن بأقرانـه الاعتيـاديين فهو يحتاج إلى من يساعده في الطعام والملبس .

وقد أشارت الطبعة العاشرة لمنظمة الصحة العالمية (WHO) التي صدرت عام (1992) خلال الدليل العالمي لتصنيف الأمراض إلى المظاهر الآتية :-

أولاً/ القصور الواضح في مجال واحد على الأقل من المجالات الآتية والتي يفترض أن تظهر خلال السنوات الثلاث الأولى وهي :-

أ- إستخدام اللغة سواء كانت اللغة التعبيرية أو الاستقبالية .

ب- اللعب التخيلي أو الوظيفي.

ج- التفاعل الاجتماعي مع الآخرين.

ثانياً/ القصور الواضح في التفاعل الاجتماعي ويظهر ذلك من خلال :-

أ- القصور الواضح في التواصل البصري مع الآخرين، وقصوره الواضح في التعبير عن إنفعالاته.

ب- الفشل في تكوين صداقات طبيعية مع أقرانه الآخرين.

ج- عدم المبادرة في مشاركة الآخرين في حالات الفرح أو الحزن.

د- القصور في العلاقات العاطفية والانفعالية مع الآخرين والقصور في السلوك التكيفي بما يتناسب والظروف الاجتماعية المحيطة .

ثالثاً/ القصور الواضح في التواصل الاجتماعي

أ- القصور الواضح في اللغة التعبيرية وعدم القدرة على إستخدام لغة بديلة كالإشارات أوالايماءات.

ب- عدم القدرة على النقاش أو الحوار مع الآخرين .

ج- قد يكرر اللغة او المقاطع.

د- إضطراب في الصوت والنغمة وسرعة الكلام.

ه- عدم إستخدام النمذجة أو الخيال في اللعب .

رابعاً/ الاهتمامات المحدودة والنشاطات المتكررة والتي تظهر من خلال :-

أ-اهتمام مبالغ فيه في بعض الأنشطة المحدودة.

ب-التعلق الغريب وغير العادي بأشياء محددة.

ج- سلوكات غير هادفة وروتينية محددة.

د- حركات نمطية وطقوسية بالأيدي والأصابع أو حركات جسدية معقدة

ه- الاهتمام المفرط بأجزاء الأشياء أو بخصائص غير وظيفية مثل جزء بسيط من لعبة.

و- قد يبدو إزعاجه لأشياء ليست ذات قيمة وغير مهمة.

خامساً/ أن لا تكون هذه الخصائص ناشئة عن الاضطرابات النمائية العامة أو لمتلازمة أسبرجر أو ريت أو إنحلال الطفولة أو فصام الطفولة أو الإعاقة العقلية .

وترى مايلز (1994،ص 185-186) ان الطفل المصاب بالتوحد يمكن التعرف عليه من خلال الأعراض الآتية :-

-لا يطور علاقات شخصية ولا يستجيب الطفل الرضيع للحمل والاحتضان ، ويتجنب الطفل الأكبر سناً في العادة النظر في وجه إنسان آخر ،ويمتنع من إقامة اتصال بصري مع الآخر، وعندما يمسك الطفل المصاب بالتوحد بإنسان آخر فكأنه يمسك بقطعة أثاث وليس إنسان.

-لا يبدو عليه وجود هوية شخصية أو ذات خاصة. وكثيراً ما يحاول هولاء الأطفال إستكشاف أجسادهم والإمساك بها كما لو كانت أشياء جامدة.

التعلق الاستحواذي بأشياء معينة فقد يسعى الطفل إلى الإمساك بشيء واحد دوماً كحبل أو كوب ويشعر بالحزن الشديد إذا أخذ منه هذا الشيء.

-يصبح شديد الحزن إذا تغيرت البيئة المحيطة به بأي طريقة كانت مثلاً إذا نقل الأثاث من مواقعه المعتادة . أو إذا إفتقد شيئاً مألوفاً لديه وقد ينزعج الطفل إذا جرى خرق الروتين.

-وكثيرا ما تتطور عنده طقوس معينة كأن يطوي ملابسه بطريقة معينة أو يغتسل بطريقة معينة . وقد يرفض الطفل أكل طعام غير مألوف لدية.

-يظهر حزنه بنوبات غضب عنيفة أو بعض نفسه أو بحركات معينة كالهز إلى الأمام والوراء أو القفز صعودا وهبوطاً أو الركض في أرجاء الغرفة على أطراف أصابعه. وكثيرا ما لا يستطيع أحد معرفة سبب حزنه أو إستيائه ، وقد لا تجدي كل محاولات إراحة الطفل مما يعانيه.

-شذوذ الإدراك فكثيرا ما يستجيب الأطفال المصابون بالتوحد بطرق غريبة . وقد يبدون عاجزين عن سماع الأصوات العالية ولكنهم يستجيبون للأصوات المنخفضة التي لا يسمعها الآخرون إلا بصعوبة . وقد يحب الطفل المصاب بالتوحد إمساك وتفحص أجسام دقيقة كحبات الرمل أو بذور الأعشاب ، ويبدو وكأنه لا يشعر بشيء قد يسبب له الألم.

-عدم امتلاك ناصية اللغة أو امتلاك القليل منها فقط ويمكن للطفل المصاب بالتوحد الذي يملك بعض القدرة على الكلام أن يكرر جملاً قد سمعها قبل زمن . وقد يفتقر صوت الطفل إلى التعبير أو النغمة ، وقد لا يفهم الضمائر الشخصية مثل "أنا" و "أنت" ، ولا يفهم الطفل الإيماءات ولا يستعملها في العادة.

-قد يكتسب الطفل المصاب بالتوحد أوضاع أو طرق غريبة عندما يتحرك ، وقد يفتل الطفل خيطاً، أو يلعب بطريقة محددة بأي شيء آخر .

-لا يلعب بطريقة تخيلية ، فهو لا يستعمل اللعب لتمثيل الأشياء بطريقة عادية مثلاً قد يستعمل الطفل الدمى أو السيارات كمواد بناء بدلاً من استعمالها كأطفال أو كسيارات تسير على الطريق .

-على الرغم من كون بعض الأطفال المصابين بالتوحد متخلفين عقلياً فإن لدى بعض الآخرين جزراً من القدرة على حساب الأعداد بسرعة وبشكل صحيح ، ويمكن للبعض الآخر الذي لا يستطيع التكلم أن يمتلك قدرة موسيقية خارقة أو أن يرسم بشكل جيد.

أما الدليل التشخيصي والإحصائي الرابع (DSM 1V) الصادر في عام (1994) الذي يعد التوحد من الاضطرابات النمائية، فركز على التفاعلات الاجتماعية والتواصل والأنشطة. لقد حدد الدليل المذكور ثلاثة محكات رئيسية لتشخيص الطفل المصاب بالتوحد هي :-

المحك الأول: ويتضمن ما يلي:

أ- عجز نوعي في التفاعل الاجتماعي : وتظهر في اثنتين على الأقل مما يأتي:-

1- قصور في اللغة غير اللفظية كتلاقي العيون ، والسكنات والايماءات، ووضعية الجسم وفق السياق الاجتماعي والتعبيرات الوجهيه (كالابتسامة كلغة للتعبير عن الراحة أو العبوس التي تعبر عن عدم الارتياح) ، وضعية الجسم في الموقف الاجتماعي .

2- الفشل في تطوير علاقات اجتماعية صحيحة مع الآخرين وخاصة الأقران .

3- القصور الواضح في مشاركة الآخرين إهتماماتهم والتحصيل والتفاعل مع الآخر من حيث الاستماع والاستمتاع بالأشياء المتوفرة، وضعف القدرة على إظهار المشاعر والمبادرة.

4- النقص الواضح في التفاعل الاجتماعي والعاطفي .

ب- القصور الواضح في التواصل :- وتظهر في واحدة على الأقل مما يأتي :-

1- القصور الجزئي أو الكلي في اللغة الشفهية وعدم تعويض ذلك بلغة غير منطوقة كالايماءات والاشارات والتوجيهات الجسدية .

2- التكرار الممل في استخدام اللغة ونمطية غير عادية ، وقد تكون لغة خاصة به لا يفهمها الآخرون .

3- القصور الواضح في اللعب الاجتماعي ومحاكاة أقرانه وما يتناسب وعمره الزمني.

4- عدم التواصل في المناقشة الاجتماعية في حالة توفر اللغة.

ج- حدودية ونمطية السلوكات والاهتمامات والأنشطة والتي تظهر في واحدة على الأقل مما يأتي :-

1- إظهار سلوكات طقوسية بشكل متكرر وغير وظيفية .

2- حركات جسدية نمطية ومكررة كرفرفة اليدين والدوران .

3- الإنشغال بأجزاء الأشياء بشكل غير عادي فقد يهتم الطفل المصاب بالتوحد بجـزء بسـيط مـن لعبـة تاركا اللعبة بأكملها .

4- الانشغال المتواصل بأنشطة واهتمامات محددة وبشكل غير طبيعي .

ويفترض أن يظهر الطفل ست أو أكثر من (أ ، ب ،ج)

المحك الثاني : وظيفة متأخرة أو غير عادية في واحدة على الأقل مما يأتي:

أ- التفاعل الاجتماعي .

ب- اللغة في التواصل الاجتماعي .

ج-اللعب الرمزي التخيلي أو التقليدي.

المحك الثالث : أن لا تكون هـذه الأعـراض تعـود إلى إضـطراب ريـت (Rett) أو تفكك (انحـلال) الطفولـة
(Childhood Disintegrative (CDD) Disorders)

وفيما يلي جدول يوضح التعديلات التي مرّ بها الدليل التصنيفي الإحصائي الصادرة عـن رابطـة الطـب النفسيـ كـما وضحه تريفـارثين وآخـرون (Trevarthen ,et al , 1998 ,P.13) .

جدول(15) يوضح تعديلات الدليل التشخيصي الإحصائي

رقم الدليل / البيان	الدليل الثالث (1980)	الدليل الثالث المعدل (1987)	الدليل الرابع (1994)
اسم الاضطراب	توحد طفولي	إضطراب التوحد	إضطراب التوحد
بداياته	قبل سن (30) شهراً	إثناء مرحلة العامين الأوليين أو الطفولة المبكرة	يبدأ قبل سن ثلاث سنوات في شكل وظائف غير عادية أو شاذة أو مؤجلة ، ويبدو هذا واضحاً في واحدة مما يلي:- - التفاعل الاجتماعي - اللغة إثناء التواصل الاجتماعي -اللعب الرمزي أو التخيلي
السلوك الاجتماعي	القصور الواضح في الاستجابة للآخرين	قصور نوعي في التفاعل الاجتماعي (يدل على ذلك وجود (5) محكات بالتبادل على نحو خاص)	قصور نوعي في التفاعل الاجتماعي (في محكين من أربعة على الأقل)
اللغة والتواصل	عيوب وتخلف كبير في النمو اللغوي وفي تطور الكلام وإن وجدت فتكون ذات أنماط لها طبيعة غريبة وشاذة	قصور نوعي في التواصل اللفظي وغير اللفظي، وقصور في النشاط المتعلق في الخيال(النشاط التخيلي)	قصور نوعي في التواصل (يلاحظ على الأقل في (1) من (4) من بين المحكات المعروفة
الأنشطة والاهتمامات	إستجابة عشوائية لمظاهر متنوعة ومتباينة في البيئة	ذخيرة محدودة بشكل ملحوظ من الأنشطة والاهتمامات والميول	أنماط من السلوك النمطي الذي يتسم بالمحدودية والتكرار وأنماط من الاهتمامات والأنشطة المحدودة المكررة (على الأقل في (1) من (4) محكات
محك الاستبعاد	عدم ظهور الهذاء والهلاوس وتفكك في	لا تغيير في البنود السابقة	إضطراب ريت ، عرض أسبيرجر إضطراب الطفولة التفككي

البيان / رقم الدليل	الدليل الثالث (1980)	الدليل الثالث المعدل (1987)	الدليل الرابع (1994)
	الارتبـاط بـين الأفكـار ووجود تنافر بينها كما يلاحـظ عنـد المصـابين بالشيزوفرينا		

وتكاد لا تخرج جميع المقاييس عن ذلـك إلا أنـه مـن إشـكالية التشـخيص أن أعـراض التوحـد تشـترك مـع إعاقات أخرى كالإعاقة العقلية وخاصة الشديدة والإعاقـة السـمعية والإعاقـة البصرـية وصـعوبات الـتعلم وإضطرابات اللغة والكلام .

وهذا مما حدا بكـل مـن كـيرغ وأريـك وألمونـد (Kurg, Arik & Almond,1980) إلى تطـوير قائمـة سـلوك التوحد والتي هدفت تمييز الأطفال المصابين بالتوحد عن غيرهم من ذوي الإعاقات الأخرى .

تكونت هذه القائمة من (57) وصفاً للسلوك موزعة على أبعاد خمسة هي :-

-المجال الحسي

-العلاقات (الارتباط)

-إستخدام الجسم والأشياء

-اللغة

-العناية الذاتية والمجال الاجتماعي

يظهر مما سبق أوجه الشبه بين المختصين في الوقوف على مظاهر الأطفال المصابين بالتوحد إلا بعض الاختلافات وقد تكون من حيث النظرة الشمولية كما ظهر من خلال الدليل العالمي لتصنيف الأمراض التابع لمنظمة الصحة العالمية ،ومايلز، والدليل التشخيصي الإحصائي الرابع (DSM 1V) الصادر عام (1994) بينما إقتصر البعض الآخر على الأعراض الرئيسية للتوحد كما هو الحال لروتر(Rutter,1978)

ولابد من الإشارة إلى أنّ هناك مشتركات تظهر على الأطفال المصابين بالتوحد وهي القصور الواضح في التفاعل الاجتماعي والقصور الواضح في التواصل والسلوك النمطي، أما الأعراض الأخرى فليس بالضرورة أن تظهر جميعها على كل طفل مصاب بالتوحد، فقد تظهر أعراض على طفل، وأعراض أخرى على طفل آخر ، كما قد لا تكون هذه الأعراض على درجة واحدة سن الشدة ، ولكن هذا يرتبط بشكل أساسي بالسبب الذي أدى إلى الحالة، فضلا عن الظروف التي يعيشها الطفل وخاصة في البيئة الاسرية وهل كان هناك تدخل مبكر للحد من هذه الأعراض ، وهل الوالدان متفهمان لحالة التوحد وكيفية التعامل السليم معه .

إنّ التقييم الشمولي للجوانب المعرفية والاجتماعية والتواصلية وغيرها مهمة جداً لتخطيط البرامج للأطفال المصابين بالتوحد. وإن عملية التوثيق لمواطن القوة والضعف للطفل المصاب بالتوحد هي على غاية من الأهمية لتصميم برامج تدخل فاعلة يشترك فيها

أكثر من اختصاصي (كاختصاصي علم النفس، اختصاصي اللغة والكلام ، عالم الأعصاب ، طبيب الأطفال ، اختصاصي السمع ، المعالج الطبيعي والوظيفي).

ويفترض أن يكون هؤلاء الاختصاصيون على درجة كافية من الخبرة .

وفي هذا السياق أشار سبارو (Sparrow,1997) إلى مبادئ أساسية لتقييم الطفل المصاب بالتوحد هي:-

- يجب أن تقيم مواطن عديدة من الأداء بشكل نموذجي تتضمن المهارات الذهنية والتواصلية الحالية، وما يظهره من سلوكات ، والتوافق الأدائي .
- المنظور التطوري للطفل مهم ،ويعطي علاقة قوية لارتباط التوحد بالإعاقة العقلية . ومهم جداً أن نعرض النتائج في سياق المستوى التطوري الكلي .
- يجب أن ننظر إلى المهارات المتنوعة للطفل التي قد تتخللها جوانب قوة وجوانب ضعف ، ولا يجوز أن نعمم جوانب القصور .
- يجب أن نقيم سلوكات الطفل عبر أماكن متعددة ، فلا يجوز أن نعمم السلوك الذي يحدث في مكان على بقية الأماكن أو المواقف لأن كل موقف أو مكان له خاصيته الفريدة.
- يجب أن نقيم التوافق الأدائي ،فنتائج التقييم في المواقف الخاصة يجب أن نضعها في إطارها الواسع لحياة الطفل اليومية، وهل تتماشى بشكل نموذجي لمتطلبات الحياة الحقيقية .
- القصور الاجتماعي وما يتعلق به هي الصفة المركزية التي يتصف بها الأطفال المصابون بالتوحد ، ويجب أن تحضى باهتمام كبير في التقييم لما لها اثر في السلوك .
- الصعوبات السلوكية يجب أن تؤخذ بالاعتبار ما زالت تؤثر في كل من الأداء اليومي واعتبارات التدخل العلاجي .

ويمكن أن نستخدم عدة أدوات للحصول على معلومات كافية عن الطفل المصاب بالتوحد علما أن الأعراض كثيرة وهي ليست بدرجة واحدة ، كما أن درجة ذكائهم مختلفة فمنهم من يكون في خانة المعاقين عقلياً ، وقد يكون البعض القليل بقدرات عقلية قريبة من العادية. كما أنهم يختلفون في الأبعاد كمستويات القدرات التواصلية ، ودرجة الصعوبات السلوكية .

أما اختيار أدوات التقييم فهي ليست سهلة وتعتمد بشكل أساسي على قدرات الطفل اللفظية ، قدرته على الاستجابة على أدوات التقييم المعقدة ، وعلى العمل بشكل سريع، وقدرته على أن يتماشى مع النقل من أنشطة الاختبار .

الأدوات المستخدمة في تحديد التوحد

هناك أدوات عديدة استخدمت في تحديد التوحد بعضها يعتمد الفحص التطوري للطفل من خلال مقارنته بمعايير التطور الطبيعي في مرحلة الرضاعة مثل (CHAT) والتي تعتمد على استجابة الوالدين أو استجابة الوالدين والملاحظة، وهي اداة لتقييم أو التنبؤ بأن الطفل في حاجة إلى الحالة للتشخيص الدقيق للطيف التوحدي والذي يشترك فيه فريق من المتخصصين، والتي يمكن استخدام أدوات تشخيصية للطيف التوحدي ومن هذه الأدوات:

- **قائمة سلوك التوحد** **(The Autism Behavior Checklist) (ABC)** وهي أداة كشفية طورها كيرغ وأريك وألموند(Kurg ,Arik &Almound ,1980) وهدفت إلى التفريق بين حالات التوحد وبقية الإعاقات الأخرى ، ويمكن لولي الأمر أو المعلم أن يكملها .

تتكون القائمة من (57) فقرة لخمسة مجالات فرعية وهي :-

1-المجال الحسي (Sensory Field)

2-العلاقات (الارتباط) (Relation)

3- استخدام الجسم والأشياء (Body and Object Use)

4- اللغة (Language)

5- العناية الذاتية والمجال الاجتماعي (Social and Self help)

ومن محددات هذه القائمة إنها تعتمد التقارير أكثر من اعتمادها على الملاحظة المباشرة، وقصورها في التعريفات الإجرائية للأبعاد

وقد استخدم وادين وآخرون (Wadden et al,1991) هذه القائمة التي هدفت إلى التفريق بين الأطفال المصابين بالتوحد والأطفال المعاقين عقلياً وذوي صعوبات التعلم . تكونت العينة من (167) طفلا ، شملت على (67) طفلاً مصابا بالتوحد ، و (65) طفلاً من المعاقين عقلياً وذوي صعوبات التعلم . تراوحت أعمار العينة ما بين (6-15) سنة .

توصلت الدراسة من خلال التحليل العاملي تحديد ثلاثة عوامل أساسية هي المظاهر الأساسية للأطفال المصابين بالتوحد هي الضعف في القدرة على التعبير اللفظي، والانسحاب الاجتماعي، وعدم القدرة على التواصل الاجتماعي. وقد تم تمييز (91%) من الأطفال المصابين بالتوحد و(96) من الأطفال المعاقين عقليا وذوي صعوبات التعلم .

- قائمة ريملاند التشخيصية للأطفال المضطربين سلوكياً

(The Diagnostic Checklist for Behavior Disturbed Children) كانت الطبعة الأولى المتكونة من (76) سؤالاً توجه إلى الآباء تتعلق بتأريخ الحالة منذ الطفولة ، وتركز على صفات الطفل منذ الميلاد وحتى عمر ست سنوات ، الأعراض ، نماذج الكلام ، وقد تبين من خلال استجابات الوالدين على الأسئلة أنّ الأطفال المصابين بأعراض التوحد يظهرون سلوكاً أكثر توافقاً بعد السنة الخامسة والنصف وان الأعراض التقليدية التي وضعها كانر تصبح أكثر تشتتاً .

وهذا ما دفع ريملاند لإصدار الشكل الثاني الذي يحتوي على أسئلة توجه إلى الأطفال من سن الخامسة بحيث تستطيع القائمة تحديد الأطفال المصابين . وكانت الدرجة (20+) تمثل الحد الفاصل لتحديد التوحد الطفولي .

يتم تصحيح القائمة بإعطاء كل إستجابة تمثل عرضاً من أعراض التوحد تعطى (1+) بينما كل إستجابة لا تمثل عرضاً من أعراض التوحد تعطى (1-) وتراوحت درجات القائمة بين (54-) و(45+) وتكون مقسمة على الشكل الآتي :

- التوحد الكلاسيكي ودرجاته من (+20) فما فوق

- التوحد من (-15) إلى (+19)

- شبه التوحد من (-16) فما دون (فؤاد ،2001) ، الشمري والسرطاوي (2002)

- مقياس تقدير التوحد الطفولي (Childhood Autism Rating Scale) (CARS) ويتكون هذا المقياس الذي طوره سكوبلر وآخرون (Schopler,et al (1980) من خمسة عشر بعداً معتمدا على النقاط التي ذكرها كل من كانر وكريك وروتر والجمعية الوطنية للأطفال المصابين بالتوحد. وهي أداة تشخيصية تعتمد الملاحظة النظامية للطفل المصاب بالتوحد في البيت أو المدرسة أو الموقع الإكلينيكي مقارنة بالسلوك الطبيعي لمثل أعماره، يستغرق تطبيق هذا المقياس ما بين (30 - 45) دقيقة .

أما الأبعاد التي تكون منها المقياس فهي :-

1- الانتماء للناس

2- التقليد والمحاكاة

3- الاستجابة الانفعالية

4- استخدام الأشياء

5- استخدام الجسم

6- التكيف مع التغيير

7- الاستجابة البصرية

8- إستجابة الاستماع

9- إستجابة واستخدام الذوق والشم واللمس

10-الخوف والقلق

11-التواصل اللفظي

12-التواصل غير اللفظي

13- مستوى النشاط

14- مستوى وثبات الاستجابة العقلية

15- الانطباعات العامة

تتكون كل فقرة من أربعة تقديرات متدرجة من (1-4) مع إعطاء وصف للسلوك ، يعطى الرقم (1) عندما يكون السلوك عادياً ويماثل أقرانه في نفس السن ، أما الأرقام الأخرى (2، 3، 4) فتعطى للسلوك عندما يكون غير عادي من الدرجة البسيطة إلى الدرجة الشديدة قياساً بأقرانه في نفس السن ..

وقد أشار مطورو هذا المقياس إلى أهم مميزاته وهو :-

-تضمن المقياس دمج بنود تمثل معايير تشخيصية مختلفة وتوسيع مجال أعراض التوحد القائم على المعلومات المستمدة من بحوث تجريبية متواصلة.

-إنّ تطوير وتنقيح هذا المقياس يستند إلى أكثر من عقد من الزمان من استخدامه مع أكثر من (1500) طفل .

-إمكانية إستخدامه مع الأطفال في مختلف الأعمار بما في ذلك من هم في سن ما قبل المدرسة .

-استبدال الأحكام الإكلينيكية غير الموضوعية بتقارير موضوعية وقيمة مصدرها الملاحظة النظامية. السرطاوي ، الشمري (2002)

وفيما يلي توضيح لما سبق

الاسم :-.. النوع ....

تأريخ الفحص :-

السنة .... الشهر...................... اليوم ....

تأريخ الميلاد :-

السنة .... الشهر .... اليوم ....

العمر الزمني :-

.... سنة ....شهر

الفاحص :-

....

....

درجات تقييم الفئة

1	2	3	4	5	6	7	8	9	10	11	12	13	14	15	مجمـوع الدرجات

(لا يوجد توحد) (توحد بسيط وسوسط) (توحد شديد)

1- الانتماء للناس (الاتصال مع الآخرين)

الرقم	الدرجة	الموضوع
1	1.5	لا توجد مشاكل أو شذوذ في الاتصال بالآخرين سلوك الطفل متوافق مع سنه. يلاحظ عليه بعض الخجل والارتباك عندما يتم اخباره بما يجب عليه فعله.
2	2.5	علاقات غير طبيعية بدرجة طفيفة قد يتجنب الطفل النظر في عيون الكبار، ويتحاشاهم ، ويمكن أن يبدو عليه الخجل إذا أقحم في الاحتكاك بالكبار أو يحاول أن يلتصق بوالديه شأنه في ذلك شأن كل الأطفال في عمره.
3	3.5	علاقات غير طبيعية بدرجة متوسطة يبدو الطفل غير مهتم بالكبار في بعض الأحيان ، قد يكون من المهم بذل مجهود لجذب انتباه الطفل ، الاتصال الأدنى يتم الشروع به بواسطة الطفل.
4	4.5	علاقات غير طبيعية بدرجة شديدة لا يأبه الطفل عادة بما يقوم به الكبار ، فهو لا يستجيب أبداً ولا يبدأ بالاتصال بالكبار ، وقد تبدو المحاولات لجذب انتباه الطفل غير ذات جدوى.

2- المحاكاة أو التقليد

الرقم	الدرجة	الموضوع
1	1.5	لا توجد مشاكل في التقليد يمكن للطفل أن يقلد الأصوات والكلمات والحركات التي تتماشى مع مهاراته.
2	2.5	التقليد غير الطبيعي بصورة معتدلة يقلد الطفل بعض السلوكات الصغيرة مثل التقليد مثل التصفيق ، والأصوات المنفردة في معظم الأحيان ، وأحياناً بعد التكرار أو بعد مرور فترة من الوقت.
3	3.5	التقليد غير الطبيعي بصورة متوسطة يقلد الطفل لبعض الوقت ، ويتطلب الأمر مساعدة من الكبار ، وقد يقلد بعد مرور بعض الوقت.
4	4.5	التقليد غير الطبيعي بدرجة شديدة الطفل لا يقلد إلا نادراً أو لا يقلد إطلاقا الأصوات والكلمات والحركات حتى ولو كررت وتلقى المساعدة من الكبار.

3- الاستجابة الانفعالية

الرقم	الدرجة	الموضوع
1	1.5	<u>العمر المتوافق والاستجابات العاطفية المتوافقة</u> يبدي الطفل نوعا ودرجات متفاوتة من الاستجابة العاطفية التي تظهر على شكل تغيرات في تعبير الوجه وفي السلوك.
2	2.5	<u>استجابات غير طبيعية بصورة متفاوتة</u> قد يظهر الطفل أحيانا بعض الأنواع والدرجات المتفاوتة من الاستجابة غير المتوافقة , وقد تكون هذه الاستجابات مكثفة ومتتالية وغير منتمية أو متناسبة مع لحظة إطلاقها.
3	3.5	<u>استجابات انفعالية غير طبيعية بدرجة متوسطة</u> يبدي الطفل اشارات وعلامات بأنواع أو درجات إنفعالية متفاوتة قد تكون هذه الاشارات مكثفة ولا تنتمي للحظة إطلاقها ، كالتكشير أو الضحك أو قد يكون صلبا بعض الشيء ولم يتطلب الأمر ذلك.
4	4.5	<u>استجابات إنفعالية غيرطبيعية بدرجة شديدة</u> قليلا ما تتوافق الاستجابات مع اللحظة التي يعيشها ، وقد يظهر الطفل انفعالات متباينة جدا.

وهكذا بقية الأبعاد .

- الصورة الجانبية النفسية التربوية (الاصدار الثالث) (Psycheducational Profile   Third Edition)   وقـام بتطويره كل من سكوبلر ولانسنك وريشلر وماركوس (Schopler,Lansing, Reichler,& Marcus ,2005) مـن النسـختين السـابقتين ، الأولى في عـام (1979) التـي بناهـا كـل مـن سـكوبلر وريشـلر   (Schopler Reichler&) والنسخة الثانية التي ظهرت عام (1990) مـن خـلال سكوبلر وريشلر وبتاشفورد ولانـدنك وماركوس   (Schopler,Landing, Reichler,Bashford & Marcus) .

وهو اختبار أدائي يعتمد على الملاحظة للأطفال الذين تتراوح أعمارهم مـا بـين (2- 7.6) سنوات . يهـدف بشكل أساس إلى تشخيص حالات الطيف التوحدي و تحديد مستوى الأداء الحالي للطفـل ، والتـي تسـتند إليها جميع الانشطة المستقبلية من تخطيط وأهداف ومحتوى والطرق والوسائل .

يتكون هذا الاصدار من جزأين

الجزء الأول: يتضمن (172) فقرة موزعة على ثلاثة محاور

أ- المحور الأول : ويتكون من ثلاثة اختبارات فرعية تتعلق بالتواصل وهي :-

1- الادراك اللفظي وغير اللفظي (Cognitive Verbal and Preverbal) ويتكون من (34) فقرة

2- اللغة التعبيرية Expressive Language وتتكون من (25) فقرة

3- اللغة الاستقبالية Receptive Language وتتكون من (19) فقرة

ب- المحور الثاني : ويتكون من ثلاثة محاور فرعية تتعلق بالحركة وهي

1-المهارات الحركية الدقيقة (Fine motor Skills) وتتكون من (20) فقرة

2- المهارات الحركية الكبيرة (Gross Motor Skills)وتتكون من (15) فقرة

3-التقليد الحركي البصري(Visual Motor imitation) ويتكون من (10) فقرات

ج- المحور الثالث : ويتكون من أربعة اختبارات فرعية تتعلق بالسلوك اللاتكيفي وهي :-

1- التعبير الفعال(Affective Expression) ويتكون من (11) فقرة

2- التجاوب الاجتماعي (Social Reciprocity) ويتكون من (13) فقرة

3- الخصائص السلوكية الحركية (Characteristics Motor behaviors) وتتكون من (14) فقرة

4- الخصائص السلوكية اللفظية (Characteristics Verbal behaviors)

وتتكون من (11) فقرة

أما الجزء الثاني المتكون من (38) فقرة فهو متعلق بالقائمين على تربية الأطفال المصابين بالتوحد وخاصة أولياء الأمور، ويتضمن ثلاثة محاور هي :-

1-   المشاكل السلوكية (Behavior Problems) وتتكون من (10) فقرات

2-   العناية الذاتية (Personal Self Care) وتتكون من (13) فقرة

3-   السلوك التكيفي (Adaptive Behavior) وتتكون من (15) فقرة

- جدول الملاحظة التشخيصية للتوحد

(The Autism Diagnostic Observation Schedule (ADOS)

قام بتطوير هذا الجدول لورد وزملاؤه (Lord ,et al,1989) للكشف عن الأفراد المصابين بالتوحد الذين تتراوح أعمارهم ما بين (6-18) سنة ، إعتمد على الدليل التصنيفي الإحصائي للإضطرابات الذهنية الطبعة الثالثة (1987) ومقياس الدليل العالمي لتصنيف الأمراض لمنظمة الصحة العالمية الطبعة التاسعة .

تتراوح مدة تطبيق المقياس ما بين (20-30) دقيقة .

يستخدم الفاحص ثماني مهمات لتحقيق استجابات مستهدفة وتشمل: سليمان(2002)

الرقم	المهمة	السلوك المستهدف
1	مهمة بناء وتركيب	طلب المساعدة
2	تقديم لعب غير كاملة البناء	اللعب الرمزي أو اللعب التبادلي
3	رسم ألعاب جماعية	أخذ أدوار في مهمة لبناء أو تركيب
4	توضيح وتفسير المهام	تمثيل اشاري وايماءة وصفية
5	مهمة لصق الأشياء	وصف الأشخاص والأفعال
6	عمل مكتبي (مهمة مستمدة من كتاب)	قص قصة مفصلة
7	المحادثة (الدخول في حوار)	التواصل على المستوى اللفظي والاجتماعي
8	أسئلة تشمل الجانبين الاجتماعي والانفعالي	اتقان اللغة للتعبير بها عن الانفعال

- أداة تقدير السلوك للأطفال المصابين بالتوحدوالشاذين

(The Behavior Rating Instrument For Autistic and Typical Children)

طور هذه الأداة روتنبرج وآخرون (Ruttenberg, et al ,1966, 1977) تكونت هذه الأداة من ثمانية مقاييس فرعية هي :-

العلاقة مع الآخرين ، مهارات التواصل ، الاستجابات الاجتماعية ، حركات الجسم ، النطق واللغة التعبيرية ، العمل الاتقاني ، النمو البيولوجي النفسي .

لكل مقياس فرعي سلم متدرج متكون من (10) درجات تمثل استجابة الطفل ، ويتم تسجيل استجابته من خلال الملاحظة .

- قائمة التوحد للأطفال الصغار

The Checklist for Autism in Toddlers (CHAT)

بنى هذه القائمة بارون – كوهين وألين وجلبرك (Baron - Cohen , Allen, Gillberg ,1992) لأعمار (18-36) شهرا تتعلق بالسلوكات التي يمكن أن تؤشر على اضطراب التوحد وليس اداة تشخيصية ، ويمكن استخدام هذه القائمة التي تستغرق ما بين (10-15) دقيقة من قبل الوالدين أو أحدهما أو المعلم أو الأخصائي النفسي . تشتمل القائمة على التفاعل الاجتماعي مع الآخرين، اللعب الاجتماعي، اللعب التظاهري ، الانتباه المشترك ،القدرة على تحديد الأشياء ، القدرة على الإشارة إلى الأشياء، اللعب غير الطبيعي، النمو الحركي، اللعب الوظيفي . تمثل السلوكات السابقة عشرة أسئلة تكون اجابتها (نعم أو لا) وتشتمل على ملاحظة دقيقة لخمسة سلوكات تمثل التفاعل والتواصل الاجتماعي بين الطفل والفاحص ، ويمكن أن يوفر ذلك فرص المقارنة لسلوك الطفل مع والديه.

وهناك مقياس (CHAT) المعدل المتكون من (23) فقرة يجيب عليها بكلمة (نعم أو لا) يطبقه طبيب الاطفال أو طبيب الرعاية الاولية مع ملاحظة أن السلوك الذي يحدث نادراً تكون إجابته بلا . (Robbins, Fein, Barton and Green, 2001)

أما الفقرات فهي :

1- هل يتمتع طفلك عندما تهزيه على ركبتك؟

2-هل يتمتع طفلك عندما يكون مع الآخرين؟

3-هل يحب طفلك ان يتسلق على الأشياء كصعود الدرج؟

* 4-هل يحب طفلك لعبة الاختباء والبحث؟

* 5-هل تظاهر طفلك بأنه يتكلم بالتلفون أو اظهر اهتماماً باللعب أو شيء آخر؟

6-هل استخدم طفلك سبابته ليؤشر أو ليسأل عن شيء ما ؟

7-هل استخدم طفلك سبابته ليؤشر على شيء محل اهتمامه؟

* 8-هل يستطيع طفلك ان يلعب مع الألعاب الصغيرة بشكل ملائم (مثال السيارات، الميكانو)؟

9-هل جلب طفلك أشياء ليريك اياها؟

10-هل ينظر طفلك إلى عينيك اكثر من ثانية أو ثانيتين ؟

*11-هل أبدى طفلك حساسية مفرطة للضوضاء (كسد الاذنين)؟

12-هل يبتسم طفلك الى وجهك أو الى ابتسامتك؟

13-هل يقلدك طفلك؟

14-هل يستجيب طفلك عندما تناديه بأسمه؟

*15-إذا اشرت الى لعبة في فناء الغرفة ، هل ينظر اليها؟

16-هل طفلك يمشي؟

17-هل ينظر طفلك الى الاشياء التي تنظرين اليها؟

18-هل يعمل طفلك بأصابعه حركات غير طبيعية قرب وجهه ؟

19-هل يحاول طفلك ان يجذب انتباهك ؟

*20-هل تساءلت يوماً ما بأن طفلك أصم ؟

21- هل يستطيع طفلك ان يفهم ما يقوله الناس ؟

22-هل يتحدث طفلك في بعض الأحيان عن لا شيء او يتجول بلا هدف؟

23-هل ينظر طفلك الى وجهك ليعرف رد فعلك عندما يواجه شيئاً غير مألوف؟

يتطلب عرض الطفل الى عملية تشخيص إذا فشل في أي فقرتين من الفقرات الأكثر أهمية (الحرجة) والتي وضعت عليها نجمة وهي الفقرات (4 ، 5 ، 8 ، 11 ، 15 ، 20) أو أي ثلاث فقرات من بقية الفقرات . أما استجابات الفشل فهي :

1- لا
2- لا
3- لا
4- لا
5- لا
6- لا
7- لا
8- لا
9- لا
10- لا
11- نعم
12- لا
13- لا
14- لا
15- لا
16- لا
17- لا
18- نعم
19- لا
20- نعم
21- لا
22- نعم
23- لا

- **مقياس تقدير الواقع اليومي** The Real Life Rating Scale (RLRS)

أن هذا المقياس الذي ابتكره فريمان وريتفو وسكروث (Freeman,Ritvo,and Schroth,1984) هو ليس مقياساً تشخيصياً وإنما يقيس التغير الذي يحدث عبر الوقت. ويمكن ان يقوم بإكمال هذا المقياس من خلال شخص مدرب بعد فترة قصيرة من الملاحظة.

يتكون المقياس من خمسة مجالات فرعية وهي :-

- السلوكات الحركية الحسية (Sensory Motor Behaviors)
- العلاقات الاجتماعية مع الناس (Social Relationships to People)
- ردود الفعل الانفعالية (Effectual Reactions)
- الاستجابات الحسية (Sensory Responses)
- اللغة (Language)

يتصف هذا المقياس بسهولة تطبيقه وبتعريفاته الإجرائية لكل مادة من مواده

- **مقياس فاينلاند للسلوك التكيفي** (Vineland Adaptive Behavior Scale)

وهو مقياس مقنن استخدم بشكل كبير لتقييم الأداء الوظيفي للأطفال المصابين بالتوحد، واصله مقياس النضج التكيفي لدول (Doll, 1965). يمكن الحصول على المعلومات من قبل أولياء الأمور أو القائمين على رعايتهم عن طريق المقابلة أو عن طريق المعلمين من خلال إستبانة تطبق في الصف .

يقيم أداء الفرد المصاب بالتوحد من خلال أربعة أبعاد هي :-

-التواصل ويتضمن (الاستقبالي والتعبيري والكتابة)
-مهارات العناية الذاتية ويتضمن (الشخصية ، الأسرية ، المجتمعية)
-التطبيع الاجتماعي وتشمل (العلاقات الاجتماعية ، اللعب ، أوقات الفراغ ، مهارات التكيف)
-المهارات الحركية الكبيرة والدقيقة
ويمكن أن تستخدم كأداة تشخيصية أو أداة لتخطيط البرنامج .

(Sparrow, Balla &Cicchetti,1984)

جدول (16)

موازنة بين التوحد وصعوبات التعلم المتعلقة في القياس والتشخيص

التوحد	صعوبات التعلم
يعد تشخيص التوحد أسهل من صعوبات التعلم وخاصة بالنسبة للتوحد التقليدي لأن حالة التوحد أصعب من صعوبات التعلم ويرى الكاتب بشكل عام في مجال التربية الخاصة أن الحالة الأشد أسهل في التشخيص من الحالة الأبسط.	إن تشخيص صعوبات التعلم أصعب من التوحد لأنها أسهل من حالة التوحد والحالة البسيطة أصعب في التشخيص من الحالة الشديدة.
توجد مظاهر مشتركة بين التوحد وفئات أخرى من التربية الخاصة كصعوبات التعلم والإعاقة العقلية والاضطرابات الانفعالية والاعاقة السمعية لكنها لا تختلط بالدرجة ذاتها التي تختلط فيها مع صعوبات التعلم والاضطرابات الانفعالية.	قد تختلط صعوبات التعلم مع فئات أخرى كبطء التعلم والتخلف الدراسي، والتوحد,وأحيانا بالإعاقة العقلية .
إن المظاهر الأساسية لحالات التوحد هي ثلاث عدم التواصل وعدم التفاعل الاجتماعي والسلوك النمطي والطقوسي والتي تكون مؤشرات ظاهرة للجميع ، ويمكن التعرف عليها بسهولة .	لا توجد أعراض أساسية يستطيع الإنسان العادي التعرف عليها كما هو حال التوحد ، وقد يعتمد في كثير من الأحيان على القصور الأكاديمي.

صعوبات التعلم	التوحد
من الصعب تشخيص صعوبات التعلم في مرحلة الرضاعة او بداية مرحلة الطفولة المبكرة، وقد يشخص صعوبات التعلم عند دخول الطفل المدرسة.	يمكن تشخيص حالات التوحد في مرحلة الرضاعة وبداية مرحلة الطفولة المبكرة.
تحتاج وسائل متعددة للتشخيص وخاصة أنها تشترك مع فئات أخرى كبطء التعلم والإعاقة العقلية والإعاقة السمعية والإعاقة البصرية والاضطرابات الانفعالية، والتخلف الدراسي، ووفق محك الاستبعاد علينا أن نستبعد الإعاقة العقلية من خلال تطبيق اختبار ذكاء، ونستبعد الإعاقة السمعية من خلال القياس السمعي، ونستبعد الإعاقة البصرية من خلال اختبار حدة البصر والاضطرابات الانفعالية من خلال محكات التشخيص الانفعالي، وهكذا.	يحتاج التوحد إلى وسائل متعددة للتشخيص، ولكن ليس بالقدر الذي تحتاجه صعوبات التعلم.
كما يستخدم التشخيص الطبي من خلال رسم الدماغ الكهربائي (EEG) (Electroencephalogram) ورسم خريطة المخ (Brain Mapping) وجهاز الرنين المغناطيسي— (Magnetic Resonance Imaging) في تشخيص صعوبات التعلم.	يستخدم التشخيص الطبي من خلال رسم الدماغ الكهربائي (EEG) (Electroencephalogram) ورسم خريطة المخ (Brain Mapping) وجهاز الرنين المغناطيسي— (Magnetic Resonance Imaging) والفحص الغذائي لتشخيص حالات التوحد.
تستخدم الملاحظة كأداة من أدوات تشخيص صعوبات التعلم ولكن لا تصل أهميتها إلى درجة أهميتها بالنسبة لحالات التوحد.	تعد الملاحظة كأداة للتشخيص أكثر استخداما ووضوحا وأهمية في تشخيص حالات التوحد.
يعتمد في تشخيص الأطفال ذوي صعوبات التعلم على الجانب النمائي والأكاديمي.	يعتمد في تشخيص الأطفال المصابين بالتوحد بشكل أساسي على الجانب النمائي.

جدول (17)

موازنة بين التوحد والإعاقة العقلية المتعلقة بالقياس والتشخيص

التوحد	الإعاقة العقلية
لا يعتمد تشخيص حالات التوحد بشكل أساسي على القدرات العقلية كما هو الحال بالنسبة للمعاقين عقلياً.	يعتمد في تشخيص الإعاقة العقلية بشكل أساسي على اختبارات الذكاء حيث يعد بشكل عام معاقا عقليا إذا قلت نسبة الذكاء عن 70 أي بإنحرافين معياريين فأقل .
يكون الطفل المصاب بالتوحد طبيعي من حيث المظهر ، بل حتى يتسم بالوسامة.	هنالك بعض الأعراض الخارجية التي تشير إلى الإعاقة العقلية مثل المنغولية ، كبر حجم الجمجمة ، صغر حجم الجمجمة ، القصاع .
لا يوجد فرق كبير في تشخيص حالات التوحد كما هو الحال بالنسبة للإعاقة العقلية.	يكون تشخيص الإعاقة العقلية سهل أو قد يكون صعباً ، فيكون سهلا إذا كانت ملاحظة من الشكل الخارجي كالمنغولية أو الإعاقة العقلية الشديدة جدا، وقد يكون صعبا في حالة الإعاقة العقلية البسيطة ، وقد تكون الإعاقة العقلية البسيطة غير ملاحظة في المجتمعات الزراعية، بينما تكون مؤشرة في المجتمعات الصناعية .
تركز أدوات التشخيص للأطفال المصابين بالتوحدعلى الجوانب السلوكية واللغوية والاجتماعية.	تركز الأدوات التي تستخدم لتشخيص الإعاقة العقلية على الجانب المعرفي والعقلي والسلوك التكيفي.
من الصعب جدا إذا لم يكن مستحيلا تشخيص الأطفال المصابين بالتوحد في الأيام الأولى من الولادة.	يمكن التعرف على الإعاقة العقلية منذ الأيام الأولى في حال المنغولية .

جدول (18)

موازنة بين التوحد والإعاقة السمعية المتعلقة بالقياس والتشخيص

التوحد	الإعاقة السمعية
لا يمكن معرفة الطفل على أنه طفل مصاب بالتوحد في بداية أيامه الأولى كما هو الحال بالنسبة للطفل المعاق سمعيا.	التطورات التي حصلت في حقل الإعاقة السمعية توصلت إلى أمكانية التعرف إلى القصور السمعي في أيامه الأولى من خلال استجابة القوقعة والعصب السمعي عن طريق فحص السمع الدماغي وفحص الانبعاث القوقعي.
قد تحتاج عملية التشخيص في مجال التوحد إلى أكثر من اختصاصي.	تتطلب عملية تشخيص الإعاقة السمعية بشكل أساسي إلى اختصاص في القياس السمعي.
عملية التشخيص في مجال التوحد أ صعب بشكل عام من الإعاقة السمعية.	تكون عملية التشخيص بشكل عام دون الدخول بالتفصيلات أسهل مقارنة بحالات التوحد.
تشخيص التوحد أقل دقة بالقياس إلى تشخيص الإعاقة السمعية .	تشخيص الإعاقة السمعية أكثر دقة من حالات التوحد لأن تشخيص الإعاقة السمعية لا تعتمد على الاجتهادات الشخصية بقدر ما تعتمد على أجهزة دقيقة، لكنها تعتمد بشكل أساسي على مهارة الشخص الذي يستخدم هذه الأدوات، ويفترض أن يكون ماهرا.
قد يكون تشخيص حالات التوحد اقل ثباتاً من الاعاقة السمعية فقد يشخص الطفل في مرحلة السنتين على انه	يكون تشخيص الاعاقة السمعية اكثر ثباتاً في مرحلة الطفولة من حالات التوحد.

	مصاب بالتوحد التقليـدي، وقـد يتحـول في تشـخيص عمـر خمـس سـنوات الى الاضطراب النمائي العام غـير المحـدد أو قد يحدث العكس.

جدول (19)

موازنة بين التوحد والاضطرابات الانفعالية المتعلقة بالقياس والتشخيص

التوحد	الاضطرابات الانفعالية
لا يكون هناك تفاوت كبير في تشخيص التوحد كحال الاضطرابات الانفعالية.	إن التعرف على الاضطرابات الانفعالية ليست على درجة واحدة من السهولة والصعوبة ، فمثلا اضطرابات التصرف اكثر وضوحا وتشخيصا بشكل عام من اضطرابات الشخصية كالقلق أو الاكتئاب .
يتم الكشف عن حالات التوحد بشكل عام بأعمار مبكرة.	يتم الكشف عن الاضطرابات الانفعالية بشكل عام بأعمار أكبر من أعمار الأطفال المصابين بالتوحد.
غالبا ما يكون التعرف على حالات التوحد من قبل أولياء الأمور ، أو قد يمتلكون معلومات على غاية من الأهمية في عملية التشخيص.	لأولياء الأمور دور كبير في التعرف على الاضطرابات الانفعالية ، ويمكن أن يكون للمعلم دور واع في مرحلة المدرسة في التعرف على الاضطرابات الانفعالية .
الأخصائي النفسي يعد واحدا من فريق التشخيص لحالات التوحد.	الأخصائي النفسي له دور محوري في عملية تشخيص الاضطرابات الانفعالية.
إن الأدوات المستخدمة في تشخيص حالات التوحد أكثر صدقية مقارنة بتشخيص الاضطرابات الانفعالية .	قد تكون بعض الاختبارات المستخدمة في الكشف عن الاضطرابات الانفعالية أقل صدقية من الأدوات المستخدمة في التوحد مثل مقياس رورشاخ والمعروف بمقياس بقع الحبر ، اختبار تفهم الذات للكبار (Thematic Apperception Test) واختبار تفهم الموضوع للأطفال الصغار (Children Apperception Test) .
تكون مظاهر السلوكات التوحدية أكثر وضوحا بشكل عام من مظاهر الاضطرابات الانفعالية .	تكون المظاهر الانفعالية بشكل عام أقل وضوحا من مظاهر السلوكات التوحدية .
لا يكون الاختلاف بالسلوكات التوحدية وفق الزمان والمكان بالقدر الذي يكون فيه بالاضطرابات الانفعالية .	قد تختلف الاضطرابات الانفعالية وفق الزمان والمكان فقد تكون الاضطرابات الانفعالية في البيت أكثر من المؤسسة التعليمية أو العكس، وقد يكون الاضطراب الانفعالي في الليل أكثر منه في النهار أو العكس .
لم يستخدم تقدير الذات Self Rating بالقدر الذي استخدم في الكشف والتعرف إلى الاضطرابات الانفعالية.	يعد تقدير الذات (Self Rating) إحدى طرق الكشف والتعرف إلى الاضطرابات الانفعالية.

التوحد	الاضطرابات الانفعالية
لم تستخدم المقابلة مع الطفل المصاب بالتوحد بالقدر الذي استخدمت مع الأفراد المضطربين انفعالياً.	تعد المقابلة احدى الادوات الأساسية في عملية الكشف عن الاضطرابات الانفعالية.

الفصل الخامس
البرامج التربوية العلاجية للأطفال المصابين بالتوحد

- برنامج تيج :(TEACCH) : علاج وتعليم الأطفال المصابين بالتوحد والأطفال ذوي الإعاقات التواصلية
المصاحبة Treatment and Education of Autistic and Related Communication –Handicapped
Children) (TEACCH)

- برنامج لوفاسLOVAAS

- برنامج بيكس (PECS)   Picture Exchange Communication System

- برنامج ماكتون (Magaton Program)

- العلاج اليومي المتواصل (مدخل هيجاشي أو الأمل كما تعني باليابانية)

- برنامج مركز مـاي للتعلـيم في مرحلة الطفولة المبكرة   The May Center for Early Childhood
Education

- برنامج ديلاوير للأطفال المصابين بالتوحدThe Delaware Autistic Program

- برنامج معهد برنيستون لنمو الأطفال The Princeton Child Development Institute

- برنامج ويلدون لمرحلة ما قبل المدرسة The Walden Preschool Program

- مشروع أكلا للأطفال المصابين بالتوحد The UKLA Young Autism Project

- برنامج دينفر في مركز العلوم الصحية في جامعة كولورادو (Denver Model at the University of Colorado Health Science Center)

- برنامج دوكلاس للإعاقات النمائية (Douglass Developmental Disabilities Center at Rutgers University

- التجارب التعلمية ، برنامج بديل للأطفال ما قبل المدرسة وآبائهم (Learning Experiences ,an Alternative Program for Preschoolers and their Parents (LEAP)

- موديل الاستجابة الارتكازية (Pivot Response Model at the University of California at Santa Barabara

- فاست فورورد (Fast For Word)

- موازنة بين التوحد و

أ- صعوبات التعلم

ب- الإعاقة العقلية

ج- الإعاقة السمعية

د- الاضطرابات الانفعالية

البرامج التربوية العلاجية للأطفال المصابين بالتوحد

إنّ الأفراد المصابين بالتوحد ليسوا شريحة متجانسة تماماً بالرغم من أنهم يشتركون معا في الإعاقة النمائية ، فهم يختلفون في الأعراض والمسببات ، وسبق أن استعرضنا أعراضا كثيرة وقلنا أنه ليس بالضرورة أن تكون هذه الأعراض موجودة عند كل طفل مصاب بالتوحد ، لذلك يفترض أن توضع الأهداف وفقاً لمتطلبات الطفل وخصائصه العقلية والاجتماعية والسلوكية ، فقد يحتاج طفل أكثر من غيره للتخلص من إيذاء الذات ، بينما يكون آخر بأمس الحاجة إلى فهم الموقف الاجتماعي وتعليمه الاستجابة المناسبة .

وعلى أية حال فهناك عدد من البرامج التي وضعت للأطفال المصابين بالتوحد، نستعرض أكثرها شهرة :-

- **برنامج تيج : (TEACCH) : علاج وتعليم الأطفال المصابين بالتوحد والأطفال ذوي الإعاقات التواصلية المصاحبة** **Treatment and Education of Autistic and Related Communication -Handicapped Children) (TEACCH)**

وهو برنامج طوره أريك سكوبلر(Aric Schopler) في بداية العقد السابع من القرن العشرين كان نتيجة لتشريع أصدرته ولاية نورث كارولينا لمعالجة وتعليم الأطفال المصابين بالتوحد.

يدار المركز الخاص بالتوحد في قسم العلاج النفسي بكلية الطب في جامعة نورث كارولينا من قبل اريك سكوبلر(Aric Schopler) وجيري ميسبوف (Gary Mesibov) وهما من كبار الباحثين في مجال التوحد

يقدم هذا البرنامج خدماته لالآف الأفراد المصابين بالتوحد في الولايات المتحدة الأمريكية. ويشير ميسيبوف (Mesibov,2003) أنّ برنامج (تيج)(TEACCH) يقدم إلى أكثر من (5000) فردٍ مصابٍ بالتوحد وعائلاتهم في ولاية نورث كارولينا . ويجري تدريب (54) ولاية أمريكية و(20) دولة أخرى ، معتمدة على تشخيص حالات التوحد من الملاحظة المباشرة وليس على التنبئات، ويستفيد من نتائج البحوث في الوقاية .

إنطلقت فلسفة هذا البرنامج من نتائج رسالة الدكتوراه لسكوبلر والتي توصل إلى أنّ الطفل المصاب بالتوحد يمكنه معالجة المعلومات البصرية بسهولة أكبر من المعلومات الشفهية ، وهذه هي النقطة الجوهرية التي إنطلق منها البرنامج الذي يتبنى إستراتيجيات تنظيم البيئة المادية وإعداد الجداول الدقيقة والمواعيد والأنشطة وبناء ما هو متوقع مستخدمين المواد البصرية .

يعتمد البرنامج في التقييم على مقياس تقدير التوحد الطفولي(Childhood Autism Rating Scale (CARS ليكون ملبيا لاحتياجات كل فرد

(Schopler, Reichler &Renner,1988)

يركز برنامج تيج على مواطن القوة والاهتمامات بدلا من التركيز على مواطن القصور وهذا ما يحفزهم للعطاء الأوفر، والتعلم والتدريب لا يقتصر على الطفل المصاب بالتوحد فحسب وإنما آبائهم ليتكامل البناء في المؤسسات التعليمية والبيت ، ويركز على تنظيم البيئة وتطوير الأنشطة المناسبة . كما يراعي البرنامج الفروق الفردية بين الأطفال المصابين بالتوحد من خلال اختلاف ساعات التعليم وفق احتياجات كل واحد منهم ، كذلك اختلاف نسبة المعلمين إلى الأطفال وفق حالة الأطفال من حيث شدة الاصابة .

إنّ هذا البرنامج يتصف بالمرونة لذلك فهو لا يقتصر فقط على الأطفال المصابين بالتوحد ما قبل المدرسة الذي صمم لهم أصلاً وإنما يمتد ليستفيد منه حتى البالغون ، كما أنه برنامج تعليمي شامل لا يتعامل مع جانب واحد كاللغة .

عناصر برنامج تيج (TEACCH)

أولاً/ التنظيم المادي Physical Structure

وهو تعديل أو إعادة بناء البيئة الصفية لتلبي احتياجات الأفراد المصابين بالتوحد وقصورهم في التنظيم (الصعوبات التي يواجهونها في معرفة المكان الذي يفترض أن يتواجدوا فيه)، كما أن هذا التنظيم يتماشى مع الخصائص الفريدة التي يتصف بها الأفراد المصابون بالتوحد.

إنّ تكوين حدود بصرية واضحة في البيئة الصفية (تقسيم الغرف) وهذا مما يجعل الفرد المصاب بالتوحد على بينة من أمره في أداء المهمات المطلوبة منه . مما يقلل من الجهد الذي يبذله المعلم لتناقص التوجيهات التي يقدمها وتقلص المتابعة للأفراد التوحديين . إضافة إلى ذلك يؤدي التنظيم إلى شعور الفرد بالأمان العاطفي ، ويقلل من المشتتات الخارجية (Susan,Bohi,&Jem,2000) .

وأهم الاعتبارات التي يجب أن تؤخذ بنظر الاعتبار عند الشروع في التنظيم المادي للبيئة الصفية

أ- اختيار غرفة الصف : يجب أن تكون غرفة واسعة لتسع المقتنيات الخاصة والأدوات والألعاب والوسائل التعليمية المستخدمة في التدريس ، وأن لا تحتوي غرفة الصف على مخارج متعددة للحد من هروب الأفراد المصابين بالتوحد ، ويفضل أن تكون دورة مياه داخل الصف أو تكون قريبة من الصف ، ويمكن استغلالها في تعليمهم مهارات العناية الذاتية

ب- تنظيم أقسام غرفة الصف : وتقسم غرفة الصف إلى أقسام أو مساحات محددة لغايات هادفة ، فالجزء المخصص للأنشطة التعليمية التعلمية يفترض أن لا تكون قريبة من النوافذ لكي نبعد التشتت والتشويش ،وأن تكون الغرفة قريبة من الرفوف أو الخزائن بحيث يسهل الوصول إلى الأدوات المطلوبة للأنشطة الصفية .ويفترض أن تكون هناك حواجز من البلاستيك على جدران الصف بمستوى طول الأفراد المصابين بالتوحد لكي لا يؤذوا أنفسهم عند ضرب رؤوسهم لأن كثير منهم يتصف بإيذاء الذات فضلا عن أنهم لا يشعرون بالألم كأقرانهم غير التوحديين .

ويمكن استخدام الفرش لتقليل المثيرات السمعية والبصرية من خلال تغطية الارض لمنع الأصوات ، ويمكن أن نغطي كذلك المعدات البصرية كجهاز التلفاز والكمبيوتر ، ورفوف الكتب والطاولات والحواجز والخطوط الأرضية المرسومة بالدهان أو اللاصق، ومنطقة الراحة يفترض أن تغطى بالسجاد ، كما يوضع فرش صغيرة أمام المغسلة لكي يعرف الأفراد المصابون بالتوحد المكان الذي يجب أن يقفوا عليه عند غسل أيديهم ، كما يوضع

شريطين متوازيين يؤديان إلى دورة المياه ووضع إرشادات ودلائل بصرية واضحة ، كما يفترض إزالة كل المعيقات بين هذه الأقسام.   (Susan,Bohi,&Tim,2000)

أن كل ذلك من شأنه أن يجعل الطفل المصاب بالتوحد مستقلا دون الاعتماد على الآخرين.

ج- الأقسام والتجهيزات : يفضل أن تتوفر داخل غرفة الصف الأقسام والتجهيزات الآتية:-

- تخصيص منطقة لأوقات الراحة يبتعد فيها الأفراد المصابون بالتوحد عن المشتتات والاستثارة

- منطقة مخصصة للمعلم.

- وجود أماكن يقضي فيها الأفراد المصابون بالتوحد بعض الوقت للعب وتوضع فيه الألعاب الهادفة.

- منطقة حلقات دراسية تكون محددة لوضع الأدوات ، كما تتوفر فيها طاولات للعمل ومحاطة بالرفوف.

- وجود مطبخ مصغر لأداء بعض المهارات المنزلية.

- تخصيص مكان للجلوس على الأرض مع المعلم على شكل حلقة مثلاً.

- تهيئة جزء لاستخدامه في تنمية المهارات المهنية باستخدام المهن المختلفة .

- وضع كراسي للانتظار في كل قسم لمنع الأفراد من التجوال او الانتقال بين الأقسام عند انتهاء الطفل من المهمة التعليمية أو عدم إكمالها .

(الأكاديمية، 2000)

ثانياً / الجداول

إنّ الجداول جزء لا يتجزأ من النظام الصفي الذي يحتاجه الأفراد المصابون بالتوحد، وهي تمثل الأنشطة التي سوف يقوم بها كل منهم ، وذلك تلبية للصعوبات التي يعاني منها كالذاكرة التتابعية وتنظيم الوقت واللغة الاستقبالية . إنّ هذه الجداول التي

يفترض ان تعرض بشكل سهل فهمها ومراعية لحاجات الطفل وتساعد الطفل المصاب بالتوحد على الانتقال من نشاط إلى آخر ، ويمكن أن تكون هذه الجداول كمعزز ذاتي يزيد من دافعيته.

وهناك نوعان من الجداول وفق برنامج تيج (TEACCH) يخضع لها كل فرد هو الجدول العام الذي يشترك به الجميع والذي يشتمل على أوقات العمل ، أوقات الراحة أو الفسح ، أوقات الطعام ، وتكتب بشكل واضح وبمكان مميز وقد تعزز بصور ورسومات توضيحية .

أما الجدول الفردي الخاص فيكون لكل واحد منهم إذ تراعى الفروق الفردية بينهم، فيصمم لكل فرد جدول خاص به يراعي صفاته المختلفة ويتضمن أسم الفرد وصورته، والأنشطة التي يفترض القيام بها على شكل بطاقات ، حيث تنقل هذه البطاقة بعد الانتهاء ووضعها في جيب مخصص لذلك، ثم يعاد وضعها حسب الترتيب في نهاية اليوم .

ويمكن استخدام الكلمات أو الصور أو الأشياء المحسوسة لكي يفهم بالطريقة التي تناسبه . ويمكن أن توظف الجداول في تنفيذ المبادئ السلوكية وخاصة تلك التي تعتمد على نظرية الاشراط الاجرائي التي تركز على نتائج السلوك من خلال اضافة المعزز أو الصورة كمعزز أو الأداء المميز على الجدول .

ثالثاً / تنظيم المهام

وتتضمن الطرق والأساليب والوسائل التي تستخدم مع الأفراد. يتم التدريس فردياً مع تهيئة الأدوات والمواد اللازمة ، ويجلس المعلم على نفس الطاولة التي يجلس عليها الطفل المصاب بالتوحد ، إما أن يكون أمامه أو بجنبه وهذا يرتبط بشكل أساسي بالمهمة المراد تعليمها . تجري عملية التدريس بخطوات متسلسلة ومنظمة يبدأها المعلم من اليمين إلى اليسار أو من فوق إلى تحت وذلك لتحقيق أهداف تلبي احتياجات الطفل على الصعيد الشخصي والاجتماعي ، ولا يفترض أن نضع للحصة التعليمية سقفاً زمنياً ثابتاً مع جميع الأفراد وإنما يراعى قدرات الطفل وصعوباته وعمره الزمني والعقلي والمهمة المطلوب

تحقيقها ، ويمكن أن تتراوح بشكل عام ما بين (5-30) دقيقة. كما يتطلب من المعلم أن لا يتبع أسلوباً واحدا وإنما يفترض أن يختار ما يناسب الفرد المصاب بالتوحد، ويمكن أن يغير بما ينعكس بشكل إيجابي على نفسية المتعلم .

ويفترض أن يستخدم المعلم التعزيز بشكل مستمر وأن يختار المعزز الملائم فهناك من يعزز بطعام ويكون التعزيز فاعلاً وقد يكون مع آخر المعزز النشاطي أكثر فاعلية من المعزز الغذائي ، وقد يكون التعزيز الاجتماعي مع آخر أفضل المعززات، وتقرير ذلك بعد معرفة الطفل بشكل كامل ميوله، رغباته، وضعه الاجتماعي والاقتصادي ، ويمكن القول بشكل عام أنّ المعززات الغذائية أكثر فاعلية مع الأفراد الفقراء منه مع الأفراد الأغنياء .

كما يفترض أن يستخدم المعلم الحث والتلاشي (Prompting and Fading) عند تدريس أي مهارة لكي نجعل المتعلم في وضع نفسي جيد ونبعده عن أي حالة من حالات الفشل والإخفاق ونجعله يحقق النجاح لأنه لا يوجد في العمل التربوي أنجح من النجاح، ويكون الحث إما حثاً جسديا وذلك بالقيام بحركة جسدية تساعد المتعلم على أداء المهارة وخاصة في المهارات الأدائية والتمارين البدنية، أو الحث اللفظي وهو استخدام الألفاظ أو أجزائها لتحقيق الأداء المطلوب أو الحث البصري ويكون إما باستخدام الصور أو الإشارة البصرية لمساعدة المتعلم على الأداء الصحيح ، ويمكن أن يكون الحث بالنمذجة حيث يقوم المعلم بالحركة أو المهارة ويطلب من المتعلم إعادتها . ويمكن أن نستخدم أكثر من مساعدة كأن يكون حثاً بصرياً ولفظياً وجسديا وبعد أن يؤدي المهمة بشكل صحيح تبدأ عملية التلاشي بتقليل المساعدات بشكل تدريجي .

كما يفترض أن تقدم الإرشادات للفرد المصاب بالتوحد باستمرار حول المهام التي يجب أن يقوم بها وتكون إما لفظية أو غير لفظية شريطة أن تكون موجزة إذا كانت لفظية ، ويفضل أن يرافق الألفاظ بعض الحركات التي تساعد على الفهم ، كما يفضل أن تقترن الإرشادات والتوجيهات بتواصل الفرد بصرياً .

ويجب استخدام الموضحات البصرية عندما يكون الإرشاد غير لفظي كعرض رموز أو ترتيب الأدوات إذ أن الترتيب من اليمين إلى اليسار مثلا يساعد المتعلم على فهم المقصود.

كما يفترض القيام بالأنشطة التي يمكن أن تقلل الضغوط من خلال ممارسات عديدة كالتمارين الرياضية والساونا وعمليات الاسترخاء والتنفس والفن والموسيقى .

كما يمكن أن تستخدم الأنشطة الترفيهية والمهارات الاجتماعية كزيارات إلى بعض المؤسسات الأخرى والالتقاء بأفرادها أو يمكن استدعاء أطفال عاديين من مدارس أخرى للتعرف عليهم أو القيام بضيافتهم والتسلية معهم، ويمكن عمل مباريات بينهم كل على حدة، ويمكن ان يكون بشكل مشترك أي كل مجموعة تتكون من أفراد مصابين بالتوحد وعاديين.

فاعلية برنامج تيج (TEACCH)

يعد برنامج تيج معروفا لدى كل مختص في التربية الخاصة بشكل عام ومعلم الأفراد المصابين بالتوحد بشكل خاص فلم يعد معروفا على مستوى الولايات المتحدة الأمريكية وإنما على مستوى العالم ، وإنتشر تطبيقه في دول أخرى في العالم فعلى سبيل المثال يوجد في الوقت الحالي في الأردن مركزان مختصان بالتوحد أحدهما يستخدم هذا البرنامج بشكل منهجي وهذا ما شاهده الكاتب والآخر يطبق بعض الشيء منه ، وهناك أفراد يستخدمون هذا البرنامج بشكل منهجي في دبي ، وقد أشاد العاملون مع هؤلاء الأطفال بفاعلية هذا البرنامج في تحسين هؤلاء الأطفال ، حتى أنني في إحدى المحاضرات في الدراسات العليا قلت أن التعامل مع الأفراد المصابين بالتوحد صعب للغاية إذا ما قورنوا مع بقية فئات التربية الخاصة وصعب علاجهم ، فقامت طالبة دكتوراه في التربية الخاصة وأعترضت على قولي قائلة إنني لا أتفق معك فيما تقول إذ أنني تعاملت معهم لسنوات عدة ، وقد حسنت كثيرا منهم ، وعندما سألتها كيف تم ذلك ؟ فأجابت إنني أستخدم برنامج تيج .

وعلى أية فهناك دراسات عديدة استخدمت برنامج تيج مع هؤلاء الأفراد وحققت نجاحا وقد أشار كل من ميسـبوف (Mesibov,1997) وبـانراي ووفرانـت وزنكايـل (Panerai,Ferrante,&Zingale,2000) إلى بعـض الدراسات التي تشير إلى فاعلية البرنامج :-

ففي إحدى الدراسات التي قارنت بين مجموعتين تجريبية وضابطة في مجالات التقليد والمهارات الحركيـة الكبيرة والدقيقة . استخدم مع المجموعة التجريبية برنامج تيج ومع الضابطة البرنامج العادي المتبع معهـم .

أسفرت النتائج أن أداء المجموعة التجريبية أفضل أربع مرات من المجموعة الضابطة .

وحققت إحدى الدراسات التي أجريت مع طفل مصاب بالتوحد في الرابعة من عمره وكان يعانـي كـذلك من أعاقة عقلية شديدة تقدما مذهلاً من خلال إستخدام برنامج تيج . ثم انتكس هذا الطفل بعد إدخاله مدرسة حكومية وترك برنامج تيج .

واشار سكوبلر (Schopler) مصمم برنامج تيج إلى الاستبانة التي أرسلها إلى (348) ممن شاركوا في البرنامج وأظهروا انطباعات إيجابية وفاعليته مع الأفراد المصابين بالتوحد.

وقد أشارت دراسات إلى أثر برنامج تيج في تخفيف الضغوط والتوتر لأولياء أمور هؤلاء الأفراد .

وفي احدى الدراسات التي أجريت في السويد أشارت إلى فاعلية برنامج تيج بعـد أن طبـق خمـس سنوات حيث أفاد الأهل والمهنيين بأنه مفيد ومرضي ، وقد وصف (70%) منهم بأنه ممتاز .

كما أثبت هذا البرنامج فاعليته عندما درب الآباء لمـدة شهرين علـى برنامج تيج حيـث حقـق زيادة في التفاعل بين الآباء وأبنائهم ، وازداد تعاون الأبناء وسيطرة الآباء .

برنامج لوفاسLOVAAS

هو برنامج تربوي من برامج التدخل المبكر للأطفال المصابين بالتوحدأعتمد على نظرية التحليل السلوكي التطبيقي (Applied Behavior Analysis)(ABA) ، وأخذ اسمه من مبتكره الدكتور إفار لوفاس (Ivar Lovaas)وهو أستاذ الطب النفسي في جامعة لوس أنجلوس (كليفورنيا) . بدأ تجاربه في عالم التوحد في أواخر الخمسينات من القرن العشرين. وهو مسوؤل مركز متخصص في دراسة وعلاج التوحد .

تعتمد طريقة لوفاس على استخدام الاستجابة الشرطية بشكل مكثف ، والتدريب في التعليم المنظم والفردي ، وتشترك الأسرة في البرنامج . وتركز طريقته على تشكيل السلوك خلال التعزيز بشكل تدريجي أو عن طرق التقريب المتتابع (Successive Approximation) مستخدماً إجراءات الحث والتلاشي .ويفترض إختيار المعزز المرغوب فيه من قبل الطفل المصاب بالتوحد كالأطعمة المفضلة واللعب التي يرغبها المكافآت الاجتماعية كالمدح والمعانقة .

ويمكن زيادة التعزيز متى ما وجدت ضرورة لذلك .

يهدف هذا البرنامج إلى زيادة السلوك المرغوب فيه وإنهاء أو تقليل السلوك غير المرغوب فيه، وبناء المهارات المطلوبة ليستطيع الطفل المصاب بالتوحد من مواصلة متطلبات الحياة .

إنّ برنامج لوفاس (Lovaas,1987) هو برنامج يتسم بالتكامل والشمول المتدرج بشكل نظامي مركزاً على البرامج الفردية التي تأخذ بالحسبان نقاط القوة والضعف .

يقبل الأطفال المصابون بالتوحد الصغار الذين لا يتجاوزون عن خمس سنوات ، وفي بعض الأحيان لست سنوات إذا كان يمتلك القدرة على الكلام ولا يقل عمرهم عن سنتين ونصف شريطة أن لا يقل درجة ذكائهم عن (40) درجة.

يبدأ البرنامج مع الأطفال الذين تقل أعمارهم عن ثلاث سنوات ب(10-16) ساعة أسبوعياً وتزداد بالتدريج لتصل إلى (35-40) ساعة أسبوعياً . ويستخدم المدرب التعليم العرضي والتي يمكن استغلالها من البيئة الطبيعية فمثلا إذا أحب الطفل لعبة ما،

يحث المدرب أن يطلبها بطريقة مقبولة من التواصل . إن المعلم يستغل المبادرات التي يظهرها الطفل سواء كانت لفظية أو غير لفظية مهما تكن صغيرة ، أو ثابتة .

أن الأهداف الرئيسية للبرنامج للأطفال الذين يكونون أقل من ثلاث سنوات هي :-

- تحسين التواصل
- تنمية مهارات اللعب
- بناء علاقات فاعلة
- ردود فعل مناسبة للمثيرات الحسية
- تطوير مهارات التركيز ، التقليد ، الطلب

إنّ كثافة العلاج هي النقطة المهمة لتقدم الطفل ، لذلك فإن الأطفال بين أعمار (3-5) سنوات يعلمون من (5-8) ساعات يومية لمدة (5-7) أيام أسبوعياً . وهي لا تختلف عن فئة أعمار أقل من سنتين من حيث بداية التدخل العلاجي الذي يبدأ بوقت أقل ثم يزداد سريعاً وبشكل تدريجي .

يدار البرنامج عن طريق تقسيم اليوم إلى جلسات ، تتراوح الجلسة الواحدة ما بين (2-4) ساعات وخلالها تكون هناك استراحات للعب ، فالطفل والمدرب يعملان على المهمة ما بين (2-5) دقائق، ويعطى راحة ما بين دقيقة إلى دقيقتين ، ويؤدي الطفل المهمة في أماكن متعددة ، على المنضدة ، أو الأرض أو حول البيت وربما حتى في الخارج ، وهناك استراحة كبرى ما بين (10-20) دقيقة تكون ما بين (1-2) ساعة ، ويمكن للطفل والمعلم أن يذهبا خارجاً أو يلعبا ألعابا مرغوب فيها بالنسبة للطفل . إنّ هذه الاستراحات تسمح المجال أمام الطفل أن يطلب من المعلم ما يريد .

ويفترض أن يكون جدول التعليم يتوافق مع حاجات الطفل ، وربما يتضمن وقتاً للقيلولة بعد الظهر .

يتعلم الأطفال المهارات من خلال التدخلات السلوكية ، فقد يذكر المعلم لعبة ما، ويشير الطفل إليها أو يمسكها من بين ألعاب، ويتلقى التعزيز من المعلم، والتعليم العرضي وهو كيف يسرع في استجابته ،ويدمج مع أقرانه .

إن الهدف الرئيسي من التدخل هو أن يتعلم الأطفال ويفهمون البيئة الطبيعية .

يركز البرنامج في بداياته على التقليد والطلب ، وإتباع تعليمات بسيطة ، واكتساب التقليد اللغوي .

ويتقدم البرنامج ليتعلم الأطفال المفاهيم المجردة ، والاستجابة للأسئلة البسيطة ، ابتداء جواب من كلمة واحدة والتدرج إلى التحدث بجملة كاملة ويتطور الأمر لتعدد الاستجابات، ويتعلم الطفل كيف يوازن بين اللعب ، والتعاون مع الآخرين .

وتتطور الخطة لتسهل عاملين مهمين في المدرسة هو التعلم ضمن مجموعة ، وعمل أصدقاء

أما الأهداف للأطفال الأكبر سناً هي :-

- تدور حول تحسين حياتهم

- المهارات المهمة مثل العناية الذاتية ، استغلال أوقات الفراغ باستقلالية ، التواصل المجتمعي ، الدمج في المدرسة ، المشاركة في الحياة الأسرية ، التفاعل مع الأقران .

إن الطفل يحتاج بشكل أساسي إلى (6-12) شهراً تدخل في البيت لمتطلبات العناية الذاتية ، واللغة ، ومهارات اللعب قبل أن يحقق التقدم في جماعة الصف في المدرسة .

إنّ التعليم يتكون من ثلاثة عناصر أساسية : المثير والاستجابة ونتائج السلوك ومن خلال هذا الأسلوب يقوم المعلم بتعليم الطفل منهجا يشمل أكثر من 500هدف يتم ترتيبها من الأسهل للصعب.

حيث يعتبر السؤال الموجه للطفل مثير وإجابة الطفل استجابة وإعطاء الطفل شيء محبب له (مادي ، غذائي أو اجتماعي) عندما تكون إجابته صحيحة إذ أنها تجسد نظرية الاشراط

الإجرائي الذي يركز على نتائج السلوك وتكرار هذه الطريقة لتعليم وتدريب الطفل على الكثير من المهارات .

ومن أهم الركائز لتطبيق برنامج لوفاس هي القياس المستمر لمدى تقدم الطفل في كل مهارة وذلك من خلال التسجيل المستمر لمحاولات الطفل الناجحة ومنها والفاشلة.

واهم المجالات التي يركز عليها لوفاس

(الانتباه – التقليد – لغة الاستقبال – لغة التعبير – ما قبل الأكاديمي- الاعتماد على النفس) ومع تقدم الطفل وتطور قدراته تزداد صعوبة الأهداف لكل مجال من المجالات السابقة وتضاف لها أهدافا للمجالات الاجتماعية والأكاديمي والتحضير لدخول المدرسة .

- برنامج بيكس (PECS) (Picture Exchange Communication System) طور هذا البرنامج عام (1994) في الولايات المتحدة الأمريكية على يد أخصائي النطق بوندي (Bondy) وزوجته (Frost) اعتمادا على مبادئ التحليل السلوكي التطبيقي للأطفال الذين لديهم قصور واضح في اللغة الشفهية . ثم انتقل هذا البرنامج في عام (1997) إلى بريطانيا ليطبق كأحد الأساليب للأفراد الذين يعانون من مشاكل في التواصل.

وهو عبارة عن نظام تبادل الاتصال عن طريق الصور ، لأن الأفراد المصابين بالتوحد يتعلمون عن طريق البصر بشكل أساسي، ولا يحتاج هذا البرنامج إلى مواد مركبة أو معقدة أو تقنيات عالية .

أن الصعوبات التي يعاني منها الفرد المصاب بالتوحد في التقليد اللفظي والحركي ، إضافة إلى قصوره الواضح بعدم المبادرة هو الذي حدا بالمختصين إلى إستخدام نظام الصور الذي يحفز الأفراد للتواصل مع الآخر تحقيقا لحاجاته مع إستخدام التعزيز المادي والاجتماعي .

كيفية تطبيق برنامج بيكس

لطريقة التبادل بالصور (PECS) ست مراحل وهي :-

المرحلة الأولى : التبادل بالمساعدة الجسدية (Physical Exchange) ويتطلب تطبيق ذلك وجود شخصين أو مدربين أحدهما يكون خلف أو جنب الطفل والآخر يكون أمامه ، وأن يكون هناك معزز مرغوب فيه للطفل المصاب بالتوحد (كأن يكون عصير أو تفاحة أو شبس)، ويفترض أن نتعرف على أشياء محببة للطفل تتراوح ما بين (5-8) أشياء. وتوضع بطاقة مكتوب عليها الشيء المرغوب فيه والذي يريد الطفل المصاب بالتوحد الوصول إليه فيساعده الشخص (أو المدرب) الذي يكون خلفه الحصول على البطاقة ، والذهاب إلى الشخص (او المدرب الثاني) الذي يكون أمامه ، وتكون يده مفتوحة لاستلام البطاقة ويعطيه الشيء المرغوب فيه بعد أن يمدحه على ذلك ، فالأول يساعد جسدياً للحصول على البطاقة والوصول إلى المدرب الذي يكون أمامه ، ويمكن للثاني أن يستخدم عملية الحث لمساعدة الطفل كمناداته بإسمه ، ويذكره بأن الشيء الذي يرغبه موجود لديه .

ثم تبدأ عملية التلاشي أو تخفيف المساعدات المقدمة للطفل إلى أن يتناول الطفل البطاقة، ويذهب للحصول على الشيء المرغوب فيه دون أي شكل من أشكال المساعدة بعد تكرارها لعدة مرات . يبدأ أولا بصورة واحدة ثم تعرض عدة صور ويمكن أن توضع في مريلة لها جيوب

المرحلة الثانية : توسيع مفهوم التلقائية (التنقل) (Traveling Phase) وفي هذه المرحلة يذهب الطفل إلى لوحة الاتصال وينزع الصورة التي تمثل الشيء المرغوب فيه والتي يريد الحصول عليها، ويذهب بها ليضعها في يد المدرب ، ويمكن أن نزيد المسافة بين الطفل والمدرب بشكل تدريجي .

المرحلة الثالثة : تمييز الصور (Picture Discrimination) وفي هذه المرحلة يتطلب من الطفل أن يختار صورة من بين عدة صور وينزعها من لوحة الاتصال ويذهب بها ويضعها في يد المدرب .

ويمكن أن يواجه المدرب الطفل على الطاولة نفسها ويضع صور متعددة لأشياء مرغوب فيها وكذلك لأشياء غير مرغوب فيها وليست لها علاقة بالأشياء المطابقة للصور. وفي هذه المرحلة لا يفضل استخدام الحث اللفظي، ويغير ترتيب الصور للتأكد على قدرة الطفل المصاب بالتوحد على التمييز ، ويفترض أن لا تقل الفرص عن (20) في اليوم الواحد.

المرحلة الرابعة : تركيب أو بناء الجملة ، ويتطلب من الطفل المصاب بالتوحد استخدام كلمات متعددة لطلب أشياء . يلتقط الطفل صورة أو رمز " أنا أريد"أو " أنا بدي" ووضعها على شريط الجملة ثم ينزع صورة ما يرغبه ويضعه على شريط الجملة ليكون جملة ذات معنى .
توضع صورة "أنا أريد " أو "أنا بدي" على الجانب الأيمن ، ثم توضع الصورة للشيء المرغوب بجانب الصورة (على يسارها) لتشكل جملة ، ويمكن تقديم الحث وبعد أن نتأكد من نجاح الطفل نبدأ بمرحلة التلاشي وهي إبعاد أشكال المساعدة .
المرحلة الخامسة :الاستجابة لطلب (Requesting) وتهدف هذه المرحلة إلى أن يكون الطفل المصاب بالتوحد قادر على طلب أشياء بصورة تلقائية ، وأن يجيب على سؤال ماذا تريد؟ مستخدما التعزيز الاجتماعي والمادي لكل إستجابة صحيحة ، ويمكن زيادة الوقت بين سؤال ماذا تريد؟ والاشارة إلى كارت " أنا أريد " أو "انا بدي " لكل نسبة نجاح بحدود (80%) من الفرص الناجحة . والزيادة تكون بثانية واحدة .

المرحلة السادسة :التجاوب والتعليق(الردود) التلقائية (Responding and Spontaneous Commenting) وتهدف هذه المرحلة أن يجيب الطفل المصاب بالتوحد بطريقة مناسبة على أسئلة ماذا تريد؟ ماذا ترى ؟ ماذا عندك ؟ وما يشبه هذه الأسئلة .
فمثلا ضع صورة أنا أرى على لوحة الاتصال تحت صورة "أنا أريد " امسك شيء أقل تفضيلا وأسال في نفس الوقت ماذا ترى؟إثناء الإشارة إلى صورة "أنا أرى " لو أن الطفل المصاب بالتوحد لم يلتقط بسرعة صورة "أنا أرى" ووضعها على شريط الجملة يجب أن يوجهه المدرب جسدياً لفعل ذلك بمجرد صورة "أنا أرى " على الشريط ، ينتظر المدرب خمس ثوان ليرى الطفل المصاب بالتوحد سيضع الصورة المطلوبة على الشريط .
لو حدث ذلك يعلق المدرب نعم أنت ترى ويعزز لفعل ذلك (Schwarts,et al ,1998)(Bondy & Frost ,.1994)

برنامج ماكتون (Magaton Program)

طور هذه البرنامج بشكل خاص لتحسين الجانب اللغوي للأفراد الذين يعانون من قصور لغوي سواءً كان في عملية التواصل أو مهارات القراءة والكتابة ،وليغطي عدة شرائح من ذوي الاحتياجات الخاصة والذين يشتركون في مظاهر الاضطرابات اللغوية كالأطفال المصابين بالتوحد والمعاقين عقلياً وذوي الاضطرابات الكلامية واللغوية . والأطفال المصابون بالتوحد يتصفون بشكل أساسي بقصور التواصل اللغوي اللفظي وغير اللفظي والتي تشكل احد الأعراض الثلاثة الرئيسية إضافة إلى القصور الواضح في التفاعل الاجتماعي والسلوك النمطي والطقوسي . يعتمد البرنامج على لغة الاشارة فهو يختلف عن برنامج بيكس في كون الأخير يحتاج إلى صور ، بينما يحتاج هذا البرنامج يدي الطفل .

طورت هذا البرنامج مارجريت ووكر(Margaret Waker) في أوائل السبعينات ، وهي أخصائية في النطق بكلية طب سان جورج بجامعة لندن ، ثم شاع استخدامه لعشرات الدول في العالم

مم يتكون البرنامج : يتكون البرنامج بشكل أساسي من مفردات أساسية تصل إلى (450) كلمة لكل منها مفهوم لغوي يكون اللبنة الجوهرية للبرنامج . تقدم هذه المفردات عبر مراحل ثمانية + إضافية بشكل تدرجي من البسيط إلى الصعب .

والمكون الثاني للبرنامج مصادر المفردات التي تغطي حوالي (9000) مفهوماً لغوياً لكل جوانب الحياة . وإمكانية الفرد هي التي تحدد عدد المفردات التي يمكن تعليمها للطفل .

قسمت المفردات الأساسية إلى ثماني مراحل ومرحلة اضافية واحدة وهي :-

المرحلة الأولى متكونة من (53) مفردة.

المرحلة الثانية متكونة من (43) مفردة.

المرحلة الثالثة متكونة من (55) مفردة .

المرحلة الرابعة متكونة من (48) مفردة .

المرحلة الخامسة متكونة من (43) مفردة.

المرحلة السادسة متكونة من (42) مفردة.

المرحلة السابعة متكونة من (49) مفردة .

المرحلة الثامنة متكونة من (47) مفردة.

المرحلة الاضافية متكونة من (90) مفردة.

كيفية التطبيق : يمر التطبيق بمراحل ثلاث تبدأ من البسيط إلى الصعب وهي :-

اولا : تعرض الاشارة ثلاث مرات

أ-التعرف على الاشارة ويفترض ان لا يكون هناك زمن محدد وانما يراعى في ذلك قدرات الطفل.

ب-توضيح وتجسيد الإشارة لكي يستطيع تذكرها.

ج-وتعرض مرة ثالثة لكي يستطيع الطفل استخدامها وربط الإشارات بالكلام.

ويفضل في هذه المرحلة البدء بالإشارات البسيطة ،والتي لها أهمية بالنسبة للطفل وليس للمعلم ، ويفضل استخدامها في مواقف حياتية واقعية

ثانيا / ربط الإشارات بالرموز وتكون من خلال :-

أ-   مطابقة الصورة والرمز على نفس البطاقة والحجم.

ب- مطابقة الصورة والرمز على نفس البطاقة ولكن يكون الرمز مصغر عن الصورة.

ج- تقدم الصورة بجانب الرموز.

د- يقدم الرمز محاطا بعدة صور، ويطلب من الطفل مطابقة الرمز مع الصورة الصحيحة.

هـ-مطابقة رمز برمز.

و- مطابقة رمز بصورة.

ز- يعطي الطفل الرمز الصحيح عند إعطائه أمرا لفظيا.

ثالثا : ربط الإشارات بالكلمات والجمل البسيطة : ويكون ذلك من خلال نص كلامي يظهر على شريط فيديو ، ويقوم المدرب بترجمتها إلى إشارات المرحلة الأولى مع نطقه بها بشكل واضح ، وتتكرر هذه العملية حتى يربط الطفل الاشارة بالكلمة الدالة عليها (تايلر ،1998)

مزايا البرنامج

يمكن ربط المفردات بجمل أو عبارات تتدرج من البسيط السهل إلى استخدام القواعد اللغوية المتقدمة .

يستخدم مع البرنامج أساليب مقننة لتنمية مهارات التواصل الوظيفي واللغة والتعلم

يستعين البرنامج بالاشارات والرموز الصوتية والكلام

أما الإشارات فهي التي يستخدمها الصم ، ولكل دولة إشارات خاصة بها، ويمكن أن تستخدم تعبيرات الوجه ولغة الجسم والإيماءات بالإضافة إلى لغة الإشارة .

أما الرموز فقد تكونت عام (1980) وهي تدل على المفردات وقد أخذت النقاط الآتية بنظر الاعتبار

يصمم الرمز بشكل مبسط، ويمثل كل رمز وحدة منفصلة من مفردات اللغة

أن يعبر الرمز عن كلمة ويوفر أكبر قدر ممكن من المعلومات حول المفهوم الذي يمثله سهولة رسم الرمز مرة أخرى .

العلاج اليومي المتواصل (مدخل هيجاشي أو الأمل كما تعني باليابانية) : التدريب في المجموعة

(Daily Life Therapy (The Higashi Approach) : Training in a Group)

طورت هذا المدخل الدكتورة كيتاهارا (Kitahara) عام (1964) في مدينة طوكيو، ويقوم هذا المدخل على أهمية التفاعلات الاجتماعية والتقليل قدر الإمكان من التعليم الفردي من خلال التعليم ضمن مجموعات .

وتعتقد كيتاهارا ان اللعب يدعو إلى الشعور بالسعادة والنجاح والثقة بالنفس واللعب يدعو الى استكشاف العالم المادي، وتفريغ الطاقات، وتطوير حل المشكلات، وتطوير الحركات الصغيرة والكبيرة، وتعلم الأطفال أخذ الأدوار الاجتماعية، وتدعوهم للتعبير عن مشاعرهم.

أما فلسفة هذا المدخل هو أن هناك علاقة بين المادة والروح او بعبارة أخرى بين جسم الطفل وعقله وروحه وأي تحسن في أي جانب سيفرز بظلاله على الجانب الآخر . يهدف هذا المدخل إلى خلق حالة من الاستقرار والتوازن من خلال العمل ضمن مجموعات سواء مع المعلمين أو الأقران والذي يمكن الأطفال المصابين بالتوحد من الاعتماد على أنفسهم ، ويمكن كذلك ان يخفض من حالات القلق والتوتر لديهم .

استخدم هذا المدخل في الولايات المتحدة الأمريكية وبالتحديد في ولاية بوستون عام (1987) مستعينين في بداية الأمر بمعلمين يابانيين استبدلوا بمعلمين أمريكيين بعد أن أصبحوا مؤهلين لتطبيق هذا المدخل . يقوم المعلمون ذوو اللياقة البدنية المناسبة من حملة الماجستير في التربية الخاصة بتطبيق هذا المدخل . تختلف نسبة المعلمين إلى الأطفال المصابين بالتوحد حسب المادة التعليمية ، ففي الجوانب الأكاديمية تكون النسبة (1: 6) بينما تكون النسبة لمواد الموسيقى والفن والعلاج الطبيعي (1 : 3). تستخدم الأساليب التي تعتمد المدخل السلوكي وهي الحث والتلاشي (Prompting and Fading) والتعزيز التفاضلي للسلوك البديل(Differential Reinforcement to Alternative Behavior) والإطفاء (Extinction) .

ويركز أسلوب العلاج اليومي المتواصل على المبادئ الآتية :

-التعليم الموجه للمجموعة

-التعليم للأنشطة الروتينية

-التعلم عن طريق التقليد

-تقليل مستويات النشاط غير المرغوب بالتدريب المكثف

تركيز المنهج على الموسيقى والرسم والألعاب الرياضية (بدر،1997)

يجري توجيه النشاطات في هذا البرنامج جماعياً بصورة كبيرة مع التأكيد على التعلم الذي ينتقل من طفل إلى آخر من خلال التزامن والمحاكاة . لذلك لا يشكل مدى التقدم الفردي أمرا أساسياً .

يتضمن هذا البرنامج أنشطة جسمية يومية كالجري والألعاب الرياضية الأخرى ككرة القدم والسلة.

ويتمحور المنهج الأكاديمي على الحركة والفنون التي ترجع بالفائدة للأطفال المصابين بالتوحد وخاصة في تقليل الاستثارة الذاتية وتحسين الانتباه والتعلم .

يقبل في هذا البرنامج الأطفال المصابون بالتوحد أو من لديهم اضطرابات نمائية شاملة من أعمار (3 سنوات وحتى 16 سنة) ويحتاج البرنامج معلمين مؤهلين في التربية الخاصة وقادرين على القيام بأنشطة رياضية متعددة . ويكون معلم واحد لكل ستة أطفال في الفصل الدراسي ، أما في حصص الرسم والموسيقى والرياضة البدنية التي يعتمدها برنامج هيجاشي فيكون معلم لكل ثلاثة أطفال . وللأسرة دور في هذا البرنامج من خلال التواصل مع المدرسة التي ينام فيها الأطفال في أغلب الأحيان إلا من كان قريباً جدا من المدرسة بطرق متعددة من خلال الزيارات أو المكالمات الهاتفية أو التقارير التي تكتب إليهم أو عن طريق البريد الالكتروني .

كما تقدم المدرسة تدريبا للأسرة ليوم واحد في الشهر تتعلق بأنشطة منزلية والتطور اللغوي ومهارات الاعتماد على النفس .

برنامج مركز ماي للتعليم في مرحلة الطفولة المبكرة

The May Center for Early Childhood Education

أسس هذا البرنامج كل من اندرسون وكامبل وكانون (Anderson,Campbell, Cannon ,1994) عام (1955) وطور عام (1987) وخاصة بعد انتشار برنامج لوفاس وتأثر كثير من الباحثين في هذا البرنامج وخاصة ما يتعلق في مجال تدريب الآباء والخدمات المنزلية .

يقدم هذا البرنامج خدماته في البيت والمؤسسة التعليمية للأطفال الذي تتراوح أعمارهم ما بين (3-5) سنوات . أما أهدافه فهي متعددة تتضمن تحسين الجانب اللغوي للطفل ،وتحسين السلوك الاجتماعي المقبول ، وأنشطة اللعب ، والحركات الكبيرة والدقيقة ، ومهارات العناية الذاتية ، ومهارات الاعداد للمدرسة ومعالجة المشكلات السلوكية .

ان الخدمات المقدمة في هذا البرنامج تشمل البيت والفصل بجانبيه الفصل والدمج، ويكون على الشكل الآتي :-

- البرنامج المنزلي حيث يقضي الطفل ثلاث ساعات في المدرسة وثلاث ساعات أخرى في البيت، ويكون مدرب أو معلم لكل طفل

- برنامج ما قبل المدرسة الذي يمثل حالة الفصل ، ويقضي- الطفل المصاب بالتوحد سنة واحدة ويعمل حوالي (30) ساعة في الاسبوع ويكون العمل بشكل فردي ، أو على شكل مجموعات صغيرة ، ويكون لكل ثمانية أطفال ثلاثة مدرسين .

- برنامج ما قبل المدرسة والذي يمثل حالة الدمج ، ويقضي الأطفال في هذا البرنامج حوالي سنة كاملة ، ويدمج مع أطفال غير مصابين بالتوحد . يكون عدد الأطفال ستة إلى جانب سبعة أطفال من الأعتياديين ، يكون مسؤولا عنهم ثلاثة مدرسين .

تركز أساليب التدريس على الاعادة والتكرار والتعزيز بأنواعه ، واللعب الحر والتعلم الاستكشافي ،وتعميم التعلم وفق الزمان والمكان . يقسم الصف إلى أركان حسب الأنشطة التي يقوم بها الأطفال وهي :-

1- ركن اللعب الدرامي 2- ركن الفنون الابتكارية 3- ركن الاكتشاف

4- ركن اللعب الحر

يغطي الطفل هذه الأركان الأربعة حيث يقضي بكل ركن من هذه الأركان مدة تتراوح ما بين (10 -15) دقيقة ، ويعتمد ذلك على تحقيق الأهداف التدريسية ،كما أن ذلك التنقل يبعد الطفل من حالة السأم والضجر .

علما أنه ليس بالضرورة أن ينتقل الطفل من حالة الفصل إلى الدمج إلا بعد أن يحقق تقدما ملموسا يؤهله للانتقال ، فقد أخفق عدد من الأطفال في هذا البرنامج من الانتقال إلى الفصول العادية التي تمثل حالة الدمج لأنهم لم يحققوا التقدم المطلوب الذي يؤهلهم إلى الانتقال إلى حالة الدمج .

أما التقييم فيشمل الطفل والأسرة إذ يقيم الطفل من خلال اختبارات الذكاء ، والسلوك التكيفي ، واختبارا التحصيل الأكاديمي ، وقوائم لمتابعة التطور الانفعالي وتطور اللعب. أما للأسرة فيجري تقييمها من خلال سلوكات الأسرة ، الضغوط النفسية ، التكيف، وتحسن القدرة على التحكم .

- برنامج ديلاوير للأطفال المصابين بالتوحد The Delaware Autistic Program

طور هذا البرنامج بوندي وفروست (Bondy &Frost,1980) في ولاية ديلاوير للأطفال المصابين بالتوحد، تبدأ من متوسط سن (47) شهراً ويستمر البرنامج في خدمة الأفراد إلى عمر (21) سنة إذا تطلب الأمر ذلك . ولا يشترط في القبول نسبة ذكاء معينة .

يهدف البرنامج إلى تنمية مهارات الاتصال إثناء اللعب ، والأنشطة الاجتماعية الأخرى وتهيئة الظروف لتحرك الطفل إلى المبادرة من خلال المجالات الآتية الرعاية الذاتية ، المهارات الأكاديمية ، مهارات قضاء وقت الفراغ ، الترفيه ، مهارات التوافق الحركي، الإقلال من معدلات وشدة السلوكات غير المرغوبة .

يؤكد البرنامج على الدمج ولكن بشكل تدريجي إذ يبدأ بشكل فردي ثم مجموعات صغيرة في المنزل والمدرسة . يهتم هذاالبرنامج بدور الأسرة فيوفر لهم فرص متعددة للمشاركة من خلال اعداد الخطط الفردية لأطفالهم ، وحضور اجتماعات شهرية مع فريق العمل ، كما يتيح الفرص للقاء بين أولياء أمور الأطفال الآخرين ، ويمكن تقديم تدريب للآباء على بعض الاجراءات الفعالة التي يمكن القيام بها في الأسرة .

- برنامج معهد برنيستون لنمو الأطفال

The Princeton Child Development Institute

طور هذا البرنامج لنمو الأطفال عام (1970) لخدمة الأطفال المصابين بالتوحد في شتى المجالات لما قبل المدرسة لأعمار تتراوح ما بين (30) شهراً إلى (58) شهراً بمتوسط (43) شهراً. ويشترط القبول في البرنامج هو أن يشخص من أخصائي خارجي بأنه مصاب بالتوحد، وتنطبق عليه معايير الدليل الإحصائي التشخيصي الثالث النسخة المنقحة (DSM111R) أما الشرط الثاني هو نسبة ذكاء تتراوح ما بين (36-84) بمتوسط مقداره (57) درجة على مقياس ستانفورد بينيه 1V إضافة إلى قيام فريق العمل بالملاحظة النظامية للطفل .

تبين أن معظم الأطفال الذين التحقوا في البرنامج لديهم قصور أو انعدام اللغة التعبيرية والاستقبالية ، عدم التحكم في الإخراج ، عدم انتباه نسبي للمثيرات البصرية، عدم القدرة على التقليد والمحاكاه ، والسلوكات النمطية.

يركز البرنامج على تنمية اللغة وتعلم مهارات التواصل من خلال سلسلة من البرامج الفردية يتم اختيارها وفقاً لمهارات كل طفل وقصوره ويوضع في الاعتبار اهتمامات الأسرة .

يتضمن محتوى البرنامج المجالات الآتية : المشاركة الاجتماعية ، الاستقبال اللغوي والتعبير اللغوي ، المهارات الأكاديمية ، مهارات استخدام لوحة المفاتيح للكمبيوتر، مهارات قضاء وقت الفراغ ، المحاكاة الحركية ، التفاعل مع الأقران ، الرعاية الذاتية ، المهارات الاجتماعية (محمد، 2001) .

- برنامج ويلدون لمرحلة ما قبل المدرسة (The Walden Preschool Program)

ابتكر هذا البرنامج مكاجي ، دالي ، وجاكوب (McGee,Daly,&Jacobs,1985) من خلال التعاون بين قسم علم النفس بجامعة ماسيتشوستس ومؤسسة ماي ، ووضع في مجال التطبيق عام (1992) عندما افتتح أول صف . يهدف هذا البرنامج، الذي يرتكز بشكل

أساسي على البحوث السلوكية ، إلى دمج الأطفال المصابين بالتوحد بالأطفال غير المصابين بالتوحد لدفعهم على التفاعل والتواصل مع أقرانهم والتجاوب مع الراشدين وتطوير اللغة التعبيرية والاستقلالية في مهارات الحياة اليومية (مثل التدريب على استخدام الحمام)، وبعبارة أخرى يمكن للطفل المصاب بالتوحد الاستفادة من قرينه غير التوحدي . يتراوح الصف ما بين (15-18) سبعة منهم أطفال مصابون بالتوحد والبقية غير مصابين ، يكون لهم مدرس رئيسي وأربعة أو خمسة مساعدين . أما عدد الساعات التي يمكث فيها الأطفال فهي أربع ساعات يومياً

يتطلب البرنامج معرفة اهتمامات الأطفال ، وتنظيم البيئة التعليمية بحيث ترفع من دافعية الأطفال ، والاستخدام المكثف للحث والتعزيز المناسب مع ميول واهتمامات الطفل، كما يتطلب البرنامج تعاوناً وثيقا بين البيت والمدرسة من خلال التواصل المستمر والإرشاد وحلقات تعليمية لأولياء الأمور نصف شهرية فضلا عن برنامج أسري أسبوعي يستمر لمدة ستة أشهر (McGee, et al,2000).

يهدف البرنامج إلى تعلم كيفية الكلام ، وتنمية القدرة على التعبير اللفظي ، وتنمية القدرة على التفاعل مع الأقران ، وتنمية القدرة على التعلم من الأقران الآخرين ، والاستجابة لمبادأة الآخرين، وأخذ الدور ، وتحسين حاسة اللمس ، وتلاقي العيون ، وتنمية مهارات اللعب ، ومهارات الحياة اليومية ، والمهارات الاستقلالية ، والتقدم الأكاديمي .

يعتمد البرنامج على استغلال المواقف الطبيعية واهتمامات الطفل لأنها تشكل الدعامة الأولى لرفع دافعية الطفل للتجاوب والعطاء ، وبالتالي يكون دور المعلم أو المدرب هو استغلال الفرص المناسبة التي يمكن أن يزود الطفل بالمعلومات ، وقد يتطلب الأمر توجيه اسئلة واقتراحات ، ولكن الطفل هو الذي يختار المكان الذي يعمل فيه والنشاط الذي يرغبه ، على أن لا يبقى الطفل بدون عمل ، مستخدما انواع التعزيز المرغوبة له ، والابتعاد عن أي شكل من اشكال العقاب ، وهذا ما يؤدي إلى بناء علاقة حميمة بين المدرب أو المعلم والطفل.

يقسم الفصل كما هو الحال بالنسبة لبرنامج ماي إلى أركان ليشمل ركن اللعب الحر ، الملعب ، الحلقة ، ركن الدراسة الأكاديمية ، ركن الرسم والفنون والأنشطة، القصة،

ركن العمل الفردي ، ركن الرعاية الذاتية . كما يتوفر في الفصل كمبيوتر ومختلف الألعاب.

يقيم الأطفال من خلال اختبارات الذكاء . ومقياس السلوك التكيفي ، والتطور اللغوي ، والتطور التربوي النمائي (McGee ,Daly &Jacobs,1994)

- **مشروع أكلا للأطفال المصابين بالتوحد**(The UCLA Young Autism Project)

سمي بهذا الاسم نسبة إلى جامعة كليفورنيا في لوس أنجلس   (University Of California at Los Angles) .

اعتمد هذا المشروع على البحوث التي أجريت على الأطفال الكبار والمراهقين المصابين بالتوحد، أما تطبيقاته على الأطفال الصغار فقد بدأ خلال السبعينات .

يعتمد هذا البرنامج بشكل أساسي على أحدى النظريات السلوكية التي استخدمت تطبيقاتها بشكل كبير جداً مع الأطفال من ذوي الاحتياجات الخاصة ألا وهي نظرية الإشراط الإجرائي   لسكنر واستخدام الفنيات الممثلة لهذه النظرية وبشكل خاص التشكيل (Shaping) التي يمكن من خلالها تعليم الطفل المصاب بالتوحد مهارات العناية الذاتية، والتطور اللغوي والذهني وتخفيض السلوك غير الاجتماعي ، وخاصة السلوك النمطي والطقوسي ، ومحاكاة السلوك المرغوب فيه ، ويمكن الاستفادة من نتائج الدراسات السلوكية في هذا الصدد .

لا يقتصر التعديل على بيئة دون غيرها ، وإنما يجري تعليم الطفل المصاب بالتوحد أينما يحدث السلوك غير المرغوب فيه سواء في البيت ، أو المؤسسة التعليمية او المجتمع المحلي . ويركز وفق النظرية السلوكية على السلوك الظاهري دون التركيز على الأسباب التي أدت إلى السلوك غير المرغوب فيه .

يهدف التدخل في السنة الأولى تعليم الأطفال المصابين بالتوحد الاستجابة للمطالب الأساسية ، والتقليد ، وبدأ اللعب مع الألعاب والتفاعل مع أسرهم . أما التدخل في السنة

الثانية فيهدف إلى تعليم الطفل الاستمرارية في اللغة وتمييز الانفعالات ، والمهارات المطلوبة لما قبل المدرسة ، والتعلم بالملاحظة . أما عند دخوله المدرسة العادية والتي تشكل حالة الدمج فيحتاج إلى مساعدة مهنية من مختصين ليستطيع التفاعل مع أقرانه غير المصابين بالتوحد (Smith ,et al,2000) .

- برنامج دينفر في مركز العلوم الصحية في جامعة كولورادو

(Denver Model at the University of Colorado Health Science Center)

أفتتح هذا البرنامج عام (1981) كنموذج للعب المدرسي الذي يعتمد بشكل أساسي على النظرية المعرفية لبياجيه والذي يمثل علاجا يومياً . يمكن أن يطبق من خلال فريق عمل يضم معلم التربية الخاصة والمعالج النطقي والوظيفي والمختص بطب نفس الأطفال ومنسق البرنامج .

طور هذا البرنامج كمدخل تعليمي يركز بشكل أساسي على اللعب الذي يعد كما يتفق جميع المختصين على أنه الوسيلة الأولى للتعلم في مرحلة ما قبل المدرسة (في مرحلة الروضة أو التمهيدي) والتي يمكن أن يتعلم الطفل مهارات معرفية ، واجتماعية وانفعالية وتواصلية .

أن دور الراشدين والغرض من أنشطة اللعب يختلف وفق الأهداف التعليمية التي تراعي الفروق الفردية واحتياجات الأطفال المصابين بالتوحد .

أن هذا البرنامج يهدف إلى:-

-زيادة المستوى المعرفي وبشكل خاص في مجال الاداءات الرمزية للوصول إلى أقصى درجة ممكنة من التفاعل الاجتماعي المستند أساسا على عملية التقليد وتطوير الوعي الاجتماعي .

-زيادة مهارات التواصل من خلال الإيماءات والإشارات والكلمات

-تعزيز النمو الاجتماعي والانفعالي من خلال العلاقات الاجتماعية مع الراشدين والأقران .

-تطوير المهارات الحركية الوظيفية (الدقيقة والكبيرة) التي تتطلبها أنشطة اللعب.

في عام (1998) قفلت وحدة المعالجة وغيرت المعالجة لتشمل سياقات طبيعية أكثر في البيت والمدرسة ومع نماذج من الأقران (Rogers ,et al, 2000) تتراوح الساعات التي يقضيها الطفل المصاب بالتوحد ما بين (34-41) ساعة أسبوعية توزع ما بين التعليم في روضة المدرسة والتعلم الفردي والتعليم المنزلي المنظم .

وتعد الأسرة شريك فعال في البرنامج لتحقيق الأهداف ، لذلك تعد هذه النقطة احدى القناعات التي يستند عليها برنامج دينفر وهي :-

- الأسرة تعد عاملا فعالا في البرنامج ، ولا يمكن أبعادها عنه.
- ينظر إلى الطفل المصاب بالتوحد وأسرته على أنه حالة فريدة لذلك يتطلب وضع خطط فردية علاجية.
- إن القصور في قدرة الطفل المصاب بالتوحد هو نتيجة لمحددات أنشطة التعلم وليس قصورا ذاتيا له، وهذا ما يفتح الباب على مصراعيه لحالة التغيير الايجابي ، ويكون ردا على القائلين بعدم جدوى تعليم هولاء الأطفال .
- التوحد هو في جوهره قصور اجتماعي ، لذلك يفترض أن يجري التركيز على التفاعلات الاجتماعية. وقد يتطلب الأمر إعطاء هم الأدوار المناسبة في داخل الأسر وفي المجتمع .
- للطفل المصاب بالتوحد الحق في الاختيار والتعبير عن الذات كحال الأطفال الآخرين ما زالوا يمتلكون عقولا ومشاعر وميول .
- يعد اللعب هو الوسيلة الأولى في التعلم وخاصة لمرحلة ما قبل المدرسة ، ولها تأثير كبير في التطور المعرفي والاجتماعي.

- يستند التدخل العلاجي الفعال مع هولاء الأطفال إلى استثمار ساعات اليقضة من خلال أنشطة اجتماعية موجهة مراعين في ذلك ميولهم ورغباتهم من خلال تخطيط مسبق .

يتطلب البرنامج مجموعة من المختصين (معلمي التربية الخاصة ، وطب نفس الأطفال، واخصائي النطق واللغة والمعالج الوظيفي) ، ويتم تعليم أولياء الأمور في المنزل على كيفية تحقيق الأهداف المرسومة من خلال التقليد أو النمذجة والقيام بالممارسة الفعلية أمامهم، واعطاءهم التغذية الراجعة .

يشتمل التدخل العلاجي وفق هذا البرنامج على :-

- التعليم في المنزل عبر الأنشطة الأسرية اليومية ،وتحدد الأسرة الموضوعات المراد تعليمها كمهارات العناية الذاتية وأنشطة اللعب وغيرها.
- التدريس الروتيني الشامل في رياض الأطفال ، ويمكن للطفل أن يعمم ما تعلمه في الروضة إلى المنزل .
- التدريس الفردي (معلم وطفل مصاب بالتوحد) يتميز التعليم الفردي بالدقة والسرعة لمتطلبات الطفل ، مراعيا رغباته وميوله (Rogers& DiLalla ,1991).

أما محتوى البرنامج فيشمل خمسة مجالات هي :-

- مهارات التواصل اللفظي وغير اللفظي
- مهارات التفاعل الاجتماعي
- مهارات اللعب
- المهارات الحركية الكبيرة والدقيقة
- مهارات العناية الذاتية

- برنامج دوكلاس للإعاقات النمائية (Douglass Developmental Disabilities Center at Rutgers University)

أفتتح هذا المركز عام (1972) للأطفال الكبار المصابين بالتوحد، أما برامج الأطفال ما قبل المدرسة فقد أضيفت عام (1987) . يحتوي مركز دوكلاس حالياً ثلاثة برامج يخدم الأطفال الصغار الذين يعانون من اضطرابات الطيف التوحدية وتشمل :-

- التدخل المكثف في البيت

- فصل مجموعات صغيرة من الأطفال ما قبل المدرسة ،

- دمج الأطفال مع أقرانهم الذين ليس لديهم اضطرابات توحدية

يتصف المنهج بالتتابع واستخدام أساليب تحليل السلوك التطبيقي

يركز التعليم بشكل مبدئي على المهارات التواصلية والمعرفية والمهارات الاجتماعية الأولية، وكيفية استخدام الحمام إضافة إلى تقليل المشكلات السلوكية ، يتكون الصف من ستة أطفال يقابلهم نفس العدد من المعلمين ، وعندما يسيطر على سلوكهم ينتقلون إلى صف آخر بنفس العدد السابق لكن عدد المعلمين إلى الأطفال (1 :2) .

أما في حالة الدمج فيكون عدد الأطفال المصابين بالتوحد (6) و(8) من الأطفال غير المصابين بالتوحد ، يكون معلم رئيس مسؤولا عنهم مع ثلاثة مساعدين .

في المجموعات الصغيرة (حالة الفصل) يجري التركيز على مهارات التواصل والجانب المعرفي ومهارات العناية الذاتية ، والتدخل الاجتماعي يبدأ على شكل حالة من التفاعل في مجال اللعب مع المعلمين .

أما في حالات الدمج فيجري التركيز على التواصل والتطبيع الاجتماعي ومهارات ما قبل المرحلة الأكاديمية(Harris et al,2000)

-التجارب التعلمية ، برنامج بديل للأطفال ما قبل المدرسة وآبائهم

(Learning Experiences ,an Alternative Program for Preschoolers and their Parents (LEAP)

افتتح هذا البرنامج عام (1982) في جامعة كالا رادو ، كلية التربية ثم دمج ببرنامج الطفولة المبكر في معهد الطب النفسي والإكلينيكي الغربي في جامعة بتسبرك. يتضمن برنامج ليب (Leap) برنامج للأطفال ما قبل المدرسة ، وبرنامج تدريب الآباء على المهارات السلوكية .

ويفترض هذا البرنامج ما يلي :-

-إنّ البرامج المتعلقة بالطفولة التي تتبنى الدمج يمكن أن يستفيد منها الأطفال المصابون بالتوحد علما أن عدد الأطفال العاديين يفوق عدد الأطفال المصابين بالتوحد .

-يمكن لأولياء الأمور من تفعيل أساليب التدخل العلاجي .ويحتوي هذا البرنامج تعليم الآباء أساليب تعديل السلوك .

-يزداد التدخل العلاجي فاعلية عندما لا يقتصر على مكان محدد وإنما يعمم إلى أماكن متعددة .

-قد يستجيب الطفل المصاب بالتوحد إلى أقرانه لتعلم السلوك المرغوب فيه.

-مراعاة الأنشطة المنهجية الفروق الفردية بحيث يمكن الاستفادة منها الأطفال ذوي الاحتياجات الخاصة والأطفال العاديين .

ويعد هذا البرنامج من أول البرامج التي دمجت الأطفال المصابين بالتوحد مع أقرانهم غير المصابين لتعلم المهارات الاجتماعية . يهدف المنهاج الفردي إلى تحقيق الأهداف السلوكية المتعلقة بجوانب متعددة هي الاجتماعية والانفعالية والمعرفية والتكيف السلوكي واللغة وجوانب التطور الجسمي . إنّ المنهج يدمج المدخل السلوكي مع الممارسات التطورية المناسبة (Lord &McGee,2001).

يدرب الأطفال المصابون بالتوحد في هذا البرنامج ثلاث ساعات يوميا لمدة خمسة أيام اسبوعيا على طول السنة الدراسية ويشتمل على:-

- برنامج لما قبل المدرسة .
- برنامج لتدريب أولياء الأمور على المهارات السلوكية وفنيات تعديل السلوك .
- برنامج الأنشطة المنزلية والمجتمعية .

يمتاز هذا البرنامج بإستخدام استرتيجيات تلبي الحاجات الفردية للمتعلم ، كما يحرص هذا البرنامج على تعميم المهارات التي تعلمها من خلال التدريب في اماكن مختلفة ، كما يؤكد على مشاركة الأسرة من خلال رفدها بالبرامج المنزلية (Strain & Hoyson,2000)

-موديل الاستجابة الارتكازية

(Pivot Response Model at the University of California at Santa Barabara

بدأ هذا الموديل عام (1979) وقد قيمت تطبيقات هذا الموديل مع الأطفال في مختلف الأعمار.

وقد جرى التركيز لاحقاً على التدخل المبكر من خلال مدخل تربية الآباء . إنّ الهدف النهائي لموديل الاستجابة الارتكازية هو تزويد الأفراد المصابين بالتوحد بالمهارة التربوية والاجتماعية للمشاركة في إطار دمجهم مع أقرانهم الآخرين، في المراحل الأولى استخدم مدخل التحليل السلوكي ثم الانتقال إلى تدخلات سلوكية طبيعية .

إنّ الإستراتيجية الأهم من أي شيء هي التي تهدف إلى تغيير مواطن ارتكازية (مثل الاستجابية (Responsiveness) إلى النماذج المتعددة، الدافعية، إدارة الذات، المبادرات الذاتية) يتضمن التدخل جلسات إكلينيكية ، والتعليم البيتي يرافق ذلك خدمات التربية الخاصة في المدارس. أما الأهداف الخاصة فهي في جوانب التواصل والعناية الذاتية والاجتماعية والأكاديمية ومهارات إعادة الابتكار Recreation (Koegel et al., ,1998)

فاست فورورد (Fast For Word): اعتمد هذا البرنامج على الحاسوب (الكمبيوتر)، ويهدف إلى تحسين المستوى اللغوي للطفل المصاب بالتوحد. يتكون هذا البرنامج التدريبي المكثف من سبع ألعاب تستثير المخ على استخدام الأصوات بفاعلية وسرعة .

يطبق البرنامج (100) دقيقة يوميا لخمسة أيام ويستمر من (6-10) أسابيع . جاء هذا البرنامج نتيجة لبحوث علمية لعشرات السنين قامت بها بولا طلال Paula Tallal عالمة الأعصاب في جامعة روتجرز(Rutgers) والمختصة في علاج اللغة والتي نشرتها عام (1996) في مجلة العلم "Science"، إحدى أكبر المجلات العلمية في العالم. أظهرت النتائج تحسن الأطفال المصابين بالتوحد في المهارات اللغوية بما يعادل سنتين خلال فترة قصيرة.

يركز هذا البرنامج على الوعي الفونولوجي والذي يساعد الطفل المصاب بالتوحد على فهم ان الكلمات يمكن ان تحلل الى وحدات أو أصوات، وهذه الأصوات مرتبطة بالحروف التي يمكن ربطها ثانية لتكون الكلمات. ان الوعي الفونولوجي من المداخل المهمة التي يمكن تعليمه من خلال بعض الألعاب البسيطة، وأول شيء هو أنه يميز الطفل بين صوت الحرف واسمه لان اسم الحرف لا يعطي صوتاً واحداً في كل الكلمات فالباء في كلمة برتقال ليس كما هو في كلمة بِئس، وليس كما هو في كلمة باب. وان تميز اصوات الحروف سواءً في بداية الكلمة او وسطها او في آخرها يساعد على التعلم القرائي الصحيح.

فمن الألعاب التي تجري في هذا البرنامج حذف الحرف الأول من الكلمة مثل كلمة شباب لتصبح باب أو ذباب لتصبح باب أو غيرها أو حذف الحرف الاخير مثل شبابيك لتصبح شبابي او في اللغة الانكليزية حذف حرف (t) في كلمة (plate) لتصبح play في الصوت.

ومثال لعبة السجع او التقفية، وهو الطلب من الطفل ذكر كلمة شبيهة للكلمة المعطاة مثل قال، فيبدل الطفل الحرف الأول ليكون كلمات مثل جال، مال، سال، حال وهكذا، أو يمكن ان يذكر المقطع الأخير من الكلمة ويطلب من الطفل وضع حرف على المقطع ليكون كلمة مثل حم ليكون كلمات مثل رحم، شحم، لحم، زحم وهكذا.

يتطلب هذا البرنامج وضع سماعات على أذني الطفل، وهو يجلس أمام شاشة الحاسوب، ويلعب ويستمع للأصوات الصادرة من هذه اللعب.إذ يجري التركيز على مهارات اللغة والاستماع والانتباه. أظهرت النتائج تحسن الأطفال المصابين بالتوحد بما يعادل سنتين في المهارات اللغوية . يتكون هذا البرنامج من أحد عشر برنامجا مختلفا تغطي مهارات اللغة بما فيها القراءة والكتابة لأعمار تبدأ بعمر خمس سنوات وتمتد إلى مرحلة البلوغ ، (Tallal, 2003) .

يركز هذا البرنامج على النجاح لأنه لا يوجد أفضل من النجاح في العمل التربوي ، لذلك تعاد المحاولة ثلاث مرات وإذا أخفق الطفل يختار ما هو مناسب لقدراته . لذلك فإن هذا البرنامج يتصف بالمرونة .

جدول (20)

موازنة بين التوحد وصعوبات التعلم المتعلقة بالبرامج التربوية

التوحد	صعوبات التعلم
تركز معظم البرامج التربوية للأطفال المصابين بالتوحدعلى المهارات الاجتماعية والتواصلية والسلوكية.	تركز البرامج التربوية على صعوبات التعلم النمائية المتمثلة بشكل أساسي على الذاكرة والانتباه والإدراك، وعلى الصعوبات الأكاديمية المتمثلة بالقراءة والكتابة والرياضيات.
البرامج التربوية تتطلب أشراك الوالدين بشكل أكبر من صعوبات التعلم، وهناك من المعلمين الذين يتعاملون مع الأطفال المصابين بالتوحد يشترطون حضور الأم إلى المؤسسة التعليمية، ويرفضون حتى حضور المربية، وهذا ما صرحت به أكثر من معلمة ممن لهن خبرة لسنوات في حقل التوحد ويعملن دراسات عليا في التربية الخاصة.	تحتاج تنفيذ البرامج التربوية إلى مشاركة أولياء الأمور ولكن ليس بالدرجة التي تكون في حالات التوحد.
غالبا ما تطبق البرامج في مرحلة الطفولة المبكرة، وتسحب كذلك للأعمار اللاحقة.	غالبا ما تطبق البرامج في حقل صعوبات التعلم بعد دخول الطفل المدرسة .
معظم البرامج المقدمة هي برامج للتدخل المبكر كما هو الحال بالنسبة لبرنامج لوفاس، وليب ، دوكلاس	كثير من البرامج في مجال صعوبات التعلم تمثل مرحلة دخول الأطفال المدرسة إذ أن كثير منها

صعوبات التعلم	التوحد
يتعلق بالجانب الأكاديمي.	للإعاقات النمائية.
ان البرامج العلاجية التي وضعت لصعوبات التعلم أقل من البرامج التي وضعت للأطفال المصابين بالتوحد بالرغم من أن الأولى اكثر انتشاراً من الثانية.	وضعت برامج علاجية أكثر من البرامج التي وضعت لصعوبات التعلم بالرغم من أن نسبة انتشار التوحد أقل بكثير من نسبة انتشار صعوبات التعلم وخاصة إذا نظرنا إلى عدد البرامج ونسبة الانتشار.
ركزت البرامج في مجال صعوبات التعلم على الجوانب الأكاديمية بشكل أساسي، والجوانب النمائية.	ركزت بعض البرامج للأطفال المصابين بالتوحد على تحسين الجانب اللغوي مثل برنامج ماكتون وبرنامج بيكس.
استخدمت فنيات تعديل السلوك مع الأطفال ذوي صعوبات التعلم ، ولكن ليس بالدرجة التي استخدمت مع حالات التوحد.	ركزت البرامج المقدمة للأطفال المصابين بالتوحد على فنيات تعديل السلوك بشكل مكثف،كما هو الحال لبرنامج لوفاس ومشروع آكلا ، وبرنامج ويلدون ، وغيرها.

جدول (21)

موازنة بين التوحد والإعاقة العقلية المتعلقة بالبرامج التربوية

التوحد	الإعاقة العقلية
هنالك برامج طورت من أجل الاطفال المصابين بالتوحد مثل برامج تيج ولوفاس والبيكس وماكتون، والعلاج اليومي المتواصل، ومركز ماي للتعليم في مرحلة الطفولة المبكرة ودوكلاس للاعاقات النمائية ومشروع أكلا للأطفال المصابين بالتوحد ومويدل الاستجابة المركزية ودينفر وفاست فورورد وغيرها كثير.	يمكن تعميم كثير من البرامج المقدمة للأطفال المصابين بالتوحدإلى المعاقين عقليا ما زالت هناك مظاهر مشتركة بين الاثنين مثل القصور اللغوي والقصور في التفاعل الاجتماعي السليم، والسلوك غير السوي بالرغم من أن الدرجة قد تختلف بين حالة التوحد والإعاقة العقلية، مثل برامج تيج ولوفاس وماكتون وبرنامج مركز ماي وغيرها.
اعتمدت البرامج المقدمة للأطفال المصابين بالتوحد بشكل أساسي على النظرية السلوكية مثل برنامج لوفاس والنظرية المعرفية كبرنامج دينفر في مركز العلوم الصحية في جامعة كولورادو .	اعتمدت البرامج المقدمة للأطفال المعاقين عقليا بشكل أساسي على النظريات السلوكية المعتمدة على نظرية الاشراط الاجرائي ونطرية الاشراط الكلاسيكي، والنظريات المعرفية الاجتماعية كنظرية التعلم الاجتماعي لبندورا .
تركز البرامج المقدمة للأطفال المصابين بالتوحدبشكل أساسي على الجوانب الاجتماعية واللغوية والسلوكية.	تركز البرامج التربوية المقدمة للأطفال المعاقين عقلياً بشكل أساسي على الجوانب المعرفية الأكاديمية والسلوكية والاجتماعية والمهنية.
يمكن للبرامج المقدمة للأطفال المصابين بالتوحدأن تحقق نجاحا أوفر حظاً من الأطفال المعاقين عقليا لأنهم يمتلكون الكوامن الذاتية التي يمكن أن تفجر.	يمكن أن تحسن البرامج المقدمة للأطفال المعاقين عقليا في الجوانب المختلفة الأكاديمية والاجتماعية والسلوكية ، لكنها لا تمتلك الكوامن التي يمتلكها الأطفال المصابون بالتوحد .
كثير من البرامج السابقة الخاصة بالأطفال المصابين بالتوحد أكدت على حالة الدمج.	يمكن دمج الأطفال المعاقين إعاقة بسيطة ومتوسطة إن توفرت شروط نجاح عملية الدمج ، ولكن من الصعب دمج الأطفال المعاقين إعاقة

التوحد	الإعاقة العقلية
	شديدة وعميقة، لذلك تقدم برامج خاصة بهم تمثل حالة الفصل .

جدول (22)

موازنة بين التوحد والإعاقة السمعية المتعلقة بالبرامج التربوية

التوحد	الإعاقة السمعية
يمكن أن تعمم البرامج الخاصة بالاضطرابات اللغوية الخاصة بالأطفال المصابين بالتوحد إلى الأطفال المعاقين سمعيا مثل برنامج بيكس (Picture Exchange Communication System) PECS) وبرنامج ماكتون (Magaton) وبرنامج فاست فورورد (Fast For Word)	يمكن الاستفادة من بعض البرامج المقدمة للأطفال المصابين بالتوحد والمتعلقة بشكل اساسي بالاضطرابات اللغوية.
البرامج المقدمة للأطفال المصابين بالتوحدغير محددة قياسا بالإعاقة السمعية.	البرامج المقدمة في مجال الإعاقة السمعية محددة مقارنة بالأطفال المصابين بالتوحد.
هناك احتمال حتى ولو كان قليلا من أن البرامج التربوية يمكن أن تخفف من السبب الذي أدى إلى حدوث التوحد .	لا تحسن البرامج التربوية المقدمة للمعاقين سمعيا من السبب الذي أدى إلى الإعاقة السمعية لأن السبب غالبا ما يكون عضوياً إلا إذا كان السبب نفسيا ، فعندما يكون المعاق سمعيا فاقد (90) ديسبل فإن البرامج التربوية لا تقلل من فقدان السمع .
يمكن الاستفادة من البرامج التربوية العادية مع بعض المساعدة وخاصة بالنسبة للحالات البسيطة .	يمكن لضعاف السمع من الاستفادة من البرامج التي تقدم للأطفال السامعين مع استخدام المعينات السمعية، ومع مراعاة بعض الحاجات الخاصة.
الاتجاه الحديث عالميا في مجال التربية الخاصة بشكل عام هو دمج الأطفال في الصفوف العادية ، ويمكن دمج حالات التوحد وخاصة البسيطة	قد يصعب دمج الطلبة الصم مع الطلبة السامعين، لأنهم لا يستطيعون أن يستفيدوا من البرامج التربوية كأقرانهم السامعين. ويمكن دمج ضعاف السمع مع

التوحد	الإعاقة السمعية
والمتوسطة الحدة مع بعض التغيير للمنهاج .	أقرانهم السامعين مع مراعاة بعض الحاجات الخاصة.
أن التحسن الذي يطرأ على الأطفال المصابين بالتوحد من جراء استخدام البرامج التربوية أقل بشكل عام من التحسن الذي يطرأ من استخدام البرامج التربوية مع المعاقين سمعيا	أن التحسن الذي يطرأ على الأطفال المعاقين سمعيا من جراء استخدام البرامج التربوية أكثر بشكل عام من التحسن الذي يطرأ من استخدام البرامج التربوية مع الأطفال المصابين بالتوحد
يحتاج الأطفال المصابون بالتوحد إلى خطط فردية أكثر من الأطفال المعاقين سمعياً.	لا يحتاج الأطفال المعاقون سمعياً إلى الخطط الفردية بقدر الأطفال المصابين بالتوحد.

جدول (23)

موازنة بين التوحد والاضطرابات الانفعالية المتعلقة بالبرامج التربوية

التوحد	الاضطرابات الانفعالية
على الرغم من المناداة بدمج أطفال التربية الخاصة مع أقرانهم العاديين إلا أنه أمر ليس سهلاً وخاصة دمج أطفال التوحد التقليدي ، لأنهم يحتاجون معلماً خاصاً بمواصفات تتناسب مع حالهم كالصبر واتساع الصدر وفهم الطرق الخاصة بهم في الجوانب الاجتماعية والتواصلية والسلوكية بشكل أساس .	غالبا ما يكون الأفراد ذوو الاضطرابات الانفعالية مع أقرانهم غير المضطربين انفعالياً، مع مراعاة وضعهم الانفعالي .
يحتاج الأطفال المصابون بالتوحد إلى برامج خاصة وسبق أن ذكرنا في هذا الفصل البرامج التربوية التي بنيت لتكون خاصة بهم وخصوصاً في المجالات الاجتماعية والتواصلية.	لا يحتاج الأطفال المضطربون إنفعاليا إلى نفس القدر من البرامج الخاصة بهم كتلك التي يحتاجها الأطفال المصابون بالتوحد وخصوصاً في المجالات الاجتماعية والتواصلية.
يحتاج الأطفال المصابون بالتوحد كثيرا إلى البرامج التربوية الفردية .	لا يحتاج الأطفال المضطربون انفعاليا إلى الخطط التربوية الفردية بالقدر التي يحتاجها الأطفال المصابون بالتوحد .
تحتاج البرامج التربوية إلى معلم متخصص للتعامل مع هؤلاء الأطفال.	يمكن أن يتعامل المعلم العادي مع الأطفال المضطربين انفعاليا ، ومن الأفضل أن يكون معلم في التربية الخاصة لأنه أقدر من المعلم العادي في القياس والتشخيص وإعداد الخطط التربوية واتخاذ القرارات المناسبة.
ركزت كثير من البرامج في مجال التوحد على فنيات تعديل السلوك وبشكل أقل بكثير على تعديل السلوك المعرفي.	ركزت البرامج في مجال الاضطرابات الانفعالية على تعديل السلوك المعرفي بشكل أكبر بكثير من تلك التي استخدمت في مجال التوحد .

الاضطرابات الانفعالية	التوحد
ان البرامج التربوية العلاجية للمضطربين انفعالياً لأعمار أكبر من البرامج التربوية العلاجية للأطفال المصابين بالتوحد .	ان البرامج التربوية العلاجية للأطفال المصابين بالتوحد لأعمار أقل من البرامج التربوية العلاجية المقدمة للمضطربين انفعالياً.

الفصل السادس

الطرق العلاجية الأخرى للأطفال المصابين بالتوحد

- العلاج السلوكي Behavioral Therapy
- التدريب على التكامل السمعي Auditory Integration Training (AIT)
- التواصل المُيَسر Facilitated Communication
- العلاج بالتكامل الحسي Sensory Integration Therapy
- العلاج بالحمية الغذائية
- العلاج بهرمون السكرتين Secretin:السكرتين
- العلاج بالأدوية Drug Therapy
- العلاج بالفيتامينات Vitamin Therapy
- العلاج بالفن Art Therapy
- العلاج باللعب Play Therapy
- موازنة بين التوحد و

أ- صعوبات التعلم
ب- الإعاقة العقلية
ج- الإعاقة السمعية
د- الاضطرابات الانفعالية

الطرق العلاجية للتوحد

هنالك العديد من العلاجات التي استخدمت مع الأفراد المصابين بالتوحد، ولكن لا يوجد اتفـاق بين المهتمين على أن هناك علاجا واحد ا فاعلا مع جميع الأفراد المصابين بالتوحد، وعلى حد علم الكاتب لم يتطرق أي علاج إلى نجاح (100%)، فقد استخدمت العلاجات السلوكية والغذائية والطبية وحققت تقـدما وتحسنا في السلوكات التوحدية ، ولكن لم يقرأ الكاتب أن علاجا حقق شـفاءً (100%) للعينـات جميعهـا، وهذا قد يدلل على تعدد الأسباب المؤدية للإصابة بالتوحد .

وسنتطرق إلى أهم العلاجات التي استخدمت مع الأفراد المصابين بالتوحد :-

العلاج السلوكي (Behavioral Therapy)

بالرغم من أننا تطرقنا إلى العلاج السلوكي في الفصل السـابق إلا أن أهميتـه الكبـيرة تـدعونا إلى تغطيته بشكل من التفصيل ، إذ أنه استخدم بشكل كبير جدا مع جميع فئـات التربيـة الخاصـة، واثبـت فاعليته في تحسين المهارات السلوكية والاجتماعية والمهارية والمهنية ، ولا يمكن لمعلـم التربيـة الخاصـة أن يكون ناجحا بلا معرفة حقيقية لأساليب العلاج السلوكي وكيفية تطبيقها ، لأن هذا العلاج يتماشى مـع دور المعلم الذي يركز على السلوك الظاهر ومعالجة السلوك كما يحدث في وزمـان ومكان معينـين ، فهـو غـير مخول لمعالجة طبية ولم يهيئ لذلك في حين هو مهيأ للعلاجات التربوية .

وفي هذا السياق يمكن القول أن المدخل السلوكي هو أنسب المداخل التي يمكن تطبيقها في اطار الصف ، وله مزايا ايجابية منها :-

-كل سلوك متعلم سواء كان مقبولا أم غير مقبول وبالتالي يمكن تغييره أو تعديل غير المرغوب فيه

-يمكن معالجة البيئة الصفية التي تسهل عملية تغيير السلوك غير المرغوب فيه عند المتعلم التعلم يحـدث وفق السياق الاجتماعي من مكآفات وعقوبات .

-يمكن تعديل المشكلات الاجتماعية إذا حدثت داخل الصف

-المتعلم موجه لتعلم مهمتين أساسيتين هما اكتساب السلوك المرغوب فيه الذي لم يتعلمه لحد الآن ، وإبعاد الاستجابات غير المرغوبة المتعلمة (الظاهر ،2004) .

أما المبادئ الأساسية للمدخل السلوكي فهي :-

-نتائج السلوك تتحكم به:-وهذا المبدأ هو تجسيد لنظرية الاشراط الاجرائي (Operant Conditioning Theory) لسكنر والذي ركز على ما بعد الاستجابة ، أي أن السلوك يتأثر بنتائجه فإذا كانت نتائج السلوك مفرحة ازدادت احتمالية تكرار ذلك السلوك ، أما إذا كانت نتائج مؤلمة قلت احتمالية تكرار ذلك السلوك .

-التركيز على السلوك الظاهر القابل للملاحظة ، وهذا ما يساعد على القياس الدقيق بعيدا عن التنبؤ الكيفي ، كما يمكن التعرف على فاعلية الإجراءات المتبعة في العلاج.

-السلوك الظاهر غير المقبول هو المشكلة ذاتها وليس انعكاس لعوامل داخلية ، وهو بهذا يختلف عن نظريات علم النفس التقليدية التي تنظر إلى السلوك غير المرغوب فيه على أنه عرض لصراعات نفسية داخلية

-السلوك لمقبول وغير المقبول متعلم حيث يخضع كل منهما لقوانين التعلم نفسها . فالمشكلة السلوكية ما هي إلا استجابات أو عادات اكتسبها الفرد بفعل خبرات خاطئة يمكن التوقف عنها أو استبدالها بسلوك أفضل وأنسب

-إنّ هذه المبادئ تعتمد المنهجية والتجريب حيث تركز على إيجاد العلاقة بين المتغيرات البيئية والسلوك إذ يمكن السيطرة على تلك المتغيرات ومراقبة نتائج السلوك فهو إذن نقيض العشوائية .

ويعد الأفراد المصابين بالتوحد من أكثر فئات التربية الخاصة في المشكلات السلوكية لذلك فهم بأمس الحاجة إلى استخدام أساليب المدخل السلوكي .

أما الخطوات الأساسية للمدخل السلوكي فهي كما أشار إليها الظاهر (2004) :-

1- تحديد الأهداف السلوكية :-

بعد أن يصل المهتمون بالطفل إلى قناعة بضرورة التدخل العلاجي لتغيير السلوك المستهدف لتأثيره في الفرد نفسه بجانبيه الأكاديمي وغير الأكاديمي أو على المعلمين أو الأقران كذلك .وانه بلا تدخل سيأخذ سلوك الفرد بالتدهور الأمر الذي يتطلب برنامجاً نظامياً . يتم ذلك بعد تحديد السلوك غير المرغوب فيه من خلال عملية تقييميه دقيقة ، ومن خلاله يمكن تحديد السلوك البديل .

وتعد الأهداف السلوكية الخطوة الأولى في برنامج تعديل السلوك لتحدد بدقة ما هو السلوك المطلوب تعديله (تقليله أو إيقافه أو تعزيزه) . ويفترض تحديد السلوك المستهدف بعبارات قابلة للقياس والملاحظة تتضمن متى وأين يحدث؟ وما هي المثيرات القبلية التي لها علاقة بالسلوك غير المرغوب فيه ؟ وما هي ردود أفعال الآخرين ؟ وأن يحدد السلوك المستهدف بدقة بعيدا عن الغموض والتعميم ، فعندما نقول أن الهدف هو (أن يتصرف الفرد تصرفاً صحيحاً) فهذا يتطلب تحليله إلى مكوناته الجزئية مثل الجلوس بمقعده بهدوء خلال فترة الدرس ، الانتباه للمعلم خلال فترة معينة ، عدم مقاطعة المعلم ، عدم الاعتداء على الآخرين ، وما إلى ذلك . ويمكن أن يكون العلاج تدريجيا ، فإذا كان الهدف هو أن يبقى الفرد هادئاً في مقعده خلال فترة من الزمن فيمكن أن نبدأ بدقائق معدودة ، ثم نزيد ها بالتدريج .

ويمكن للمعلم أن يضع الأهداف السلوكية لوحده أو بمشاركة معلمين آخرين أو من خلال فريق العمل المتوفر في المؤسسة التعليمية ، ويفضل إشراك ولي أمر المتعلم أو الطفل المصاب بالتوحد والذي يعطي دفعاً قوياً لنجاح البرنامج .

2- تحديد المشكلات حسب الأهمية :-

إنّ ترتيب المشكلات السلوكية حسب أهميتها وأولويتها ضروري لتحقيق النتائج السليمة التي تجنب مضيعة الوقت ، والسير في الطريق الصحيح ، فالمشكلة التي تؤثر في سير الدرس أولى بالبدء فيها من الأخرى التي يكون تأثيرها مقتصراً في الفرد نفسه ، فمثلا الصراخ أو الأصوات العالية ، أو مقاطعة المعلم باستمرار خلال سير الدرس أولى بالمعالجة

من الانزواء وعدم التفاعل مع الآخرين . والمشكلة المشتركة أولى بالمعالجة من المشكلة الفردية لأن ذلك ينعكس على ناتج العملية التعليمية . كما أنّ المشكلة التي فيها إذاء للذات أو الآخرين أولى بالبدء فيها من تلك التي لا يكون لها ذلك الأثر . وعلى سبيل المثال مشكلة الخروج من المعقد أولى بالمعالجة من عدم الانتباه . كما أن المشكلة التي يسهل علاجها أولى بالمعالجة من المشكلة التي تحتاج إلى خطة معقدة ، وخاصة إذا كان العلاج في إطار الصف .

وقد تكون الظروف المكانية أدعى لعلاج مشكلة ما دون أخرى فالسرحان أولى بالمعالجة في إطار الصف ، بينما التبول اللاإرادي أنسب للمعالجة في البيت .

ومن ناحية أخرى فإن أدبيات الموضوع تشير إلى ضرورة مشورة أولياء الأمور في معالجة أبنائهم ، وخاصة تلك المشكلات التي تحدث في البيت والمدرسة ، وقد يؤخذ بنظر الاعتبار المشكلة التي يختارها أولياء الأمور أو الأشخاص المقربون من الفرد . وقد يكون السلوك النمطي المتكرر من أكثر الأنماط السلوكية التي يهتم بها أولياء الأمور .

أما المعالج فيختار المشكلة التي تنطبق عليها أكبر عدد ممكن من المتغيرات السابقة .

3- عمل خط الأساس (Baseline) -:

يتميز المدخل السلوكي عن بقية النظريات التقليدية لعلم النفس بأن القياس يتعلق بالمشكلة المراد قياسها دون التطرق إلى عموميات كما هو الحال للمعالج التقليدي . كما أن طريقة العلاج لا تعتمد على قياس المشكلة لأنه جزء منها . كما أن القياس مستمر في جميع مراحل العلاج ، بينما يعتمد العلاج وفق النظريات التقليدية لعلم النفس على نتائج القياس .

وخط الأساس يعتمد على الملاحظة الدقيقة للسلوك المستهدف خلال فترة زمنية لقياس أمثلة من السلوك المستهدف . وتعد هذه المرحلة الأساس الذي يحدد السلوك المستهدف بشكل علمي دقيق والتي تساعدنا على معرفة فاعلية البرنامج العلاجي . وقد يستغرق إجراء خط الأساس ساعات أو أيام أو أسابيع أو أكثر قبل البدء بالعلاج ، إذ إن طبيعة المشكلة السلوكية هي التي تحدد بشكل أساسي الفترة المطلوبة لقياسها .

طرق قياس السلوك

(أ) تسجيل تكرار السلوك (Frequency Recording)

وهي أكثر الطرق شيوعا لقياس السلوك غير المرغوب فيه والتي تعتمد على تسجيل عدد المرات التي يحدث فيها ذلك السلوك.

إن هذه الطريقة قد تكون أنسب من غيرها ، لقياس السلوكات ذات التكرارية القليلة ، كالإعتداء على الآخرين ، لكنها لا تكون كذلك ، لقياس السلوك الذي يستمر فترة زمنية طويلة كالبكاء ، لأنها لا تهتم بشدة أو مدة السلوك .

(ب) تسجيل العينة الزمنية (Time sampling Recording)

هي ملاحظة حدوث أو عدم حدوث السلوك خلال عينات زمنية ، إذ يقوم الملاحظ بتقسيم فترة الملاحظة الكلية إلى فواصل زمنية متساوية تماما ، كأن تكون كل خمس دقائق5 ،10،15،20،25،30،35 ، 40فمثلا عند ملاحظة استقرار او عدم استقرار التلميذ في مقعده ينظر له في الدقيقة الخامسة فالعاشرة ، فالخامسة عشرة ...وهكذا .

إن هذه الطريقة تكون مناسبة للسلوك ذي المعدل العالي ، لان السلوك ذي المعدل المنخفض قد لا يحدث إثناء فترة الملاحظة . كذلك إنها مناسبة للسلوك الذي يستمر لفترة زمنية طويلة.

(ج) تسجيل مدة حدوث السلوك (Duration Recording)

هي الطريقة التي تهتم بملاحظة مدة حدوث السلوك . هل هي طويلة او قصيرة ؟ على سبيل المثال ، المدة التي يقضيها التلميذ خارج مقعده ، او فترة بكاء الطفل عند وضعه في سريره .

ويمكن استخراج نسبة حدوث المشكلة إثناء فترة الملاحظة . فإذا كانت فترة الملاحظة (30) دقيقة ، واستمرت المشكلة خلال الملاحظة (15) دقيقة ، فان نسبة حدوث المشكلة هي:

مدة السلوك
$$\underline{\quad\quad} \times 100$$

مدة الملاحظة

$$\frac{15}{30} \times 100 = 50\ \%$$

(د) تسجيل الفواصل الزمنية(Internal Recording):

وهي طريقة لقياس السلوك ، تعتمد على تقسيم فترة الملاحظة إلى أجزاء متساوية من الوقت الكلي . كأن تؤخذ (10) ثوان من كل دقيقة لتسجيل السلوك المستهدف ، أما بقية (50) ثانية فلا يكون فيها تسجيل ، لفترة زمنية معينة كأن تكون (10) دقائق او أكثر.

والشكل الآتي يوضح ذلك:

شكل (1) كيفية تسجيل الفواصل الزمنية

10	10	10	10	10	10	10	10	10	10
ثوان	ثوان	ثوان	ثوان	ثوان	ثوان	ثوان	ثوان	ثوان	ثوان
|	|	||	||		||		||	||	||
1	2	3	4	5	6	7	8	9	10

كل رقم يمثل (10) ثوان من الدقيقة لفترة ملاحظة كلية (10) دقائق

4- تحديد المعززات

يتوقف نجاح برنامج تعديل السلوك على مدى استخدام المعززات بشكل مناسب وفق المتغيرات المختلفة . والمعززات كثيرة ومتنوعة ، ولا يمكن الركون إلى استخدام نوع واحد منها ، ما دام هناك استحالة لتطابق فردين ، فكل فرد كائن بذاته لا يمكن أن يطابقه آخر، ولكن قد يتقارب منه أو يشابهه . لذلك لا يمكن أن يكون معزز ما واحدا من حيث التأثير على جميع الأفراد . فقد يكون المعزز فاعلا مع (س) من التلاميذ ، لكنه اقل فاعلية مع (ص) وغير فاعل مع (ع) كما قد تكون المعززات الأولية (كالطعام والشراب) فاعلة مع التلاميذ الفقراء ،

ولكنها اقل فاعلية مع أقرانهم الأغنياء . وقد يكون المدح وإبداء العطف والحنان فاعلا مع التلميذ الـذي يشعر بالحرمان العاطفي من الوالدين ، بينما لا يكون كذلك مع التلميذ الذي يلقى حبا كافيا في البيت .

وعند الحديث عن المعززات ، فيقصد بها المعززات المشروطة بالاستجابة المطلوبة ، او تلك التي تستخدم لغرض تعديل السلوك . لان المعززات على قسمين سواء كانت ايجابية ام سلبية : المعززات الداخلية والمعززات الخارجية.

ويطلق على التعزيز داخليا أو ذاتيا عندما يكون السلوك المـدعم معـززا بنفسـه او بذاتـه ، أي أن الاستجابة ذاتها مصدر الفرح والاطمئنان ، ويعزز بشكل آلي في كل مرة يحدث مثل الشرب عند العطش ، الأكل عند الجوع ، كما يعتبر كل ما يكون غاية في ذاته معززا داخليا كالاستماع إلى الموسيقى أو الانشـغال بالرسم.

أما المعززات الخارجية فهي ليست جزءا من السلوك ، وإنما تعزز نتائجها سواء كان التعزيز ايجابيا أم سلبيا ، فليست المكافأة أو المدح جزء من السلوك . وقد تكون المعززات إحدى الفئات الآتية :-

(أ)المعززات الاجتماعية (Social Reinforcers)

مثل ، المدح ، الثناء ، التشجيع ، الربت على الظهر ، اللعب بالشعر ، نظرات الإعجاب، حضن الطفل ، تقبيل الطفل ، الإيماء بالرأس تعبيرا عن الرضا والقبول ، تلاقـي العيـون . الغضب ، عـدم الاحـترام ، عـدم القبـول ، الابتسام، العناق ، النبرات الهادئة للأصوات ، تتميز هذه المعززات بأنها يمكن تقديمها بعد السلوك مباشرة ، ولا تكلف شيئا ، كما إن تنوعها يساعد على استخدامها لفترة طويلة دون أن تصل في الغالب إلى حالة الإشباع .فللتشجيع مثلا ألفاظ كثيرة : رائع - أحسنت - عظيم - فكرة جيدة - عمل ممتاز وما إلى ذلك.

(ب) المعززات المادية (Tangible Reinforcers)

وتشمل المعززات المادية الأشياء التي يحبها التلاميذ كالألعاب بأنواعها ، الأقلام بأنواعهـا ، الصـور بأنواعها ، المفكرات ، حلي ، شهادة تقدير ، تذاكر للدخول إلى مسرح أو حديقة أو

سينما أو نادي ، أو قد تأخذ شكل معززات رمزية (Token Rein forcers) كالنجوم أو النقاط أو الكوبونات ، وغيرها التي يحصل عليها التلاميذ خلال تأديتهم السلوك المستهدف ، والتي يمكن استبدالها بما يرغب كالأطعمة والاشربة والألعاب وغيرها.

(ج) المعززات الغذائية (Edible Reinforcers)

وتشمل الطعام والشراب بأنواعه ، لقد استخدمت هذه المعززات مع الأطفال الصغار ، وكذلك مع المعاقين عقليا.

إن المشكلة الأساسية التي تواجه مثل هذه المعززات هي الإشباع ، وبشكل خاص عندما يستخدم نوع واحد من الطعام او الشراب ، لذلك قد يكون تنوع الأطعمة والاشربة يحول دون ذلك.

د - المعززات النشاطية (Activity Reinforcers)

وهي نشاطات يحبها التلاميذ ، وتكون مرهونة بتأدية السلوك المستهدف وتشمل الرسم ، العزف على آلة موسيقية ، السبح ، اللعب مع من يحب ، ومشاهدة التلفزيون والفيديو ، أفلام كارتون ، العاب رياضية الاشتراك في المجلة المدرسية ، الذهاب إلى المسرح ، حديقة العاب سينما ، المشاركة في الحفلات المدرسية ، دق جرس المدرسة ، مشاركة المعلمة في جمع وتوزيع الكتب والدفاتر ، مراقبة الصف وما إلى ذلك.

5-مرحلة التدخل

يتطلب برنامج تعديل السلوك دقة في التنفيذ ، وخاصة عندما يطبق مع طفل مصاب بالتوحد واحد ، أو عدد محدود من الأطفال المصابين بالتوحد ، لأنه قد يكون له تأثير سلبي في بقية التلاميذ الذين لم يجر تعزيزهم . كما يجري التأكيد على معالجة المشكلة أو المشكلات التي صممت التجربة من اجلها . كما يفترض اختيار الأسلوب المناسب مع الطفل او الاطفال المستهدفين وطبيعة المشكلة يتطلب ذلك اختيار الفنية المناسبة كالفنيات التي تعتمد تشكيل السلوك كالتشكيل أو التسلسل أو النمذجة أو فنيات زيادة السلوك المرغوب فيه كالتعزيز الايجابي والتعزيز السلبي ، والتعزيز التفاضلي بأنواعه أو فنيات تنقيص السلوك غير

المرغوب فيه مثل الاطفاء Extinction أو تجاهل السلوك غير المرغوب فيه وتعزيز نقيضه Ignoring Inappropraite Behviour and Reinforcement of Incompatible Behavior أو تكلفة الاستجابة Response Cost أو الابعاد المؤقت Time out أو التصحيح المفرط Over correction أو الفنيات التي تعتمد النظرية البافلوفية مثل إزالة التحسس التدريجي Systematic Desenitization أو العلاج بالافاضة Flooding Therapy أو العلاج الانفجاري Implosive Therapy أو العلاج المنفر Aversive Therapy أو تلك التي تعتمد على تعديل السلوك المعرفي مثل العلاج المعرفي العقلاني Rational Emotional Therapy والتدريب على التعلم الذاتي Self Instruction Training أو حل المشكلات Problem Solving. يتوقف نجاح برنامج تعديل السلوك ، إضافة إلى ما ذكر ، إلى التزام المعلمين وتعاون الإدارة .

وقد يمكن القول في هذا الصدد ، ان تطبيق البرنامج خلال معلم واحد أكثر عمليا من مجموعة معلمين . كما يتطلب البرنامج المواد والمصادر اللازمة وخاصة عند استعمال التعزيز المادي . ويفترض أن تكون المعززات مناسبة لأعمار التلاميذ والظروف البيئية .

ولا يتوقف نجاح البرنامج على اختيار المعزز بل على كيفية تعزيزه كذلك .إذ يتطلب إتباع أسلوب معين من التعزيز لتحقيق الاستجابة المطلوبة واستقرارها . وهناك أنواع من التعزيز تسمى بجداول التعزيز

أ - التعزيز المتواصل Continuous Reinforcement

ويتلخص هذا النوع من التعزيز بأن التلميذ يعزز في كل مرة يبدي فيها الاستجابة المطلوبة . وقد يكون هذا النوع من التعزيز فاعلا في المراحل الأولى ، لكنه قد يؤدي إلى حالة الإشباع، وخاصة إذا كانت المعززات محددة ، مما تفقد قيمتها التعزيزية ، كما قد يكون التعزيز المتواصل متعبا ومجهدا إضافة إلى انه مكلف إذا كان ماديا ، وقد يؤدي التوقف عنه إلى انطفاء السلوك المستهدف بسرعة . ولاستمرارية الاستجابة المطلوبة ، لا يفترض أن يكون التوقف عن التعزيز مفاجئا أو بشكل سريع ، وإنما يكون من خلال تقليل التعزيز بشكل تدريجي

ب - التعزيز المنقطع Intermittent Reinforcement :

ويتلخص بان لا يعزز التلميذ بعد كل استجابة مطلوبة بشكل متواصل وإنما يكون التعزيز بشكل متقطع حسب الزمن او عدد الاستجابات المستهدفة . وتعد هذه الطريقة الأفضل في المحافظة على استمرارية السلوك .ويعتبر دافيدوف(992 ،ص 219)المزج بين التعزيز المتواصل والمتقطع مرغوبا فيه بدرجات عالية بالنسبة لتعليم الأفراد السلوك الإجرائي . بحيث يكون مستمرا في البداية ، ثم متقطعا بمجرد استقرار الاستجابة المطلوب تعلمها.

ان التعزيز المتقطع لا يعني التعزيز العشوائي ... وقد يكون احد الانواع الآتية:

1-النسبة الثابتة Fixed Ratio Schedule

وهو أن يعزز سلوك التلميذ المرغوب إذا تلاءم عدد حدوثه مع العدد الموضوع لمكافأته ، كأن يحدد المعلم مكافأة التلميذ كل خمس مرات يبدي فيها التلميذ الاستجابة المطلوبة . وقد يكون هذا النوع من التعزيز مناسبا للسلوك ذي التكرار العالي.

2-جدول الفترة الزمنية الثابتةFixed Interval Schedule

وهو ان يعزز سلوك التلميذ بعد انتهاء فترة محددة من الزمن . أي يجب أن تنقضي فترة زمنية محددة أولا كأن تكون دقائق أو ساعات . تحدث الاستجابة المطلوبة خلالها ثم يجري تعزيزها عد انقضاء الفترة الزمنية .وقد يدعو هذا النوع من التعزيز إلى ان تكون الاستجابة في بداية الوقت ضئيلة ، لكنها تزداد في نهاية الوقت المحدد للتعزيز .

3-جدول تعزيز متغيرة الفترة الزمنيةVariable Interval Schedule:

يحدث التعزيز وفق هذا الجدول بفترات زمنية غير ثابتة ، فلو أردنا تعزيز انتباه التلميذ إلى الدرس ، يقوم المعلم بتعزيزه بعد أربع دقائق مرة ، وسبع دقائق مرة أخرى ، ثم عشر دقائق مرة أخرى ، ثم خمس دقائق ..وهكذا.. ، لكنها تتمحور حول معدل معين .

4-جدول تعزيز متغيرة النسبة العددية Variable Ratio Schedule

وهو أن يعزز الفرد على أساس معدل الاستجابات المطلوبة . كأن يعزز التلميـذ بعـد أداء خمـس اسـتجابات صحيحة في المرة الأولى وسبع استجابات في المرة الثانية ثم بعد أربع استجابات في المرة الثالثة ، وبعـد سـت استجابات في المرة الرابعة وهكذا . لكنها تتمحور حول معدل معين . ان التعزيز وفق هذا النوع تجعل الفرد لا يستطيع التنبؤ بموعد التعزيز.

وهناك عوامل تؤثر في فاعلية التعزيز.

- أن يكون التعزيز متوقفا على حدوث السلوك المرغوب فيه فقـط فحدوثـه اعتمادا عـلى مسـببات أخـرى سيقلل من كفاءته في تمكننا من التحكم بذلك السلوك.

- يجب ان يكون المعزز محبوبا ومرغوبا فيه من قبل التلميذ ، أي أن تكون له قيمة بنظره.

- فورية التعزيز (Immediacy of Reinforcement) فكلما كان التعزيز فوريا بعد الاستجابة الصحيحة كلـما كان فاعلا في التأثير . وعندما لا يكون مناسبا تقديم المعزز مبـاشرة بعـد الاسـتجابة المطلوبـة ، وخصوصاً المعززات الغذائية والمادية ، يمكن في هذا الحال إعطاء معززات رمزية يمكن استبدالها في وقت لاحق.

- انتظام التعزيز (Consistency of Reinforcement) حيث ان استخدام المعززات بشكل مـنظم بعيدا عـن العشوائية ، له فاعليته في تغيير السلوك . فقد نلجأ إلى التعزيز المتواصل لتحقيق الاستجابة المطلوبـة ، وبعد استقرار الاستجابة ننتقل إلى التعزيز المتقطع.

- كميـة التعزيز (Quantity of reinforcement) : فكلـما ازدادت كمية التعزيز ازدادت فعاليـة التعزيز ، فابتسامة ومدح أكثر فاعليـة مـن ابتسـامة فقط ، وابتسامة ومدح وربت عـلى الظهر أكـثر فاعليـة مـن الابتسامة والمدح فقط.

- التنويع (Variation) : إن استخدام معززات متنوعة أكثر فاعليـة من اسـتخدام معزز واحد لأن اسـتخدام معزز واحد بشكل مستمر يدعو إلى الإشباع مما تقل فاعليته.

6- مراقبة التقدم

تعد المراقبة المستمرة لمعرفة التقدم الذي حدث في تغيير السلوك سمة من سمات برامج تعديل السلوك . وهذا يتطلب تسجيل السلوك او السلوكات المستهدفة لمعرفة التغيير الذي حصل من جراء تطبيق البرنامج من خلال مقارنتها بخط الأساس (Baseline) وان هذا قد يساعد في بعض الأحيان في تغيير او تعديل طريقة العلاج ، بحيث تكون أكثر فاعلية في تعديل السلوك.

أما أهم الأساليب التي تمثل العلاج السلوكي فهي :-

التشكيل (Shaping)

هو صياغة السلوك المستهدف عن طريق تعزيز الاستجابات التي تقترب شيئا فشيئا منه لذلك سمي هذا الأسلوب بالتقريب التتابعي(التدريجي) (Successive Approximation) ، ويتدرج من البسيط إلى الصعب بشكل متعاقب . يهدف هذا الأسلوب إلى تعليم الأفراد سلوكاً لا يتوفر عندهم في الوقت الحاضر ، وهذا لا يعني خلق السلوك المستهدف من العدم ، وإنما نتوصل إلى السلوك المستهدف من خلال استجابات متشابهة مثلا يمكن تشكيل الضرب الذي يقوم به الفرد التوحدي على الأشياء أو الآخرين بالضرب على الطبلة .

وأشار الظاهر(2004) إلى كثير من الدراسات التي أثبتت فاعلية هذا الأسلوب في تشكيل السلوك الاجتماعي والمهاري والأكاديمي للأفراد العاديين وفئات التربية الخاصة .

أما التسلسل (Chaining) فهو يختلف عن التشكيل في كونه يعزز في المرحلة الأخيرة من السلوك المستهدف وليس بالخطوات كما هو الحال في التشكيل .

الحث والتلاشي (Prompting and Fading)

يتلخص الحث باستخدام التنبيهات التحفيزية لتوجيه انتباه الفرد ومساعدته لإنجاز الاستجابة المطلوبة ، وتشمل الإيماءات ، الإشارات ، الألفاظ ، التلميحات ،التعليمات ، التوجيه الجسدي ، وكل ما يساعد على الاستجابة المستهدفة .

أما التلاشي فهو الإبعاد التدريجي لكل مظاهر المنبهات التحفيزية ، ويكون ذلك بعد حدوث السلوك المستهدف فإذا ساعده مثلا بإشارة و لفظ وتوجيه جسدي يبدأ التلاشي أولا بإشارة وتوجيه جسدي ،وبعدها بتوجيه جسدي فقط ، وبعدها بلا أي شكل من أشكال المساعدة ، على أن نتأكد من حدوث الاستجابة المطلوبة في كل مرحلة من المراحل السابقة .

النمذجة (Modeling)

إنّ كثيرا من التعلم يحدث عن طريق التقليد ، وقد أكد بندورا (Bandura)في نظرية التعلم الاجتماعي أنّ للفرد ميل فطري لتقليد سلوكات الآخرين حتى لو لم يستلم أي مكافأة (ثواب) (الظاهر، 2004).

تهدف النمذجة إلى إكساب سلوكات جديدة أو تعديل سلوكات قديمة نتيجة لملاحظة سلوك الآخرين الذين يشكلون نماذج في نظر المقلدين .وقد ينمذج الطفل مهارة ما من المدرب أو المعلم أو من زميل له .

استخدمت النمذجة في تعليم جوانب سلوكية وأكاديمية ومهارية . ويمكن أن تستخدم هذه الإستراتيجية مع الأطفال المصابين بالتوحد .

التوفير الرمزي (Token Economy)

وهو عبارة عن إعطاء الفرد معززات رمزية حال حدوث الاستجابة المرغوبة، كأن تكون كوبونات ، بطاقات ، نجوم ، كارتات ، عملة معدنية وما إلى ذلك ، ويمكن أن يستبدل المعزز بمعززات داعمة (Back up reinforcer) كلعب وطعام وشراب وغيرها .

استخدمت برامج التوفير الرمزي مـع فئـات التربيـة الخاصـة وخاصـة مـع المعـاقين عقليـاً (Al -Dahir,1987)

وقد شاهد الكاتب خلال زياراته الميدانية ان هذا البرنامج يطبق بشكل روتينـي في مستشـفى إيلي (Illy Hospital) في مدينة كاردف بويلز في القسم الخاص بالمعاقين عقلياً.

ويمكن توضيح هذا البرنامج من خلال النقاط الآتية

-يزود التلاميذ الذين يطبق عليهم البرنامج بمجموعة من التعليمات والقواعد، توضح السلوكات المستهدفة التي ستعزز

-تبين لهم كذلك وسائل استخدام المثيرات التي تسمى الرموز المشروطة بحدوث السلوك المستهدف

-مجموعة من التعليمات في كيفية استبدال الرموز ، وذلك من خلال وضع قائمـة يظهـر فيهـا عـدد النقـاط المحصلة والمواد التي يمكن أن يستبدل بها .

-تقديم المعزز بشكل فوري بعد السلوك المستهدف بدون التأثير في استمرار الاسـتجابة إذ أن تـأخيره يقلـل من فاعلية التعزيز

-أن يكون التعزيز نظاميا بعيدا عن العشوائية لأن تعـديل السـلوك والعشـوائية نقيضـان، كـما يفـترض أن يكون التعزيز مقتصراً على السـلوك المسـتهدف ، لأن اسـتخدام التعزيـز خـارج نطـاق السـلوك المسـتهدف سيقلل من قيمته

-تزويد الفرد بعدد مناسب من الرموز للاستجابة الصحيحة ،أي يفترض أن تكون المعززات الممنوحة تتسـم بالعقلانية ، فلا يمنح الفرد أعداداً كبيرة يمكن استبدالها بمعززات داعمة كثيرة أو قليلة جداً بحيـث لا تمثـل شيئاً بالنسبة للمعززات الداعمة

-لابد أن تكون المعززات الداعمة كثيرة ومتنوعة لتلبي رغبـات الأفـراد ،وخاصـة عنـد تطبيـق البرنـامج مـع مجموعات ، ولكي نبعد حالة الاشباع .

-يجب أن يكون الرمز ذا قيمة لدى المتعلم ، كما يكون سهلاً للصرف ، كما أنه مناسب لأعمار المتعلمين .

- يمكن استخدام التعزيز الاجتماعي مع الرموز لتحقيق الاستجابة المطلوبة

- يفترض أن يكون التعزيز متواصلا وخاصة في بدايته عند اكتساب المتعلم الاستجابة الصحيحة ثم الانتقال التدريجي إلى التعزيز المتقطع لتحقيق استمرار السلوك المرغوب فيه (الظاهر،2004).

- **التدريب على التكامل السمعي (AIT)Auditory Integration Training**: طورت هذه الطريقة في الستينات على يد طبيب الاذن والأنف والحنجرة كوي بيرارد (Guy Berard) في فرنسا، ونقلت الى الولايات المتحدة الامريكية عام 1991 لمعالجة الأطفال المصابين بالتوحد والصرع (Silver, 1995) . وتكون اهتمام كبير بين أولياء أمور الأطفال المصابين بالتوحد وخاصة عندما لا يكون للمدخل الطبي جدوى في المعالجة. تنبثق هذه الطريقة من اعتقاد مفاده أن كثير من الأطفال المصابين بالتوحد لديهم حساسية مضطربة في السمع ، فقد يكون بعضهم مفرطي الحساسية للسمع وبعضهم الآخر لديهم نقص في الحساسية السمعية.

لذلك يتطلب الأمر تحديد حدة السمع لدى الأطفال المصابين بالتوحد عن طريق فحص السمع أولاً ثم نتحكم بالسمع من خلال جهاز يحتوي على ماكنة فيها عناصر الكترونية وبضمنها فلاتر سمعية فإما نزيد من الحساسية أو نقللها حسب الحالة من خلال وضع سماعات على آذان الأشخاص المصابين بالتوحد بحيث يستمعون لموسيقى تم تركيبها بشكل رقمي (ديجيتال)، يتطلب العلاج عشرين جلسة تتراوح ما بين 10-12 يوماً، مدة الجلسة الواحدة نصف ساعة لمرتين في اليوم، ويمكن ان تعاد الجلسات العشرين خلال الفترة الواقعة بين (4-12) شهراً (Silver, 1995) . ويمكن أن يحسن الانتباه ، الإثارة، اللغة والمهارات الاجتماعية. وقد تضاربت الآراء حول نتائج البحوث في هذا المجال ما بين المؤيدين والمعارضين . فالمؤيدون يظهرون نتائج ايجابية بينما المعارضون يظهرون عكس

ذلك. فهناك من الدراسات التي أشارت عدم وجود فرق بين المجموعة التجريبية التي خضعت للعلاج والمجموعة الضابطة (Best& Miln,1997) ودراسة أخرى توصلت إلى نتائج إيجابية بين المجموعة التجريبية والمجموعة الضابطة (Bettison,1996) ولذلك يبقى الجدل مستمراً حول جدوى هذه الطريقة.

التواصل الميُسَّر Facilitated Communication:

كانت البدايات الأولى للتواصل الميسر في استراليا عام (1977) على يد روزماري كروسلي (Rosemary Crossley) المدرس في مستشفى نيكلوس (Nicholas) والذي أنشأ مركز في عام (1986) في مالبورن (Melbourne) لمساعدة الاطفال الذين يعانون من صعوبات الكلام. ثم ذاع صيت هذه الطريقة في بداية الثمانينات عندما استخدم هذه الطريقة آرثر سكاولو (Arther Schawlow) الحائز على جائزة نوبل في الفيزياء مع ابنه المصاب بالتوحد.

وكان لدوكلاس باكلين (Douglas Baklin) دور كبير في نشر هذه الطريقة في الولايات المتحدة الامريكية، ونتيجة لنجاحها مع الأطفال المصابين بالتوحد بدرجة شديدة، أنشأ معهد للتواصل في جامعة سيراكوز (Syracuse University) (Baumand & Other, 1993) .

وعلى أية حال فقد استخدمت هذه الطريقة مع الأطفال الذين يعانون من قصور واضح في التواصل مع الآخرين ، ولديهم عيوب حركية تحد من تعبيرهم عن أنفسهم لذلك يحتاج إلى مساعد أو ميسر (Jordan,Jones,&Murray,1998).

يكون الهدف الأولي للتواصل المساند هو ان يسمح لمستخدم المساعدة (المعينة) من تكوين خيارات، ويتواصل بطريقة ما كان يستطيع القيام بها في السابق وذلك بالإشارة الى مواد في وسيلة الاتصال وعادة ما تكون (لوحة صور، لوحة مفاتيح، حروف مطبوعة).

اما الهدف الأخير لهذه الطريقة هو ان يتمكن الطفل من تطوير المهارات المطلوبة لاستخدام وسائل الاتصال المساندة باستقلالية.

يتلخص هذا الأسلوب باستخدام لوحة مفاتيح ثم يقوم الطفل باختيار الأحرف المناسبة لتكوين جمل تعبر عن عواطفه وشعوره بمساعدة شخص اخر . أي ان الطفل المصاب بالتوحد يمكن ان يتعلم إذا قدمت له المساعدة والدعم المناسبين لمحاولات تنفيذ حركات أيدي موجهة وذلك بقيام الاخصائي المساعد أو ما يطلق عليه (الميسر) بالامساك بيدي الطفل لمساعدته في تهيئة الرسائل على لوح المفاتيح أو لوحة عليها حروف مطبوعة .

إن هذا الأسلوب يتيح للأطفال المصابين بالتوحداستخدام قدراتهم وإمكانياتهم في التعبير عما يجول في خاطرهم من أفكار ومشاعر وانفعالات عندما تقدم لهم المساعدة بشكل مستمر.

ومن الدراسات التي اجريت في هذا الجانب دراسة سميث وهاز وبلجر (Smith, Haas, Belcher, 1994) على عينة من الأطفال المصابين بالتوحد بلغت (10) أطفال، وهدفت إلى معرفة أثر التواصل الميسر على نتائج سلوكهم. تعرض كل طفل من هؤلاء الأطفال الى ست جلسات، جلستين بدون مساعدة وجلستين بمساعدة جزئية وجلستين بمساعدة كاملة. اظهرت النتائج ان استجابات جلسات المساعدة أفضل من جلسات اللامساعدة مع الفارق بين المساعدة الجزئية والمساعدة الكلية.

ومع ذلك فهناك من يرى أن نتائج التواصل الميسر ليست مؤكدة تماماً إلى الدرجة التي يمكن التوصية باستخدامه كمدخل تدخلي للأفراد الذين يعانون من صعوبات التواصل إذ اشار موسترت (Mostert, 2002) من خلال مراجعته للدراسات التي أجريت في التواصل الميسر منذ عام 1995 الى ان نتائجه غير مؤكدة لذلك من الصعب التوصية باستخدامه كمدخل تدخلي للأفراد والذين يعانون من صعوبات التواصل.

-العلاج بالتكامل الحسي Sensory Integration Therapy:

طورت هذه الطريقة العلاجية المختصة في العلاج الوظيفي جين آيرز (Jean Ayres) عام (1972) في جامعة كليفورنيا في الولايات المتحدة الأمريكية والتي افترضت ان الأطفال المصابين بالتوحد يعانون من اضطراب في التكامل (الدمج) الحسي بسبب عدم

قدرة الدماغ لتنظيم واعطاء مخرجات لها معنى للمثيرات الحسية (المـدخلات)(Aarons, 1999)
Gittens & . يقوم هذا العلاج على ربط وتكامل جميع الأحاسيس الصادرة من الجسم، (مثل حواس الشم،
السمع، البصر، اللمس، التوازن، التذوق) والعمل على توازن هذه الأحاسيس الأمر الذي يؤدي إلى التقليـل
من الأعراض التوحدية ، وتحقيق استجابات تكيفية.

ولابد من الإشارة في هذا الصدد أنه ليس كل الأطفال المصابين بالتوحد يظهرون أعراضاً تدل عـلى
خلل في التوازن الحسي، وقد لا يكون هنـاك ربط أو علاقة واضحة ومثبتـة بـين نظريـة التكامـل الحسيـ
ومشكلات اللغة عند الأطفال المصابين بالتوحد. وذلك لا يعني تجاهل المشكلات الحسية التي يعانـي منهـا
بعض الأطفال المصابين بالتوحد.

علامات القصور في التكامل الحسي

عندما تكون عملية التكامل الحسي مضطربة تظهر عدد من المشاكل في التعلم، والتطور الحـركي
والسلوكي وربما تكون من خلال:

-الحساسية المفرطة في اللمس والحركة والرؤية والأصوات

وتظهر من خلال الانسحاب عند اللمس، تجنب بعض الملابس والاطعمة، وردود فعل خائفة مـن
النشاطات الحركية الاعتيادية كاللعب، حساسية للضوضاء العالي.

-ردود فعل غير طبيعية للتحفيز الحسي

وتظهر من خلال دوران الجسم، الوقوع، الاصطدام بالأشياء، تغافل الالم أو هيئة الجسم، التقلب
ما بين الاستجابة الواطئة والعالية.

- نشاط عالٍ أو متدنٍ بشكل غير طبيعي

ويكون اما بحركات دؤوبة غير وظيفية، أو بطء القيام بالحركة، او يُجهد بسهولة.

-مشاكل التنسيق

ويظهر من خلال ضعف في التوازن، صعوبة تعلم مهارة جديدة تتطلب تنسيقاً حركياً وقد يكون أخرقاً أو صلبا.

- التأخر في الانجاز الاكاديمي وانشطة العيش اليومية

وتظهر من خلال صعوبات الكتابة، استخدام المقص، ربط الحذاء، لبس الملابس وتزريرها.

-ضعف في تنظيم السلوك

ويظهر من خلال الاندفاعية، التشتت، لا يتنبأ نتائج عمله، صعوبة التلاؤم مع الحالات الجديدة واتباع التعليمات، ويمكن ان يكون محبطاً، عدوانياً، منسحباً عندما يواجه الفشل.

- ضعف في مفهوم الذات

ويظهر مـن خـلال الكسـل، الملـل، عـدم الانـدفاع، وتجنـب المهـمات، ويكـون صعـباً أو مزعجاً
. (Kranowitz, 1998)

إن العلاج بالتكامل الحسي للأطفال المصابين بالتوحديهدف إلى ثلاثة مستويات مختلفة هي :-

-مساعدة الآباء على فهم سلوك الطفل وبناء علاقات جيدة تتسم بتقديم الرعاية .

-تعديل البيئة لتسهيل ما هو ملائم وجيد للطفل .

-استخدام الإستراتيجية المصممة لتقليل أو إطفاء مشاكل الطفل المصاب بالتوحد .

ويفترض تحديد المشكلات التي ترتبط بالقصور الحسي ، والتي تجعل الآباء أكثر فهماً بمشاكل أبنائهم ، كما يفترض في ذات الوقت معرفة الأطفال المصابين بالتوحد ، فمـثلا إذا كـان الطفـل يتصـف بـردود فعـل عالية (Hyperreactive Child) قلل من المهمة التعليمية أو عدم اكمالها.

فهو يحتاج إلى بيئة هادئة ونقلل من المثيرات المشتتة ، والسيطرة على انسيابية الجانب الحسي .

بينما الطفل الذي يتصف بردود فعل واطئة(Hyporeactive Child) فهو يحتاج إلى بيئة فاعلة تؤدي به إلى الكشف الفاعل ، تفاعل اجتماعي ،لعب لكي يثير فيه الجانب الحسي .

وجدير بالذكر انّ هناك ندرة من البحوث التي أجريت لمعرفة فاعلية العلاج بالتكامل الحسي، ، وقد أشار آريز وتيكل (Ayres & Tickle,1980) إلى أن نتائج هذا العلاج كان فاعلا مع الأطفال المصابين بالتوحد والذين عندهم معدل من أمثلة الاستجابات المفرطة أكثر من الأطفال الذين يتصفون بالاستجابات الواطئة .

ويتضمن العلاج بالتكامل الحسي الأنشطة الحركية التي تعد من الوسائل الهامة في تفريغ الطاقة الكامنة للأفراد المصابين بالتوحد ، وتوجيههم إلى المحاكاة والتقليد ، كما يساعد في تطوير مهارتي الانتباه والتركيز، إضافة إلى أن الأنشطة الحركية قد تساعد على التواصل الاجتماعي .

يشترك في الجلسات أخصائي وظيفي أوحسي وشخص متخصص في اللغة والكلام ويعملان معا لكامل الجلسة ، وقد يؤدي ذلك إلى اسناد متبادل .

العلاج بالحمية الغذائية :-

وتتلخص باستخدام الأغذية الخالية من الكاسيين (الجبنين) (Casein) وهو البروتين الأساسي الموجود في الحليب ومشتقاته والجلوتين (الغروين) (Gluten) الموجود في الشوفان والشعير (البروتين الموجود في الحنطة ومشتقاتها) . ومشكلة الأطفال المصابين بالتوحد أنهم لا يستطيعون هضم هذه البروتينات في عملية الاستقلاب . لقد تمت دراسات خاصة بفحص بول الأطفال المصابين بالتوحد والبالغ عددهم (500) طفل ووجدوا مركبات مورفيني أو أفيونية مخدرة لدى أكثر من (80%)، وهي الكازومورفين المتأتية من الحليب

ومشتقاتة والجليومورفين والمتأتي من الحنطة ومشتقاتها ، وسبب وجودها هو عدم هضم هذه المواد . وقد يحتاج الجسم لإزالة الكاسيين مدة أسبوعين من بدء الحمية الغذائية، بينما الجلوتين قد يحتاج فترة تتراوح ما بين خمسة أشهر إلى سبعة أشهر.

وفي هذا الساق ، قام كولمان ومكارثي (Coleman&Mcarthy) بإستخدام الحمية الغذائية خالية من الجلوتين ، وهو بروتين يوجد في القمح والسميد وفول الصويا والأطعمة ذات الألوان والنكهة الصناعية على عينة متكونة من (8) أطفال مصابين بالتوحد .

بينت الدراسة تحسن هؤلاء الأطفال (الفوزان،2002)

العلاج بالسكرتين Secretin:

لقد استخدم السكرتين لعلاج الأطفال المصابين بالتوحد وهو انزيم يفرزه البنكرياس للمساعدة في عملية هضم الطعام وخاصة البروتينات.

وقد أشار تقرير (BBC, 1998) أن أول من استخدم السيكرتين هي فكتوريا بيك (Victoria Beck) كان لها طفل مصاب بالتوحد فجربت السكرتين لفحص أداء البنكرياس لدى ابنها ، ولاحظت تحسنا كبيرا في سلوك ابنها وأصبح أكثر هدوءا وتحسين النطق لديه . وفي هذا الصدد فقد درست هورفاث (Horvath, 2000) اثر حقن السكرتين في الأطفال الذين يعانون من مشاكل معوية لعينة بلغت (36) طفلاً مصاباً بالتوحد، وقد لاحظت الباحثة بعد الحقنة الاولى في الوريد وعن طريق التنظير الداخلي تحسن (75%) من العينة من المشاكل المعوية حيث ازداد سائل البنكرياس، وبعد اعادة الجرعات لاحظت تحسن تدريجي في المهارات السلوكية والاجتماعية. وقد ردت الباحثة على دراسة سابقة لساندلر (Sandler) ولم تحقق نتائج مرضية لانه استخدم جرعة واحدة، والجرعة الواحدة كما تقول الباحثة غير كافية لعلاج مرض مزمن كما قد يرتبط بالعمر الزمني، لذلك يحتاج الأمر مزيداً من الدراسات. وعلى أية حال فقد أثار هذا الموضوع ضجة كبيرة في وسائل الاعلام ، وتناولته كثير من الدراسات العلمية وخاصة الدراسات الأمريكية ، ولاحظوا تحسنا كبيرا في السلوكات التوحدية لبعضهم ، والبعض الآخر تحسن بشكل بسيط ، ولم ينجح مع البعض

الآخر . فمثلا أجرى بيرنارد ريملاند (Bernard Rimland, 1998) في المعهد الأمريكي لبحوث التوحد دراسة استخدم فيها هرمون السكرتين مع ابنه المصاب بالتوحد، وقد أشارت الدراسة الى انه خلال ثلاثة اسابيع تحسن ابنه من حصيلته اللغوية البالغة كلمتين الى اكثر من مائة كلمة ومن ضمنها جمل قصيرة. ومع ذلك فهناك من يشجع استخدام هذا العلاج ، وهناك من يعارض حيث وجد بعض أولياء الأمور أن استخدامه مفيد للأطفال المصابين بالتوحد.، بل هناك من يحذر من آثاره السلبية لأنه لم يتم تجريب هذا الهرمون على الحيوانات.

وقد يطرق الآباء أي باب على أمل تحسن أبنائهم ، لذلك يلجئون إلى كل الطرق العلاجية الممكنة ، ولكن لا نستطيع أن نقرر استعماله وإنما يجب توخي الحذر من آثاره السلبية .

العلاج بالأدوية :

لقد استخدمت العقاقير الطبية في علاج الأعراض التي يتصف بها الأفراد المصابون بالتوحد كالسلوك النمطي المتكرر والعدوانية وقصور الانتباه ونوبات الغضب وإيذاء الذات . ومن العقاقير التي استخدمت معهم الريتالين (Ritalin) ودسكدرين (Dexedrine) وريسبريدال (Respredal) وغيرها.

وقد أشارت مؤمن (2004) إلى الأدوية التي استخدمت مع الأطفال المصابين بالتوحد ، فقد استخدمت عقاقير لمعالجة ارتفاع السيروتونين في الدم حيث أشار الباحثون في هذا الجانب إلى ارتفاع نسبة السيروتونين عند ثلث الأطفال المصابين بالتوحد ، وقد استخدمت العقاقير الآتية:-

Clomipramine (Anafranil) -

Fluvoxamine (Luvax) -

Fluoxetine (Prozac) -

وقد قللت هذه الأدوية من السلوك النمطي ، والتهيج والاستثارة ، والسلوك العدواني ، وتحسـن الاستجابة لمن حولهم وخاصة تلاقي العيون .

واستخدمت علاجات للاضطرابات الذهنية (Anti-Psychotic) ، وهي علاجات تستخدم أصلا للانفصام ، لكن له تأثير في تقليل فرط النشاط والتخفيف من السلوك العدواني والسلوك الانسحابي وعدم المواجهـة ومـن هذه العقاقير :-

- Clozapine (Clozaril)

- Risperidone (Risperdal)

- Olanzapine (Zyprexa)

- Quetiapine (Seropuel)

ولابد من الذكر أن لهذه الأدوية آثار جانبية .

وهناك أدوية محفزة استخدمت لعلاج نقص الانتباه وفرط النشاط ومنها :-

- Ritalin

- Adderal

- Dexedrine

وهناك اعتقاد شائع ان مستوى البلازما بيتا (Plasma Beta Endorphin) في الدم له علاقة بالسلوك النمطي ، لذلك حاول آرنست وزملاؤه (Ernst et al,1993) دراسة تأثير عقار الهالوبريـدول (Haloperidole) في خفـض البلازما بيتا لدى الأطفال المصابين بالتوحد ، وأظهرت النتائج تحسنا في ذلك . وقـد استخدم نفـس العقـار اندرسـون ولايـن وتوكـوجي (Aderson,Lane,&Taguchi,1989) في تحسـين السـلوك النمطـي لـدى الأطفـال المصابين بالتوحد . وأشار كثير من الباحثين إلى أن ارتفاع مستوى السـيروتونين في الـدم هـو السـبب الـذي يؤدي إلى ظهور الأعراض التوحدية ، مما دفع ريتفو وفريمان وجيلر ويولر

(Ritvo,Freeman,Geller,Yuwiler,1983) إلى استخدام عقار الفينفلورامين (Funfluramine) وأظهـر تحسـنا في الذكاء والسلوك بشكل عام .

وفي هذا السياق فقد أكد كامبل وزملاؤه (Campbell ,et al ,1993)فاعلية عقـار النالتركسـون (Naltrexone) في خفض السلوك المدمر وخفض النشاط الزائـد وقدرتـه عـلى زيـادة الانتبـاه والاقلال مـن شـدة السـلوك التوحدي

العلاج بالفيتامينات :

يعد فيتامين (B6) و (B12) من العلاجات التي استخدمت مع الأطفال المصـابين بالتوحد . وقد استخدم ريملاند (Rimland) فيتامينات متعددة من ضمنها (B6) مع (200) طفل وقد اسـتجاب أكـثر مـن نصفهم لهذا العلاج . علما أن الفكرة في العلاج تقوم على أساس أن الأطفال المصابين بالتوحد يعانون مـن نقص في هذه الفيتامينات ، وقد يحسن استخدام (B6) والمغنيسيوم السلوك وخصوصاً التواصـل بالعين ، الانتباه ، مهارات التعلم . وأشار ريملاند وزملاؤه (Rimland ,et al., 1978) إلى اسـتخدام فيتـامين (B6) مـع مجموعة من الأطفال بلغـت (18) طفـلا مصابا بالتوحـد و(11) آخرين أعطوا عقـارا وهميـا . أظهـرت النتائج أن (16) طفلا من الذين تناولوا فيتامين (B6) تحسنت سـلوكاتهم ، بينما المجموعـة التـي أعطيت العقار الوهمي تدهور سلوكهم .

العلاج بالفن (Art Therapy)

يلعب الفن بأنواعه دورا مؤثراً في تطوير مهارات التواصل اللفظي وغـير اللفظي ، ويعـد كـذلك لغة بحد ذاته لأنه تعبير عن الأفكار والمشاعر التـي تعتريه ، وتنفيس عـن الآهـات والأنـات التـي تكـون بداخله .

ونحن نعرف أن التنفيس عن الذات يؤدي إلى ارتياح الفرد ، وتطهير للنفس . ويمكـن القـول أنّ الطفل المصاب بالتوحد أكثر فئات التربية الخاصة احتياجا للفن نظرا لما

يعانيه من قصور في التواصل والتفاعل الاجتماعي إذ يعد من الوسائل المهمة للتعبير عن المكنونات الداخلية. كما إنها تساعد على تنمية الإدراك وخاصة البصري والانتباه .

وقد خلص هانشوماجر (Hanshumacher ,1980) بعد مراجعته ل(36) دراسة أجريت في هذا الجانب إلى أن تعليم الفنون ييسر اكتساب اللغة ، ويزيد الإبداع ، ويعزز الاستعداد للقراءة، ويساعد في النمو الاجتماعي ، وفي التحصيل الفكري ، ويعزز الاتجاهات الايجابية نحو المدرسة .

ان الفن له تأثير ايجابي في تعليم التفكير وبناء التعبير العاطفي ويحسن الذاكرة، ويقوم الدماغ بإعادة تنظيم نفسه بتشابكات أو روابط أكثر وأقوى ، وقد عد الباحثون الفن كعلاج للدماغ التالف ، وهناك من يقول أن الفن يثير وعي الجسم والابداع والاحساس بالذات (Kolb&Whishaw,1990) .

وقد أشار القريطي (1996) إلى الأهداف التي يمكن أن تحققها الأنشطة الفنية وهي :-

-إعداد الطفل لتعلم الكتابة

-تنمية قدرة الطفل المصاب بالتوحد على التقليد والنسخ

-زيادة الفرص لتحقيق ذاته ، والتقليل من الشعور بالدونية ، وتنمية شعوره بالانجاز خلال إنتاجه للعمل الفني .

-تنمية التواصل الاجتماعي من خلال العمل الجماعي ، والتعاون مع الآخرين لإخراج عمل فني .

-تنمية استعداداته ووظائفه العقلية كالانتباه ، والتمييز الإدراكي والحفظ والتذكر والملاحظة

-تطوير مهاراته الجسمية اليدوية ،والوظائف الحركية وتطوير قوى التوافق والتحكم والتآزر الحسي الحركي .

-مساعدة الطفل على التعبير عن ذاته من خلال إنتاج أعمال جديدة والـذي يزيـد مـن شعوره بالنجاح وإحساسه بالقدرة على الانجاز

-مساعدة الطفل على التعبير عـن نفسـه وتواصله بمـن حوله دون الحاجـة إلى الإفصاح عـما بـداخلهم بالكلمات مما يسهم في التنفيس عما يعاني من ضغوط وتوترات لتحقيق حالة التوازن .

كما أن الأنشطة الفنية يمكن أن تعدل الأنماط السلوكية غير المرغوب فيها ، ويمكن كذلك تنمية الإدراك السمعي من خلال عملية الاستماع والتمييز السمعي . ويمكن أن تنمي الموسيقى كـذلك مهارات التواصل غير اللفظي من خلال الحركات والإيماءات والإشارات، وتساعد على الانتبـاه والتركيـز ،فضـلا عـن المتعة الذاتية التي تؤدي إلى ارتياح الفرد .

وقد أشار في هذا الصدد آيرنـز وكيتينـز (Aarons & Gittens,1999) إلى الدراسـة التـي قامـت بهـا لورنا سيلف (Lorna Self) عام (1991) والتـي هـدفت معرفـة أثـر الفـن في الأطفـال المصابين بالتوحد ، وأظهرت النتائج أن عددا قليلا أظهروا قدرات مدهشة في رسـم الخطـوط وفي مهارات الرسم مـن خـلال ترجمة الخبرات البصرية .

يستشف من ذلك أنه لا توجد طريقة علاجية واحدة يمكن أن تستخدم لكـل الأطفـال المصابين بالتوحد نظرا للاختلاف الطبيعي للأطفال المصابين بالتوحد، وتعدد الأسباب المؤديـة إلى الإصابة بالتوحـد ، كما أنها تختلف في الشدة ، لذلك يمكن أن يتأثر العلاج بالنقاط الآتية :-

- شدة الحالة.

- مستوى الذكاء.

- توفر العلاج المستخدم وانتظام تناوله .

- استعداد وتهيئة الأسرة للظرف الذي يساعد عـلى متابعـة العـلاج سـواء كـان علاجا طبيـاً أو تربويـاً أو غذائياً.

- اقتران حالات التوحد مع اضطرابات أخرى كالصرع أو عدم اقترانها .

العلاج بالموسيقى

يعد العلاج بالموسيقى من العلاجات المهمة التي استخدمت مع الأطفال المصابين بالتوحد وغيرهم من فئات التربية الخاصة كالمضطربين انفعاليا .

وقد أستخدم أديلسون وآخرون (Edelson et al., 1999) برنامجا يعتمد على الأنشطة الموسيقية لتقليل السلوكات غير المرغوب فيها للأطفال المصابين بالتوحد . تكون البرنامج من عشرين جلسة مدة الواحدة منها (30) دقيقة . أسفرت النتائج على تناقص دال في السلوكات غير المرغوب فيه وبشكل خاص السلوك العدواني .

ويرى براون (Brown ,1994) أن للايقاع والموسيقى أثرا في مساعدة الأطفال المصابين بالتوحد على التواصل واقامة العلاقات ، كما أن الموسيقى يمكن أن تستخدم للمساعدة في التدريس والتواصل وتحسين العلاقات مع الآباء والآخرين وزيادة نسب التعلم والنمو .

إنَّ الموسيقى يمكن أن تضفي على الأطفال المصابين بالتوحد المرح واللعب والاسترخاء وتخفف من حالة التوتر والقلق ، ويمكن ان تستخدم مع مختلف درجات الذكاء .

وقد أشارت قطاية(2004) في هذا الصدد ان للموسيقى تأثيرات فسيولوجية وفيزيائية يتم الحصول عليها من مجموعة من التغيرات الكيميائية في الدماغ التي تحدث في قسم التفكير والجهة المسوؤلة عن التنفس والانفعال والإحساس والقسم المسوؤل عن السيطرة عن دقات القلب ، وهناك نظرية تقول أن الموسيقى تجعل الدماغ ينتج مواد كيميائية تسمى اندروفين (Endorphins) تفرز في الجهاز العصبي في الدماغ تسمى الهايبوتالموس (Hypothalamus) .

وقد سبق وإن أشرنا إلى أن الطفل المصاب بالتوحد لدية قدرات كامنة يمكن أن تفجر وهذا ما يعتقده الكاتب ، وبما أن الخلية الحية تحتوي على (70-80%) ماء ، وقد تحول الذبذبات الصوتية إلى موجات كهرومغناطيسية لتولد طاقة نظيفة يمكن أن تفجر الطاقات الكامنة .

وأشرنا سابقا إلى برنامج هيجاشي الذي يعتمد بشكل أساسي على الرياضة والفن ، ومن ضمن الأدوات التي تستخدم في هذا البرنامج اداة الهارمونيكا والتي يمكن أن يعزف عليها الطفل والتي تحسن لديه التنفس والبلع ، وقد يكون لذلك أثر في تحسين الكلام لدى الطفل . ويمكن أن تساعد الموسيقى الأطفال المصابين بالحبسة (Aphasia)

وأجرى ليرد (Laird,1997) دراسة هدفت إلى معرفة أثر الموسيقى في المهارات المعرفية التواصلية للأفراد المصابين بالتوحد . شارك في الدراسة (13) طالبا وطالبة تسعة منهم ذكور واربع اناث . استخدمت طريقتان في الدراسة طريقة اللفظ وطريقة الموسيقى، واعطي فرصة لكل طالب أن يتبع الطريقتين ، استمرت كل طريقة خمس عشرة جلسة ، ثم أعطيت استراحة لمدة خمسة أيام إلى سبعة أيام لينتقل إلى الطريقة الأخرى . استخدم اختبار ولكوكسون . توصلت الدراسة إلى استجابة الطلبة لطريقة الموسيقى أسرع من الطريقة اللفظية .

لذلك فإن فوائد الموسيقى متعددة فهي تطور المهارات الاجتماعية والانفعالية والادراكية والتعليمية لما تضفيه من راحة واسترخاء وصفاء فتبعد القلق والتوتر، ويرافق الموسيقى التصفيق والغناء الذي يؤدي بالفرد المصاب بالتوحد إلى الاتصال بالعين مع الآخرين ، كما قد تتطلب الموسيقى الهدوء والانتظام وبالتالي يؤدي إلى السلوك الاجتماعي المقبول، وعندما يقوم المعلم أو الأب او المدرب بإستخدام الآلة الموسيقية فإن ذلك قد يدعو الطفل المصاب بالتوحد إلى الإنصات والانتباه ،وعند المشاركة مع الآخرين قد يؤدي به إلى الشعور بالقيمة والثقة بالنفس وخاصة إذا اتبعت اجراءات سليمة .

وفي هذا السياق فقد أشار دوفي وفولر(Duffy & Fuller ,2000) إلى فوائد العلاج بالموسيقى بالنقاط الآتية :-

- تعديل بعض الأنماط السلوكية الخاطئة وغير المقبولة مثل الدق على الطبلة بدلا من ضرب ألآخرين.

- تطوير بعض مهارات التواصل غير اللفظي مثل الحركات والايماءات والاشارات المناسبة للنغمة.

- تعليم الطفل مهارة الاستماع عن طريق مهارات الادراك السمعي والتقليد الصوتي.

- مساعدة الطفل على تطوير مهارة انتظار الدور وهي مفيدة في المواقف الاجتماعية.

- المساعدة في تنمية مهارات التواصل بالمكونات اللحنية والايقاعية للموسيقى والأغاني أو الانشطة الموسيقية التي تنمي أشكال الاتصال غير اللفظي.

- مساعدة الطفل للتعبير عما يجول في نفسه دون خوف أو تهديد.

- مساعدة الطفل على التفاعل الاجتماعي.

- تشجيع الطفل على التواصل البصري مع الآخرين .

أما دور المعالج بالفن فهو توجيه الأطفال المصابين بالتوحد وشد انتباههم للعمل الفني، ويمكن اعطاهم نموذج للعمل طبقه ، ويحاول المعالج ان يعطي الأطفال الحرية في العمل إلا إذا تطلب الأمر تقديم المساعدة ، ويركز المعالج على الظروف الخارجية المحيطة بالعمل الفني وكيفية تأدية الطفل له وانفعالاته اثناء العمل.

العلاج باللعب

يعد من الأساليب التي تقلل من السلوك الاستحواذي النمطي ، لذلك فان تعليم الأطفال المصابين بالتوحد كيفية اللعب بألعابهم بطريقة وظيفية يمكن ان يعدل من سلوكهم من خلال الابتعاد عن السلوكات النمطية التكرارية وخاصة أن كثير من هؤلاء الأطفال يقضون معظم وقتهم في تكرار سلوكات من نوع واحد ، ويمكن للمعلم أن يتصرف ويختار ما يناسب الطفل المصاب بالتوحد أو مجموعة من الأطفال. وهناك علاقة ديناميكية بين اللعب والمعرفة إذ أن كل منهما يؤثر في الآخر . ونظرا لأهمية اللعب في تطور الأطفال فقد ركزت الاختبارات على اللعب مثل قائمة التشخيص لمرحلة (18)شهرا (Checklist for Autism in Toddler)

يذكر جينسين (Jenzen, 2003) الأهداف التعليمية للعب للأطفال المصابين بالتوحد هي:-

- تنمية التواصل اللغوي وغير اللغوي وتنمية اللغة الاستقبالية والتعبيرية.
- تنمية التواصل الاجتماعي وتحسين سلوك اللعب.
- تنمية المهارات الحركية الكبيرة والدقيقة.
- تنمية المهارات المعرفية .

لذلك يستخدم اللعب في الوقت الحالي في التشخيص والعلاج .

ويمكن أن نضيف إلى أن اللعب له أهمية في تفريغ الطاقات وخاصة للأطفال الذين لديهم نشاط حركي زائد ، كما انه فرصة للإستمتاع ولقضاء الوقت مما يدعو إلى تحسين السلوك الاجتماعي والجانب المعرفي لأن كل منهما يؤثر في الآخر . وقد أوصى الكاتب كل مركز زاره يحوي اطفالا مصابين بالتوحد اهمية اللعب والرياضة والحمية الغذائية .

والألعاب كثيرة ومتنوعة فمنها ما ينمي الحركات الكبيرة وذلك عن طريق التسلق ، السباحة، رمي الكرة ، الركض ، المشي ، والحركات الدقيقة كالفك والتركيب ، أو مهارات أكاديمية عن طريق ألعاب حسابية والمطابقة والفرز والتصنيف ، ومهارات مهنية من خلال القص واللصق، والتواصل من خلال ألعاب الحوار ، والمهارات الاجتماعية من خلال ألعاب التعارف واللعب الخيالي .

وأجرى الحساني (2005) في هذا الصدد دراسة هدفت إلى قياس مدى فاعلية برنامج تعليمي باللعب في تنمية الاتصال اللغوي عند الأطفال المصابين بالتوحد . تكونت عينة البحث من عشرين طفلا مصابا بالتوحد قسمت إلى مجموعتين إحداهما تجريبية خضعت للبرنامج التعليمي لتنمية الاتصال اللغوي والأخرى ضابطة لم تتبع البرنامج التعليمي باللعب .

ومن ضمن النتائج التي توصلت إليها الدراسة ما يلي :-

- وجود فروق في مهارة التقليد قبل تطبيق البرنامج وبعده ولصالح الاختبار البعدي للمجموعة التجريبية .

- وجود فروق في مهارة الفهم والمعرفة قبل تطبيق البرنامج وبعده ولصالح الاختبار البعدي للمجموعة التجريبية .

- وجود فروق في مهارة توظيف المفاهيم قبل تطبيق البرنامج ولصالح الاختبار البعدي للمجموعة التجريبية.

وتشير سوزانمس (Suzanmes, 1996) إلى دور المعالج في العلاج باللعب بما يلي :-

- يجب على المعالج أو من يقوم بدوره أن ينمي علاقة مع الطفل يسودها الألفة والمحبة.

- أن يتقبل الطفل كما هو تقبلا تاما.

- أن يكون على يقظة تامة بما يحدث للطفل من تغيرات اثناء اللعبة.

- أن يوجه الطفل لاختيار أنشطته اثناء عملية اللعب.

- أن يحاول انهاء الجلسات العلاجية بسرعة .

- ان يحدد مستوى الطفل في اللعب عند المستوى الذي توقف عنده ، وذلك لتحديد نوعية الألعاب المعطاة، وذلك من أجل اثراء عملية الاتصال لدى الطفل.

- أن يضع جدولا بالدقائق وأشكال وأنواع الألعاب ليحدد الموقف والنوعية الذي تناولهم الطفل .

أما أهم أنواع الألعاب في اطار الفصول الدراسية فهي

1- ركن العرائس :- وهي من الأركان الهامة في غرفة العلاج باللعب أو في غرفة النشاط الذي يوجد فيه الطفل للأسباب الآتية

- ان الطفل يتفحص ويتفاعل مع دميته ، ويحاول إخراج ما في داخله من انفعالات من خلال هذه الدمية

- إن الطفل يستطيع التحدث والتفاعل مع الدمية أكثر بكثير من التحدث مع الأشخاص

التوحد	صعوبات التعلم
الموجود في الحنطة ومشتقاتها) . ومشكلة الأطفال المصابين بالتوحد أنهم لا يستطيعون هضم هذه البروتينات في عملية الاستقلاب .	الخطيب ومنى (1998)
استخدم التواصل الميسر مع الأطفال المصابين بالتوحد.	لم يستخدم التواصل الميسر مع الأطفال ذوي صعوبات التعلم بالقدر الذي استخدم مع الأطفال المصابين بالتوحد.
استخدم العلاج بهرمون السكرتين مع الأطفال المصابين بالتوحد.	لم يستخدم العلاج بهرمون السكرتين مع الأطفال ذوي صعوبات التعلم.
استخدم العلاج بالفن والموسيقى بشكل اكبر مع الأطفال المصابين بالتوحد منه مع الاطفال ذوي صعوبات التعلم.	لم يستخدم العلاج بالفن والموسيقى بالقدر الذي استخدم مع الأطفال المصابين بالتوحد.

جدول (25)

موازنة بين التوحد والإعاقة العقلية المتعلقة بالعلاج

التوحد	الإعاقة العقلية
استخدم العلاج الطبي في حالات التوحد ،وكذلك في الإعاقة العقلية ، وقد أشرنا إلى ذلك في الموازنة السابقة. لكنه يختلف في بعض الحالات التي استخدمت مع الاطفال المعاقين عقليا مثل استخدام الثيروكسين في علاج القزامة ونقل الدم في حالة (RH)	استخدم العلاج الطبي قديما وحديثا لعلاج كثير من الأسباب التي تؤدي إلى الإعاقة العقلية ، وخاصة العضوية منها واستخدمت كذلك عقاقير الريتالين (Ritalin) والسايلرت(Cylert) والدسكدرين (Dexedrine) واستخدم الثيروكسين في علاج القزامة، ونقل الدم في حالة (PH).
لم يستخدم العلاج التربوي للأطفال المصابين بالتوحدبالقدر الذي استخدم مع المعاقين عقلياً (وخصوصاً البسيطة).	استخدم العلاج التربوي بشكل اكبر من استخدامه مع الأطفال المصابين بالتوحد وخصوصاً مع المعاقين إعاقة بسيطة.
استخدم العلاج بالفن بشكل كبير جدا قياسا بالإعاقة العقلية لأنّ الطفل المصاب بالتوحد أكثر فئات التربية الخاصة احتياجا للفن نظرا لما يعانيه من قصور في التواصل والتفاعل الاجتماعي إذ يعد من الوسائل المهمة للتعبير عن المكنونات الداخلية. كما إنها تساعد على تنمية الإدراك وخصوصاً البصري والانتباه .	لم يستخدم الفن في علاج مظاهر الإعاقة العقلية بالقدر الذي استخدم مع الأطفال المصابين بالتوحد.
لقد استخدم العلاج بالفيتامينات بشكل كبير مقارنة بالإعاقة العقلية ، كما أنه أكثر فاعلية عند تطبيقه مع الأطفال المصابين بالتوحد منه مع المعاقين عقليا.	لم يستخدم العلاج بالفيتامينات بالقدر الذي استخدم مع الأطفال المصابين بالتوحد ، كما أنه لم يكن فاعلا بالقدر الذي تحقق في مجال التوحد.
استخدم التدريب على التكامل السمعي والتواصل الميسر- والعلاج بالتكامل الحسي- مع الأطفال المصابين بالتوحد.	ان التدريب على التكامل السمعي والتواصل الميسر- والعلاج بالتكامل الحسي هي طرق علاجية خاصة بالأطفال المصابين بالتوحد، ويمكن الاستفادة منها في حقل الاعاقة العقلية، وقد استخدم التواصل الميسر- مع متلازمة داون.
استخدم العلاج بالحمية الغذائية والخالية من الكاسيين (الحليب ومشتقاته) والجلوتين (الحنطة	لم تستخدم الحمية الغذائية الخالية من الكاسيين والجلوتين مع الأطفال المعاقين عقلياً كطريقة علاجية، ولكن يمكن ان يكون للغذاء الجيد تأثير

التوحد	الإعاقة العقلية
ومشتقاتها) مع الأطفال المصابين بالتوحد.	ايجابي عليهم.
استخدم العلاج بهرمون السكرتين مع الأطفال المصابين بالتوحد.	لم يستخدم العلاج بهرمون السكرتين مع الأطفال المعاقين عقلياً.

جدول (26)

موازنة بين التوحد والإعاقة السمعية المتعلقة بالعلاج

التوحد	الإعاقة السمعية
توجد إمكانية حتى ولو كانت ضئيلة لمعالجة التوحد، ولابد من الإشارة هنا إلى ما صرحت به الكاتبة الأمريكية كاثرين موريس (Maurice, 1994) في كتابها "دعني أسمع صوتك " كيف تحقق الشفاء لطفليها اللذين كانا يعانيان من توحد شديد من خلال طريقة لوفاس .	يكاد يكون علاج الإعاقة السمعية بعيد المنال إلا إذا كانت الإعاقة السمعية سببها نفسي- أو من خلال زرع القوقعة الحلزونية، على أن تعمل بعمر مبكر إذا كانت الإعاقة ولادية، أما إذا حدثت الإعاقة بعد تعلم اللغة فيمكن عملها في أي عمر زمني، أو كانت إعاقة توصيلية. وفي غير هذه الحالات يمكن ان نحسن السلوكات الشائكة التي تفرزها الإعاقة السمعية، ولكن لا يمكن أن نقلل من عدد الديبسل المفقود، أي لا يمكن أن نجعل فقدان السمع ل (90) ديسبل مثلاً إلى (50) ديسبل.
إن علاج الحالات البسيطة والمتوسطة أصعب بكثير من علاج الحالات البسيطة والمتوسطة للإعاقة السمعية.	يمكن التعامل مع الإعاقات البسيطة والمتوسطة للإعاقة السمعية من خلال المعينات السمعية المتطورة وخاصة الديجتل، ويمكن للتطور العلمي والتقني أن يحدث المزيد.
استخدم العلاج الغذائي والعلاج بالفيتامينات بشكل كبير مع الأطفال المصابين بالتوحد.	لم يستخدم العلاج الغذائي والعلاج بالفيتامينات بشكل عام مع الأطفال المعاقين سمعياً.

طبق التدريب على التكامل السمعي الذي طور اصلاً للمعاقين سمعياً على الاطفال المصابين بالتوحد.	طور التدريب على التكامل السمعي على يد طبيب الاذن والانف والحنجرة كاي بيرارد Guy Berard في فرنسا ولاعادة تأهيل الاضطرابات في النظام السمعي كفقدان السمع أو التشوية السمعي.
استخدمت فنيات تعديل السلوك مع الأطفال المصابين بالتوحد وخاصة التشكيل والتسلسل والنمذجة ولعب الدور ، في تشكيل السلوك المقبول واللغة.	استخدمت فنيات تعديل السلوك مع الأطفال المعاقين سمعياً وخاصة التشكيل في اضطرابات الطلاقة والصوت والنطق ، كما استخدمت بشكل كبير كذلك النمذجة ولعب الدور والتعزيز بأنواعه .
يكون دور المعالج النفسي- مع الأطفال المصابين بالتوحد بشكل عام أكبر من دوره مع المعاقين سمعياً.	يكون دور المعالج النفسي- مع المعاقين سمعيا أقل من دوره مع الأطفال المصابين بالتوحد.
استخدم العلاج بالموسيقى مع الأطفال المصابين بالتوحد.	لم يستخدم العلاج بالموسيقى بالدرجة التي استخدم فيها مع الاطفال المصابين بالتوحد.
استخدم العلاج بهرمون السكرتين مع الاطفال المصابين بالتوحد.	لم يستخدم هذا العلاج مع المعاقين سمعياً اطلاقاً.

جدول (27)

موازنة بين التوحد والاضطرابات الانفعالية المتعلقة بالعلاج

التوحد	الاضطرابات الانفعالية
إن علاج حالات التوحد أصعب بكثير من حالات الاضطرابات الانفعالية.	إن علاج الإضطرابات الإنفعالية أسهل من علاج حالات التوحد.
استخدم العلاج الطبي والنفسي والسلوكي مع الأطفال المصابين بالتوحد والأطفال المضطربين انفعاليا ، وقد تختلف الإجراءات.	استخدمت العلاجات الآنفة الذكر ، ولكن هناك أساليب علاجية استخدمت مع المضطربين انفعاليا مثل التداعي الحر (Free Association) والاستبصار (Insight) والتفريغ (التنفيس) الانفعالي (Emotional Catharsis) وتحليل الأحلام (Dream Analysis)
لم يستخدم المدخل البيئي مع الأطفال المصابين بالتوحد بالقدر الذي استخدم مع المضطربين انفعاليا.	استخدم العلاج البيئي بشكل كبير وذلك لأن الكثير يعتقد أن الاضطراب الانفعالي الذي يحدث للفرد هو ليس بسببه وإنما هو نتاج متغيرات بيئية كالأسرة والمجتمع المحلي والمدرسة .
استخدمت فنيات تعديل السلوك المستندة لنظرية الاشراط الكلاسيكي لبافلوف كإزالة التحسس التدريجي (Systematic Desensitization) والعلاج بالافاضة (Flooding Therapy) والعلاج الانفجاري (Imposive Therapy) والعلاج المنفر (Aversive Therapy)اقل بكثير من استخدامها مع المضطربين انفعاليا .	استخدمت فنيات تعديل السلوك المستندة إلى نظرية الاشراط الكلاسيكي لبافلوف كإزالة التحسس التدريجي (Systematic Desensitization) والعلاج بالافاضة (Flooding Therapy) والعلاج الانفجاري (Imposive Therapy) والعلاج المنفر (Aversive Therapy)أكثر بكثير من استخدامها مع الأطفال المصابين بالتوحد.
استخدمت أساليب تعديل السلوك المعرفي في علاج حالات التوحد بشكل أقل من استخدامها مع المضطربين انفعاليا.	استخدمت أساليب تعديل السلوك المعرفي بشكل كبير مع المضطربين انفعاليا مقارنة بالأطفال المصابين بالتوحد مثل العلاج العاطفي العقلاني لألبرت أليس الذي يعتمد بشكل أساسي على فكرة أن الاضطرابات

التوحد	الاضطرابات الانفعالية
	النفسية ما هي إلا نتيجة لأفكار خاطئة أو غير عقلانية. والعلاج المعرفي لبيك(Beak) والتدريب على التعلم الذاتي للوريا (Luria) وفيكوتسكي(Vygotsky).
استخدم العلاج الطبي في حالات الأطفال المصابين بالتوحد والمضطربين انفعاليا، وهناك أدوية مشتركة لتخفيف المظاهر المشتركة في حالات التوحد والاضطراب الانفعالي مثل الأدوية التي تقلل من ارتفاع نسبة السيروتونين الذي يؤدي إلى الاضطرابات مثل Clomiprаminc (Anafranil) - Fluvoxamine (Luvax) - ولكن هناك من الأدوية ما استخدمت بشكل أساسي مع الأطفال المصابين بالتوحد مثل الريتالين (Ritalin) والدكسدرين (Dexedrine)	استخدم العلاج الطبي في حالات الأطفال المصابين بالتوحد والمضطربين إنفعالياً، وهناك أدوية مشتركة لتخفيف المظاهر المشتركة في حالات التوحد والاضطراب الانفعالي مثل الأدوية التي تقلل من ارتفاع نسبة السيروتونين الذي يؤدي إلى الاضطرابات مثل Clomipramine (Anafranil) - Fluvoxamine (Luvax) - ولكن هناك من الأدوية ما استخدمت بشكل أساسي مع الأطفال المضطربين انفعاليا.
استخدم العلاج بالفن بشكل كبير مع الأطفال المصابين بالتوحد إذ يلعب الفن بأنواعه دورا مؤثراً في تطوير مهارات التواصل اللفظي وغير اللفظي ، ويعد كذلك لغة بحد ذاته لأنه تعبير عن الأفكار والمشاعر التي تعتري الأطفال المصابين بالتوحد ، وتنفيس عن الآهات والأنات التي تكون بداخله ، وقد يكون كحالة من التعويض للقصور اللغوي الذي يعاني منه الكثير من الأطفال المصابين بالتوحد .	استخدم العلاج بالفن مع الأفراد المضطربين انفعاليا للتخفيف من الآهات والآنات التي يعانون منها.
استخدم العلاج باللعب بشكل أكبر من	لم يستخدم اللعب مع الأطفال المضطربين

الاضطرابات الانفعالية	التوحد
انفعاليا بالدرجة التي استخدم مع الأطفال المصابين بالتوحد لأن المضطربين انفعاليا هـم أكبر عمرا بشكل عـام مـن الأطفـال المصابين بالتوحد .	استخدامه مع المضطربين انفعاليا لأن علاج التوحد غالبا مـا يكـون مـع الصـغار، ويرتـاح الأطفال الصغار للعب أكثر من الكبار.

الفصل السابع
تعليم الأطفال المصابين بالتوحد

- تعليم الأطفال مهارات التواصل

- تعليم المهارات الاجتماعية

- تدريب الطفل المصاب بالتوحد على مهارات الحياة اليومية

- التعلم التعاوني

- الطفل المصاب بالتوحد والحاسوب

- دمج الأطفال المصابين بالتوحد

- أدوار الأسرة

- تعليم الآباء المهارات المطلوبة

- الدعم الاجتماعي

- موازنة بين التوحد و

أ- صعوبات التعلم

ب- الإعاقة العقلية

ج- الإعاقة السمعية

د- الاضطرابات الانفعالية

تعليم الأطفال المصابين بالتوحد

كان الاعتقاد السابق أن الأطفال المصابين بالتوحد لا يتعلمون ، وهو اعتقاد فيه غبن كبير لهذه الشريحة ، وقد يكون ناتجا عن عدم الفهم الحقيقي لهم ، وعدم توفر أدوات تشخيص متكاملة ، إضافة إلى عدم وجود برامج متطورة وخاصة بهذه الفئة ، وعدم وجود معلمين مختصين يستطيعون التعامل معهم .

وأصبح هولاء الأطفال يتعلمون بطرق خاصة لجوانب متعددة لدعم الذات من الجوانب المختلفة (الجسمية والعقلية والاجتماعية والانفعالية) .

إنَّ التعلم بشكل عام يتأثر إلى حد ما بالطريقة التي تتبع فهناك من يتعلم بشكل فاعل عن طريق البصر ، وآخر عن طريق السمع ، وقد يكون آخر عن طريق اللمس وخاصة من فقد السمع والبصر ، وهناك من يستخدم الحاستين الرئيسيتين معا (السمع والبصر) وقد يكون التعلم بواحدة غير فاعلة كما هو الحال بالنسبة لحاستين .

وقد يؤثر ذلك في نوع المهن التي يرغبونها ، فالذين يمهرون بالحاسة السمعية يميلون إلى المهن التي تنسجم مع ذلك كما هو الحال للبائعين والقضاة والموسيقيين .

أما الأفراد الذين يميلون إلى التعلم عن طريق الحاسة البصرية فيميلون إلى المهن التي تتناسب مع ذلك كالنحت والرسم والهندسة .

وعندما يكون الطفل المصاب بالتوحد كثير الكلام والاستماع فهذا يفضل التعلم عن طريق السمع، أما اذا كان الطفل المصاب بالتوحد ميال إلى النظر في الكتب والمجلات ومشاهدة التلفزيون فهو متعلم بالنظر أكثر من السمع ، أما إذا كان الطفل المصاب بالتوحد محب لفتح الخزائن والأدراج ويفرز ويطابق فأنه ميال للتعلم بالممارسة اليدوية .

ولابد لمعلم الأطفال المصابين بالتوحد أن يعوا ذلك ، ويفهموا ميولهم ويستخدمون الطريقة المناسبة التي تناسبهم .

إنّ تعليم الطفل المصاب بالتوحد مهارات معينة خلال مواقف تعليمية بناءً على خطة فردية، يفترض أن نعزز هذه المهارات في مواقف مختلفة لكي تعمم عبر المكان والزمان . وأذكر إحدى الحوادث في هذا الخصوص

عندما ذكر في إحدى الخطط التربوية التي جرى توقيعها من قبل فريق العمل وولي أمر طالبة "أن تنظف المائدة بالديتول " خلال فترة محددة . وقد تعلمت البنت فعلا تنظيف المائدة بالديتول في المركز، لكنها لم تفعل ذلك في البيت مما حدا بالأب أن يعترض على مدير المركز لعدم تحقيقه الهدف الذي اتفق عليه ، مما جعل المدير أن يهيئ مائدة وديتول في المركز ، وطلب من البنت تنظيفها، وفعلت ذلك مما تخلص من المساءلة . يتبين من ذلك أهمية تعليم المهارات في مواقف مختلفة ، وإن وجدت هناك إمكانية تعليمها في البيت لكان أفضل. يهدف تعليم الأطفال المصابين بالتوحد إلى تنمية مهارات الاتصال ، والمهارات الاجتماعية ومهارات الحياة اليومية بشكل أساسي ثم المهارات الأكاديمية والمهارات الجسمية، ومهارات الاستعداد المهني وغيرها

وقبل أن ندخل في الحديث عن تعليم الأطفال المصابين بالتوحد المهارات المختلفة ، لابد من الإشارة إلى الاستراتيجيات التي تؤخذ بنظر الاعتبار عند تعليم الأطفال المصابين بالتوحد :-

- ركز على الجانب البصري في التعليم وذلك من خلال استخدام الصور والرموز والإشارات فهي مساعدة للطفل المصاب بالتوحد للاستجابة والتجاوب والفهم إذ هم يعانون من فهم المجردات ، ومن المبادئ الأساسية في التعليم هو البدء بالمحسوس وبالنسبة للطفل التوحدي المحسوس البصري. إنّ ذلك يحمل في طياته ضبطا ذاتيا ويؤدي إلى تقليل المشاكل السلوكية ،لأن تجاوب الطفل مع المدخلات البصرية يجعله يستغل طاقته بشكل ايجابي، إضافة إلى أن التعلم عن طريق البصر أبقى في الذاكرة من التعلم عن طريق السمع .

وتستخدم في مراكز الأطفال المصابين بالتوحد كتوجيهات للمهام والواجبات المدرسية المطلوبة ، وقد تكون بديلا عن الجانب اللفظي ، كما تستخدم الوسائل البصرية لتنظيم البيئة

الصفية. ومساعدة الطفل على الانتباه والتركيز، والاستمرار في الأنشطة وأدائها بشكل متسلسل، وفهـم المعلومة بشكل أسرع وأسهل

- تحليل المهمة (Task Analysis)

وتتلخص هذه الإستراتيجية في تجزئة المهمة المراد تعليمها لأجزاء تتناسب مع قدرة وامكانيات الطفل المصاب بالتوحد شريطة أن تتسم بالترتيب المنطقي والموضوعي، مراعين في ذلك التدرج مـن السهل إلى الصعب، ولا ينتقل الطفل المصاب بالتوحد إلى الخطوة اللاحقة إلا بعد اتقان الخطوة السـابقة، ويجب مراعاة الفروق الفردية بين المتعلمين بحيث لا نحدد زمن معين لكل الأطفـال المصابين بالتوحد، بـل كـل يأخذ وقته إلى أن يتقن كل خطوة من خطوات تحليل المهمة .

- استخدم الوسائل التعليمية البصرية كالكمبيوتر والفيديو والصور والمجسمات لأنها تساعد على استثارة اهتمامات الطفل المصاب بالتوحد وإشباع حاجاته، كما إنها تساعد عـلى الانتباه والتركيـز، وهـي بمثابة أنواع من التعزيز، فضلا عن انها تنوع من الخبرات وخاصة الحسية منها .

- ابتعد عن التقولب في البرنامج أو الجدول الذي تقدمه واجعله مرنا قابلاً للتغيير لكي تبعـد الأطفـال عـن الملل والسأم من خلال تغيير الأنشطة بما يتناسب وميولهم ورغباتهم، لذلك يفـترض أن يكون لكـل طفـل مصاب بالتوحد ملفا فيه صورة واضحة عن جوانب القوة والقصور و اهتماماته .

- ركز على الجوانب الايجابية لدى الطفل المصاب بالتوحد لأن ذلك من شأنه رفع دافعيته وتجاوبه وخلـق حالة من الانتماء إلى الصف .

- استغل اهتمامات الطفل المصاب بالتوحد لتشكيل جانب ايجابي في السلوك او المواد الأكاديمية فمـثلا إذا كان الطفل يحب السيارات فيمكن إستغلالها في تعليمه المسائل الحسابية

- استخدم التعزيز بشكل كبير واختر ما هو مناسب للطفل المصاب بالتوحد ، وهذا يتطلب معرفة بميول ورغبات الطفل إذ تختار من المعززات ما يشكل دلالة له .

ويشير كيرنون (Kiernon,1974) أن المعزز الجيد هو الذي يتصف بما يلي :-

أ- سهل التسليم والسحب

ب- يسلم مباشرة بعد الاستجابة المطلوبة

ج- أن لا يكون سريع الإشباع

د- لا يؤثر في السلوكات الجيدة

هـ - قابل للاستخدام في مواطن عديدة مع أكبر عدد ممكن من المتعلمين

- يجب أن يكون المعزز ذا معنى ودلالة بالنسبة للطفل المصاب بالتوحد وليس للمعلم

- نوِّع من المعززات لكي تبتعد عن حالة الإشباع .

- استخدم مواد تتناسب مع المرحلة العمرية التي تتعامل معها .

- يجب أن تكون البيئة الصفية مهيأة تماما للتعلم من حيث التنظيم وإبعاد كل ما يعرقل التعلم من مشتتات سواء كانت هذه المشتتات بصرية أو سمعية أو حركية

- اختر المهمات المناسبة للطفل المصاب بالتوحد أي لا تكون صعبة بحيث تؤدي إلى حالة الإحباط، ونحن نركز في الجانب التربوي على ضرورة إبعاد المتعلم بشكل عام والطفل المصاب بالتوحد بشكل خاص عن أي شكل من أشكال الفشل والإخفاق ، وذلك من خلال اختيار ما يناسبه، موفرا له فرص الاختيار ، كما يتطلب الأمر استخدام المواد التعليمية المناسبة له .

- أعط الوقت اللازم للطفل المصاب بالتوحد للاستجابة في جميع الأنشطة التي يقوم بها، ويتطلب الأمر صبرا من المعلم ، ويمكن أن يستخدم فنية الحث (Prompting) لمساعدته على الاستجابة الصحيحة وإبعاده في ذات الوقت من الفشل والإحباط .

- استخدم فنية التلاشي (Fading) بعد استخدام الحث وذلك لتشجيع الطفل المصاب بالتوحد من الاستقلالية والاعتماد على نفسه .

- تجنب الإسهاب اللفظي عند تقديمك للمعلومات واستخدم المعينات البصرية قدر ما تستطيع لكي تحافظ على استمرارية انتباه الطفل المصاب بالتوحد .

- شجع الأنشطة التي تساعد على التواصل مع الآخرين من خلال اللعب المشترك أو السفرة الجماعية إلى مسبح أو ملعب أو مكتبة أو من خلال الأنشطة اللامنهجية.

- استثمر مجالات التميز وتوفير الفرص اللازمة لذلك مثل (الموسيقى ، الرسم، الكمبيوتر) لأن ذلك قد يؤدي بالطفل المصاب بالتوحد إلى الانطلاق بكوامنه الذاتية.

- ابتعد قدر الإمكان من النقد والتجريح والسخرية والاستهزاء لأن ذلك يزيد من معاناته، وحاول أن تستغل كل فعل مرغوب فيه ، وتعززه على ذلك ، كما يفترض من المعلم في حالة دمج الأطفال المصابين بالتوحد مع الأطفال غير التوحديين أن يتعاملوا معهم بشكل سليم بعيدا عن السخرية والاستهزاء والتهكم .

- ابتعد قدر الإمكان من التجريد واستخدم اللغة المحسوسة مستعينا بالصور والرسوم عند تعليمه لضمان وصول المعلومات .

- هيأ المكان الآمن لكي تخفف الضغوط النفسية عن الطفل المصاب بالتوحد ، إنّ ذلك يدعو إلى تقليل السلوكات غير المرغوب فيها .

- يفترض أن يفهم المعلم أن السلوك غير المرغوب فيه الذي يصدر من الطفل ليس مقصودا أو موجها له بشكل شخصي لكي يتعامل معه بشكل صحيح .

- استخدم اللغة البسيطة الواضحة والتي تكون بمستوى الطفل وابتعد عن الألفاظ التي لها أكثر من معنى .

- لا تعتمد على الطفل بشكل كامل في إيصال الرسائل إلى البيت وحاول الالتقاء بأولياء الأمور لأن في ذلك فوائد كثيرة منها الوقوف على وضع الطفل في البيت ، وهل عمم ما تعلمه إلى البيت ، وقد يحتاج لمعلم إلى تعاون الأسرة في اتباع المنهجية التي يتبعها مع الطفل في

لبيت كذلك لتعديل السلوك الشائك وخاصة بالنسبة للسلوكات التي تحدث في البيت والمدرسة كالسلوك النمطي المتكرر على سبيل المثال . كما يمكن إعطائهم توجيهات في كيفية التعامل مع الطفل بشكل موضوعي وعلمي ، كما قد يخفف المعلم من المعاناة التي يعاني منها أولياء الأمور إضافة إلى أنّ التقاء أولياء الأمور في المؤسسة التعليمية قد يقلل من معاناتهم وخاصة عندما يشعرون بإن المشكلة ليست خاصة بهم فضلا عن إمكانية الحوار المشترك بين أولياء الأمور، ويمكن أن يزود كلا منهما الآخر ما توصلت إليه البحوث الطبية والتربوية في هذا المجال، وكيفية التعامل مع الطفل ونتائج ذلك التعامل ، كما قد يؤدي تقارب أولياء الأمور إلى تقارب الأبناء .

- تعامل مع الطفل بشكل علمي وموضوعي دون أن تعمم حالة الطفل ، وخاصة السلبية، من موقف إلى آخر مثلا إذا كان الطفل سلبيا في إطار الصف ، فهذا لا يعني أنه سيكون كذلك خارج إطار الصف ، فقد لا يتفاعل ولا يتواصل في الصف لكنه قد يكون غير ذلك في ساحة اللعب .

تعليم الأطفال مهارات التواصل

تعد مهارات التواصل من أكبر التحديات التي يواجهها الأسر والمعلمون ، وهي إحدى المشكلات التي يعاني منها الأطفال المصابون بالتوحد والتي تؤثر بشكل كبير جداً في القبول أو عدم القبول وفي تطوير اللغة كبقية أقرانهم فضلا عن تأثيرها في التطور الذهني إذ أن هناك علاقة وثيقة بين التطور اللغوي والتطور الذهني.

تقسم مهارات التواصل إلى ثلاثة أقسام هي التدريب على مهارات التواصل الوظيفية بدلا من السلوكات الخرقاء المجهدة وغير المفيدة ، وزيادة المبادأة على التواصل اللفظي وغير اللفظي، وزيادة مهارات التواصل الأساسية .

ويمكن تعليم الطفل المصاب بالتوحد التواصل الوظيفي بدلا من السلوك الأخرق من خلال التقييم الوظيفي لسلوك معين باستغلال رغبة لشيء مادي أو حسي ، الانتباه إليه، إعطاء فرص راحة . وقد استخدمت استراتيجيات التواصل المساند (augmentative (communication strategies لتدريب الأطفال المصابين بالتوحد التواصل الوظيفي من خلال تكثيف التفاعلات والتعاطف وتوضيح المطلوب بشتى الوسائل البصرية ، الكلام، الإشارات، الإيماءات . إنّ هذه الإستراتيجية يمكن أن تقلل كثير من السلوكات الشائكة كالعدوان والبكاء وإيذاء الذات وسورات الغضب. وهذا ما يدعونا للقول بأن هناك علاقة بين التواصل والسلوك ، وكل منهما يغذي الآخر ، أي أنّ التحسن في السلوك سيفرز بظلاله الايجابي في التواصل ، وأي تحسن في التواصل سينعكس بشكل إيجابي على السلوك .

أما بالنسبة للمبادأة في التواصل فيعتمد على استثارة الآخرين للطفل المصاب بالتوحد وتهيئة الجو الصحي الذي يدعو إلى إستجابة الطفل مستخدما شتى أنواع التعزيز. وقد أشار كوكل وآخرون (Koegel et al,1999) في هذا الصدد أن الأطفال الذين تحسنوا بالمبادأة في التواصل أظهروا تحسنا واضحا في اللغة، كما أن المبادأة الذاتية يمكن أن تعلم إلى الأطفال المصابين بالتوحد .

أما مهارات التواصل الجوهرية (الأساسية) (The Core Communication Skills) مثل القدرة الرمزية والانتباه المشترك فهي الأصعب إذ لم تشر الدراسات إلى أن التدخل كان فاعلاً في التغيير إلا القليل منها وبشكل خاص في اللعب الرمزي (Lord&McGee,2001) .

وعلى أية حال فإن البيئات الصفية والمدرسية تقدم فرصا على غاية من الأهمية للأطفال المصابين بالتوحدلتطوير التواصل الوظيفي مع أقرانهم الآخرين ، فهو المحيط الذي يمكن أن يحرك الكوامن الذاتية لهولاء الأطفال للمشاركة والتواصل، وهذا لا يعني التقليل من دور البيئة البيتية إذ أن كلاً منهما يودي دوره في تطوير التواصل للأطفال المصابين بالتوحد.

وهناك استراتيجيات عامة يمكن من خلالها تطوير مهارات التواصل :-

تهيئة فرص للعب المنظم مراعيا في ذلك ميول ورغبات واهتمامات الأطفال المصابين بالتوحد والتي يمكن أن نستخدم خلالها أساليب النمذجة والحث الجسدي والإيماءات البصرية والتعزيز بأنواعه، ويعتمد نجاح فرص اللعب المنظم على ذكاء المعلم ومرونته في خلق جو

١

ايجابي وكيفية التصرف مع الأطفال وكيفية توزيعهم بشكل جماعي أو على شكل مجموعات صغيرة، وهذا يعتمد بشكل أساسي على نوعية اللعب ، وقد يتطلب الأمر تغيير اللعبة إلى أخرى لإبعاد الملل لأن الهدف هو خلق تواصل تفاعلي بناء فيه استغلال الطاقة بشكل مثمر وخاصة لأولئك الأطفال الذين يتصفون بالنشاط الزائد ، كما قد يقلل من مشاكل السلوك ، ويحسن اللغة التعبيرية والاستقبالية .

تعليم الطفل المصاب بالتوحد كيفية الاستماع وتعزيزهم على فعل ذلك ، إذ لا يتعلم مثل هؤلاء الأطفال الاستماع السليم بشكل أوتوماتيكي .

ويمكن استخدام الدعم الجماعي(Transactional Support) مع الأطفال المصابين بالتوحد والتي تشترك فيه العديد من مبادئ مداخل الواقعية الاجتماعية (Social- Pragmatic approaches) للحث على التواصل من خلال عملية ديناميكية بين الطفل والسياق الاجتماعي الذي يشترك فيه كل الناس الذين يتعاملون معه كالآباء والإخوان والرفاق مستخدمين نماذج من السلوك المقبول ، كما يتضمن مفهوم الدعم الجماعي التربويين والاكلينيكين (Prizant,Wetherby,&Rydell,2001) . والتربويون والاكلينيكيون يقدمون الدعم والمساندة للأسرة ، ويمكن أن يحدث نقاش بين الآباء والمهتمين الآخرين مع التربويين والاكلينيكين حول مواطن القوة عند الطفل والصعوبات التي يعاني منها والتوقعات وفقا لتطور الطفل ،والدعم كذلك للأقران والإخوان .

ويذكر الباحثون السابقون أهم المبادئ للتدخل التوسطي للأقران (Peer Mediated Intervention) وهي

1- استخدم التفاعلات الطبيعية من خلال الناس والمواقف والظروف لأنه مهم للطفل أن يفهم ويتبع النماذج الطبيعية والتقاليد والأحكام للتفاعل مع الأقران في سياقات مختلفة .

2- هندسة البيئات : ويمكن ترتيب البيئة بشكل مألوف ومعروف مسبقا لكي تكون البيئة مهيئة لتطور قدرات التواصل الاجتماعي .

3-السيطرة المشتركة والتبادلية : إنّ التفاعل الطبيعي بين الأقران والأصدقاء يرتكز بشكل كبير على التبادل في التواصل الاجتماعي لا أن يكون واحد مهيمن على الآخر.

4-اللعب الاجتماعي واللفظي غير مألوف : على الأقران أن يدركوا أن الأطفال المصابين بالتوحد قد تصدر منهم سلوكات لفظية أو لعب غير مألوف كالمصاداة ، وأسئلة متواصلة، وعليهم أن لا يتحاملوا على هولاء الأطفال المصابين بالتوحد.

كما يفترض على القائمين الذين يتعاملون مع الأطفال المصابين بالتوحد ان يضعوا النقاط الآتية نصب أعينهم هي:

-تعزيز الدافعية لغرض التواصل في كل يوم تفاعلي

-عبر عن قصد التفاعل

-دور مشاركة الراشدين

-تعليم الطفل المصاب بالتوحد مهارة الانتباه : وهذا يعتمد بشكل أساسي على ذكاء المعلم في استغلال المواقف التعليمية لجعل الطفل يركز ويستمع إليه أو إلى أقرانه ، ويفترض أن يركز المعلم على المداخل البصرية لأن الوسائل البصرية غالباً ما تشد الطفل المصاب بالتوحد ، ويمكن تحسين مهارة الاستماع عن طريق القصص الاجتماعية وخاصة تلك المرتبطة بالصور

-اجعل الطفل المصاب بالتوحد في وضع نفسي جيد وأنت تتحدث إليه فلا يكون كلامك سريعا وإنما عليك أن تتحدث معه ببطء ويكون هناك فواصل إثناء كلامك لاعطاءه فرصة الاستيعاب ومعالجة المعلومة في الذاكرة . ويمكن استخدام المدخلات البصرية وأنت تتكلم معه لأن ذلك يساعد على الاستيعاب وخاصة أن الطفل المصاب بالتوحد يتعلم من خلال البصر أكثر من تعلمه من حاسة السمع . كما أن التعلم من خلال حاستين أفضل من حاسة واحدة .

-استخدم المساعدات البصرية لأن الأطفال المصابين بالتوحد يظهرون فهماً للعلاقات البصرية المكانية كالصور الفوتوغرافية والرسوم الملونة والألوان ، ويمكن استغلالها في

فهم البيئة وتنظيمها ، وتوجه الأطفال ، ويمكن أن تساعد على الضبط الذاتي لأن عدم وضوح الأمور قد يؤدي إلى السلوكات الشائكة .

-استخدم المألوف الواضح السهل من الألفاظ وتجنب الإسهاب ، إذ يمكن استخدام لفظة واحدة لتدل على جملة، ويقصد بذلك إبقاء الطفل في وضع نفسي مريح عندما لا تثقل عليه .

-حاول أن تعلم الطفل المفردات من خلال البيئة المعاشة التي ترتبط بالواقع أو من خلال الأنشطة مستغلا المدخلات البصرية .

-شجع الطفل على التعبير عن نفسه متى أراد ذلك وعززه ايا كان تعبيره قصيراً ،مقتضباً فيه أخطاء ، وتجنب أي شكل من أشكال السخرية أو الاستهجان ولا يقتصر القبول على التعبير اللغوي وإنما غير اللغوي كذلك . ويمكن للمعلم أن يستثير الطفل المصاب بالتوحد على فعل ذلك ، مستخدما شتى أنواع التعزيز ، كما يتحقق ذلك ن خلال تهيئة فرص التواصل كاللعب والطعام والأنشطة الاجتماعية .

-درب الطفل المصاب بالتوحد على المفردات وفق سياقها الاجتماعي ، إذ يتصف الأطفال المصابون بالتوحد كما أسلفنا سابقاً بغياب الدلالة الاجتماعية .

-يمكن للطفل المصاب بالتوحد أن يستفيد من المصاداة التي تعد أحد مظاهره وإحدى الطرق للتدخل لتحسين التطور اللغوي إذ يمكن للمعالج أن يشكل المصاداة من السلوك غير الوظيفي إلى السلوك الوظيفي وخاصة عندما تكون مستمرة عند الطفل ، بحيث نبعده من إعادة الكلام بقالب واحد ، ونجعله أكثر مرونة ، وبالتالي نقلل من المصاداة غير الوظيفية .

-بما أن الأطفال المصابين بالتوحد يختلفون بشكل كبير في قدراتهم اللغوية فهناك القادر على الكلام ،وهناك من يتكلم بعض الكلمات ، وآخرون يتكلمون ولكنهم ليسوا كالأطفال غير المصابين بالتوحد، لذلك فإن الأطفال الذين لا يتكلمون يمكن الاستفادة من الرموز غير اللفظية كالإيماءات، والإشارات ، أو شبه الرمزية مثل الصور والرسوم لتحسين

التواصل مع الآخر ، لأن أي وسيلة للتواصل يكون لها تأثير إيجابي على الطفل المصاب بالتوحد .

-استمر في وسائل الاتصال المتعددة مع الطفل المصاب بالتوحد لأن ذلك ينعكس بشكل إيجابي على الجانب اللغوي والاجتماعي .

تعليم المهارات الاجتماعية

تعد الصعوبات في العلاقات والتفاعلات الاجتماعية من العلامات الرئيسية التي تحدد الطفل المصاب بالتوحد ، لذلك فهو في حاجة ماسة لتطوير المهارات الاجتماعية من خلال توفير فرص المشاركة والتفاعل في البيئات الطبيعية التي يوفرها الصف العادي شريطة أن نركز على النماذج التي تمثل السلوك الاجتماعي المقبول مستخدمين كل وسائل التعزيز . ويعتمد نجاح الأنشطة الاجتماعية على ذكاء المعلم في اختيار المناسب والمرغوب فيه من قبل الأطفال . ويمكن للمعلم أو المربي في البيت أن يقوم بتشجيع الطفل مع آخرين في المنزل أو القريبين، أو من خلال الانضمام إلى النوادي المختلفة مع مراعاة ميول ورغبات الطفل المصاب بالتوحد، وتشجيعه على اللعب الجماعي كلما أتيح له ذلك ، ويمكن أن يقوم بالتقليد المشترك أو الأحادي، ويمكن استغلال المتعة والتسلية في أوقات الفراغ .

وتعد القصص الاجتماعية من أكثر الطرق فائدة ، وخاصة إذا اتسمت بالبساطة والوضوح، وتراعي اهتمامات وميول الأطفال . وتهدف القصص الاجتماعية إلى :-

-تعليم الأطفال المصابين بالتوحد مهارات اجتماعية للمواقف التي تتخللها القصص .

-تخلق جوا ايجابيا يؤدي إلى حالة من الانتماء إلى الصف .

-تمثل نوعا من التغيير والخروج عن الروتين ، ويمكن استغلالها في تعليم الأطفال مهارات أكاديمية .

-توضيح الأسباب التي أدت إلى السلوك والذي يحمل في طياته التركيز على السلوك المقبول اجتماعياً .

- يمكن استغلال القصص الاجتماعية لخلق حالة من التفاعل بين الأطفال المصابين بالتوحد مع أقرانهم الآخرين ، وفي حالة الدمج يمكن تحقيق ذلك .

- يمكن استغلال القصص الاجتماعية للتوجيه والإرشاد.

- قد تؤدي القصص الاجتماعية إلى التجمع والالتقاء كمجموعات .

ويمكن الاعتماد على قصص جاهزة تتناسب مع أعمار الأطفال ، ويبقى الباب مفتوحاً أمام المعلمين وأولياء الأمور لتأليف قصص ذات أهداف محددة .

أما تطبيق القصة الاجتماعية فترى جراي(Gray,1993) أن هناك ثلاثة اتجاهات لتطبيقها :-

يقرأ المعلم أو الأب القصة مرتين إذا كان الأطفال يستطيعون القراءة ، ويقوم الطفل المصاب بالتوحد قراءتها ، ثم يقوم بقراءتها يومياً بشكل مستقل

إذا لم يستطع الطفل المصاب بالتوحد القراءة، فتوضع على شريط تسجيل بحيث يتضمن إشارة (مثل صورة جرس) حتى يقلب الصورة ،وتستمر الحالة يومياً إلى أن يتعلم الطفل المصاب بالتوحد قراءة القصة لوحده.

يمكن أن توضع القصة على شريط فيديو لتشكل صفحة واحدة على الشاشة ، ويمكن تقسيم الشاشة إلى قسمين مجموعة من الصور مع كل صفحة .

ومن الدراسات التي أجريت في هذا الصدد دراسة نوريس وداتيلو (Norris & Dattilo, 1999) التي استخدمت برنامج القصص الاجتماعية لتحسين المهارات الاجتماعية لطفلة مصابة بالتوحد في الثامنة من عمرها وفي الصف الثاني .

أظهرت النتائج تحسن التفاعلات الاجتماعية وتناقص غير الملائمة منها إذ قلت نسبة التفاعلات الاجتماعية غير الملائمة في وقت تناول الغذاء إلى (50%) .

أما دراسة باري وبيرلو (Barry & Burlew,2004) فقد هدفت معرفة فاعلية استخدام القصص الاجتماعية في تعليم مهارات اللعب ومبدأ الخيارات لطفلين يعانيان من

اصابة التوحد بدرجة شديدة ، وقام معلم التربية الخاصة باستخدام القصة الاجتماعية لتعليم الطفلين كيفية اختيار الانشطة وكيفية اللعب بطريقة مناسبة ، وقد تم قياس قدرات الطفلين بإختبار الانشطة والوقت الذي يقضيه الطفلان في اللعب المناسب في حصة اللعب الحر. توصلت الدراسة إلى فاعلية استخدام القصص في مبدأ الخيارات واختيار اللعب المناسب .

ومن الأساليب المهمة في هذا المجال والتي يمكن أن تستخدم لتعليم المهارات الاجتماعية تشكيل المهارة وسبق أن وضحنا هذه الإستراتيجية ، ونمذجة المهارة وأشرنا إليها كذلك ، ولعب الدور التي يمكن أن تكون فاعلة مع جميع فئات التربية الخاصة .

وإستراتيجية التدريب المستند على الصورة (Cognitive Picture Rehearsal): اقترح هذه الإستراتيجية جوردن وليفاسيور (Gordon & Levasseur,1995) لتستخدم في تدريس المهارات الاجتماعية ، وتتلخص هذه الإستراتيجية في تقديم صور متسلسلة بشكل منطقي لتمثل سلوكات مقبولة اجتماعياً ، ويرافق ذلك نصا لغوياً ، ويجري توجيه الأطفال إلى ممارسة السلوكات بشكل متكرر .

التعلم التعاوني

يمكن أن نستخدم التعلم التعاوني من خلال مجموعات صغيرة قد يساعد على التواصل والتفاعل الاجتماعي وخاصة أن الأطفال المصابين بالتوحد يتصفون بالانسحاب والتقوقب حول الذات ، ويمكن أن يكون ذلك من خلال عملية الدمج أو الفصل ، وبالأشكال التي تتناسب مع واقع الحال ، فهل المؤسسة التعليمية هي خاصة بالأطفال المصابين بالتوحد، أم الموسسة تحتوي على خليط من المصابين بالتوحد وغير المصابين .

ويمكن للمؤسسة التعليمية أن تعمل أنشطه على شكل مجموعات صغيرة كأن تكون ثلاثة أو أربعة ، وتتطلب الأنشطة مشاركة جماعية أو يتخذ كل طفل دورا في النشاط ، وبعد ذلك تبدل الأدوار . أما إذا كان الأطفال المصابون بالتوحد ضمن أقرانهم غير المصابين

بالتوحد، فيمكن عمل الأنشطة على شكل مجموعات صغيرة ، ويكون على سبيل المثال طفل مصاب بالتوحد يقابله ثلاثة أطفال غير مصابين بالتوحد .

يتطلب أسلوب التعلم التعاوني من المعلم التخطيط الدقيق في كيفية التقسيم الصحيح إذ يضع في الحسبان قدرات المجموعة ، رغبة الأطفال لمن يحب المشاركة معه ، عدد المتعلمين .

يمكن أن يتراوح العدد من (2) إلى (5) أطفال ، ويزداد إلى (6) في حالة الدمج ، وهذا ما يحدده واقع الحال

ما فوائد التعلم التعاوني

بالرغم من تأكيد التربية الخاصة على التعليم الفردي ، وهذا ما تختلف فيه عن التربية العامة ، إلا أن هذا لا يعني أن نرفض العمل الجماعي تماما ، وقد يكون الأسلوب الجماعي أحد الأساليب المهمة التي تدعو إلى التفاعل والتواصل الاجتماعي والخروج بالطفل من الانكفاء الذاتي .

يمكن أن يتعلم الطفل من خلال التعلم التعاوني عملية الضبط الذاتي ، وتحمل المسؤولية .

ويمكن أن يتعلم الطفل المشاركة التعاونية في أداء المهمات، وعلى أنه فرد داخل مجموعة.

إن العمل الجماعي قد يثير الكوامن الذاتية للأطفال المصابين بالتوحد ، وقد أشار الكاتب خلال زياراته الميدانية لمراكز الأطفال المصابين بالتوحد إلى إحدى العاملات في هذا الحقل والتي كان لها طفل مصاب بالتوحد التقليدي لم ينطق كلمة واحدة في حياته وهو قد تجاوز عشر سنوات ، أن تبتكر لعبة جماعية أو لعبة موجودة يتطلب أخذ الدور فيها إطلاق لفظة معينة كأن تكون (أنا)، وخاصة عندما تكون لعبة يرغبها الطفل ، وشدة رغبته في هذه اللعبة قد تجعله يذكر هذه اللفظة والتي قد تكون مفتاحا لكلمات أخرى، ويمكن أن تجرب أنشطة أخرى .

يمكن أن ينفس الطفل المصاب بالتوحد عن المشاعر والأحاسيس ، وعملية التنفيس بشكل عام هي حالة إيجابية .

وقد يعبر الطفل المصاب بالتوحد عن ميوله وأهوائه وبالتالي تكون منطلقا لتحسينه في جوانب أخرى، لأننا نوصي بشكل عام في حقل التربية الخاصة كإستراتيجية هو استغلال الايجابي لتقليل أو إطفاء السلبيات .

ويمكن أن يتعلم الطفل السلوك الاجتماعي المقبول ، والتعاون والمشاركة الايجابية مع أقرانه الآخرين.

تدريب الطفل المصاب بالتوحد على مهارات الحياة اليومية

أولا : تدريب الطفل المصاب بالتوحد على استخدام الحمام

يتطلب تدريب الطفل المصاب بالتوحد عدة خطوات تبدأ من السهل المتمثل بالمساعدة من المدرب (الأم او البديل المدرب) إلى الأصعب المتمثل بالاستقلالية ، ويمكن عرضها من خلال الخطوات الآتية :-

الخطوة الأولى :

تأخذ الأم أو المعلمة الطفل إلى الحمام مستخدمة الترغيب والتشجيع ، ويمكن استخدام المعزز المرغوب فيه بالنسبة للطفل ، وتوضح الهدف من مجيئه للحمام وهو التخلص من الفضلات داخل جسمه على أن يسبق ذلك إعطاءه الشرب والأكل ، ويفترض أن تساعده على خلع ملابسه ، ويمكن تعزيزه وهو جالس في المرحاض باستخدام المعززات سواء كانت اجتماعية او غذائية كل فترة من الزمن إما ثابتة بوقت معين (كأن تكون كل دقيقتين) أو متغيرة (كأن تكون دقيقتين مرة وثلاثة دقائق سرة أخرى وأربع دقائق وهكذا) أو إعطاءه لعبة يحبها . ويفضل استخدام الشراب والطعام كمعزز مما يساعده على البقاء في المرحاض. وبعد التخلص من الفضلات وإكمال عملية الإفراغ امدحيه وعانقيه وساعديه على ارتداء الملابس . ويفترض ملاحظة الطفل خلال وجوده في الحمام وإبعاده عن أي شكل

من أشكال الخوف . أن هذا الإجراء هو تجسيد لنظرية للاشراط الإجرائي لسكنر وهو جعل نتائج الذهاب إلى الحمام مفرحاً للطفل . وقد لا يكون الهدف الأساسي من هذه الخطوة التخلص من الفضلات بشكل كامل وإنما تعليم الطفل بشكل روتيني الذهاب إلى الحمام متى تطلب الأمر ذلك .

الخطوة الثانية :

بناء الاستقلالية أي تشجيع الطفل على الذهاب إلى الحمام بمفرده ، ولكن يمكن للأم أو المعلمة ان توضح له أو تساعده بخلع ملابسه وارتدائها قبل الذهاب إلى الحمام بما يشبه للبروفة ،وإذا أتم الطفل ما اتفق عليه يمدح الطفل ويثاب بما يرغب تكون إحداها المعانقة ، ولكن إذا ذهب الطفل إلى الحمام وخلع الملابس وبقي فترة من الزمن دون أن يخرج منه شيئاً وارتدى ملابسه بشكل سليم وخرج فعلى الأم أو المعلمة ان تمدحه وتعززه .

وإذا أخل بالتعليمات يمكن حجب كل المعززات عنه ، او استخدام التأنيب ، ليعاود الذهاب إلى الحمام من جديد ، ويفرغ الفضلات . وإذا ما أوسخ ملابسه فعليه أن ينظفها لأنه لم يلتزم بالتعليمات

الخطوة الثالثة :

المراقبة والضبط ، وهي متابعة للخطوة السابقة ومتابعة الطفل كل فترة من الزمن ، ويمكن أن تسأل الأم أو المعلمة الطفل هل هو مبلل أو ناشف كل ربع ساعة أو تزيد أو تنقص ، وتتأكد من جوابه عن طريق لمس الطفل وإذا كان الحال كما يقول يعزز والعناق واحدة منها ، أما إذا كان الحال عكس ما يقول فيوبخ ويؤنب ومنع أي شكل من أشكال التعزيز عنه إلى أن يرجع إلى الحالة المطلوبة وهو ضبط النفس والذهاب إلى الحمام متى تطلب الحال ذلك .

ارتداء الملابس

وهي من مهارات العناية الذاتية التي يجب أن يتعلمها الطفل المصاب بالتوحد ليحقق الاستقلالية التي لها أبعاد ايجابية على الطفل ذاته وشعوره بالكفاءة ، وكذلك يؤثر في مدى تقبل الأسرة له.

ويمكن أن نهيئ الطفل من خلال تعريفه أولا بمسميات الملابس كالقميص والبنطلون وما يتعلـق بهما من أزرار أو سحاب . ويمكن أن نـدرب الطفـل عـلى كيفيـة لـبس البنطلـون لدميـة وكيـف نـزرره أو نستخدم السحاب ، ويمكن أن نكرر ذلك ، وبعدها نطلب من الطفل أن يقوم بذلك ، ثم ننتقل إلى كيفيـة لبس القميص للدمية ونكرره بشكل تسلسلي ، ثم نطلب من الطفل أن يقـوم بـذلك ، وبعد التأكـد مـن ذلك نتحول إلى التطبيق الحقيقي له ، ويمكن أن نستخدم تحليل المهمة في لبس البنطلـون أو القمـيص أو الجوراب .

الطفل المصاب بالتوحد والحاسوب

يعد الطفل المصاب بالتوحد مفكر بصري لذلك قد يمهر بالحاسوب عندما يتعامل دون استخدام اللغة المنطوقة . وقد لمس الباحث خلال الزيارات الميدانيـة للمراكـز الخاصة بالاطفـال المصابين بالتوحد والمراكز التي تحوي هولاء الأطفال مدى حبهم للحاسوب والذي يمكن أن يستخدم كمعزز فاعل في تعديل السلوك . وقد يحقق بعضهم مهارات متقدمـة ، وفي احـدى الزيـارات الميدانيـة لمراكـز الأطفال المصابين بالتوحد اخبرتني إحدى مديرات المراكز أنها كانت تستعين بأحد الأطفال المصابين بالتوحد بحل أي مشكلة تحدث في الكمبيوتر.

ويمكن استغلال الكمبيوتر في تحسين هولاء الأطفال في :-

- الانتباه والتركيز وخاصة أنهم يعانون من قصور في هاتين المهارتين.

- إن جلوسه لفترات طويلة أمام الحاسوب قد يعلمه الجلوس الصحيح .

- ويمكن أن نقلل كذلك من السلوكات الشائكة كالنشاط الزائد , والسلوك العدواني، وسورات الغضب لمـا يضفيه التعامل مع الحاسوب من متعة وارتياح.

- كما يمكن تقليل السلوكات النمطية وغير المقبولة اجتماعيا كوضـع الأصبع في الفم أو الأنف، أو لـوي اليد، أو مص الأصبع .

- التواصل البصري

- الجانب الحركي من خلال استخدام الفارة وحروف الطباعة ، ويمكن تحسين التآزر الحركي البصري .

- يمكن استغلال الحاسوب في تعليم الأشياء المطلوب تعليمها, خاصة من خلال البوربوينت، ويمكن استغلال لعب الدور في هذا المجال ، والطلب منه عمل المعلومات المهمة بالنسبة له على طريقة الباوربوينت .

- يمكن أن يستثير الحاسوب دافعية الطفل المصاب بالتوحد نحو التعلم .

إن تعلم الطفل يعتمد بشكل أساسي على البصر ، وهو ما يوفره الحاسوب وما يتلاءم مع وضعه لذلك قد يعزز ثقته بنفسه وخاصة أن الحاسوب يجعل الطفل المصاب بالتوحد يربط بين التعلم السابق والتعلم اللاحق .

وتشير هودجون (2000) في هذا الصدد إلى الأهداف المبتغاة من استخدام الكمبيوتر والوسائل البصرية الأخرى كالفيديو والصور والمجسمات بما يلي :-

- منح الطفل شعورا بالراحة والاستئناس.

- توضيح المعلومات والتعليمات اللفظية.

- مساعدة الطفل على الاستمرار في العمل.

- تقديم أسلوبا محسوسا لتعليم بعض المفاهيم.

- زيادة اعتماد الطفل على نفسه وثبات أدائه.

- جعل تعليم المهمة أقرب إلى الروتين والثبات.

- مساعدة الطفل على التركيز والانتباه لفترات طويلة.

- مساعدة الطفل على فهم المعلومة بشكل أسرع وأسهل.

- تدعيم الطفل على أداء مهمات أكثر صعوبة وأطول فترة.

- مساعدة الطفل على أداء الخطوات بطريقة أسرع.

- تنويع أساليب التعزيز.

- تدعيم عملية الانشغال بين الأنشطة والأماكن المختلفة.

- تعريف الطفل بالقواعد والقوانين العامة في حدوده.

دمج الأطفال المصابين بالتوحد

إن الدمج بشكل عام هو وضع الأطفال ذوي الحاجات الخاصة مع أقرانهم العاديين اما لبعض اليوم الدراسي او وضعهم مع الأطفال العاديين ، وتقديم ومعالجة الصعوبات التي يعاني من الطفل في غرفة المصادر عن طريق معلم التربية الخاصة .

وتحتاج عملية الدمج إلى تخطيط وتنظيم لما يقوم به المعلم العادي ومعلم التربية الخاصة ، وقد يتطلب الأمر تعديلات في المنهاج .

إن وضع الطفل ذي الاحتياجات الخاصة مع أقرانه العاديين يهدف إلى التخلص من الوصمة أو النعت الذي يجعله يشعر هو وآباءه أنه يختلف عن الأطفال العاديين ، كما يوفر جوا محفزا لنهل المعرفة ، والتعلم كذلك من أقرانه غير التوحديين ، لأن كثير من التعلم يحدث عن طريق المحاكاة والتقليد ، ووضع الطفل في المؤسسة التعليمية ضمن البيئة المحلية التي يعيش فيها .

لقد تنوعت الأطر التربوية المتوفرة لذي الاحتياجات الخاصة من الفصل في الأماكن الايوائية ، وهي أماكن اشد تقييداً للطفل ذي الاحتياجات الخاصة حيث السكن والتعليم والتدريب في نفس المكان ،او يكون الفصل من خلال بقاء الطفل في المركز الإيوائي والتعليم في مكان آخر ، وحالة الفصل الأخرى الأقل تقييدا من الحالة السابقة هو وضع الطفل في مراكز خاصة نهارية ، يذهب صباحا إلى المؤسسة التعليمية ويرجع بنهاية الدوام.

أما أشكال الدمج فهي متعددة أما أن يكون صف خاص في مدرسة عادية لكل اليوم ، أو يكون صف خاص ويدمج بعض الوقت مع أقرانه العاديين ، أو يوضع في صف عادي مع توفير مساعدات داخل المؤسسة التعليمية كعيادات خارجية أو غرف مصادر ، أما

الوضع الذي يكون أقل تقييدا للطفل ذوي الاحتياجات الخاصة هـو وضع الطفـل في المدرسـة العادية والذي يطلق عليه البيئة الأقل تقييداً (الظاهر، 2005) .

إن العامل الأساس الـذي يحـدد الـدمج أو الفصل هـو درجة الإعاقة فقد يكون صعبا دمـج الإعاقات الشديدة ، ولكن التوجه العالمي مع دمج الإعاقات البسيطة بدرجـة أساسـية والمتوسطة بدرجـة لاحقة .

وقد أشار الخطيـب (2004)إلى الدراسـة التي قامت بها اليونسكـو حـول تعليـم الطلبـة ذوي الاحتياجات الخاصة ، وقدمت سول (Saulle,1995) تقريرا بذلك . تضمن التقرير تبني تسـع وثلاثـون دولة من أصل إثنتين وخمسين دولة مفهوم الدمج ، ولكن ذلك لا يعني بالضرورة أن هـذه الـدول جميعا تضع مبدأ الدمج موضع التنفيذ .

فثمة دول تدعم فلسفة الـدمج كفكرة طموحة ، لكنها ليست موجـودة عـلى أرض الواقـع . وبالنسبة للدول التي تمارس الدمج عمليا ، فإن أسباب هذه الممارسة مختلفة ، فبعض الـدول تضع مبـدأ الدمج موضع التنفيذ بسبب سياسات اجتماعية بالغة التطور . وبعـض الـدول تطبـق عمليـة الـدمج لأنها أفضل البدائل المتاحة والقابلة للتطبيق العملي لأن المدارس والمؤسسـات الخاصـة ذات تكلفـة اقتصادية كبيرة جدا ..

وأشار التقرير كذلك ان سبع دول من الاثنتين والخمسين رفضت فكرة الـدمج، وفضلت فكرة الفصل في مدارس ومراكز خاصة لذوي الاحتياجات الخاصة ، وتعدها أفضل البـدائل التربويـة التي تلبـي حاجات ذوي الاحتياجات الخاصة .

إن فكرة الدمج تجسد الجانب الإنساني حيث تفتح الأبـواب عـلى مصراعيها للتطور، وتتيـح للطفل المصاب بالتوحد مـن أخـذ الـدور الـذي يأخـذه أقرانـه مـن غـير التوحديين ، فضـلا عـن فوائـده الاقتصادية . ولكن عملية الدمج ليست سهلة في التطبيق العملي لأنها تحتاج إلى تهيئة من جميع الجوانب المادية والإنسانية ، واهم ما في الأمر هو قبول الآخر للطفل مـن ذوي الاحتياجات الخاصة بشكل عـام والطفل المصاب بالتوحد بشكل خاص ، وهذا يحتاج إلى تعاضد مؤسسـات متعـددة، ابتـداء مـن الأسر في تربية الأبناء وفق الحس الإنساني ، وقبول الآخر كإنسان بغض النظر عـن شكله ولونه وعرقه ، والمـدارس والمراكز

وخاصة تلك التي يتوفر فيها أطفال من ذوي الاحتياجات الخاصة ، والمجتمع المحلي والمجتمع الكبير من خلال وسائل الإعلام المتنوعة والاجتماعات واللقاءات المحلية . لأن أهم شيء في عملية الدمج هو قبول الطفل ذي الاحتياجات الخاصة والتعامل معه على قدم المساواة وأقرانه الآخرين .

ومن المفيد أن أسرد ما حدث مع الكاتب في نهاية عقد الثمانينيات عندما قام بزيارة المدارس التي تحتوي على صفوف لبطيئي التعلم ضمن المدارس العادية ، لعمل بحث تحت عنوان (تجربة التربية الخاصة في العراق الواقع والطموح) لم يجد الباحث النفس الحقيقي الصادق في التعامل مع هؤلاء الأطفال ، والوعي الإنساني المطلوب، وسمعت تصريحا واضحا من عدد ليس بقليل من معلمات المتعلمين الاعتياديين عند دمج هؤلاء الأطفال في صفوفهن في بعض الدروس الأخرى غير القراءة والحساب التي هي مسؤولية معلمة التربية الخاصة ، إنهن لسن مسؤولات عن هؤلاء الأطفال ، وإنما هي مسؤولية معلمة التربية الخاصة. ففي بعض الأحيان لا تكلف المعلمة نفسها بالطلب من الطلاب فسح المجال ليجلس الطفل بطيء التعلم بجنبهم ، وأحيانا يقفون جانبا أو يجلسون على الأرض .

فضلا عن أن معلمات التربية الخاصة لم يصلن إلى درجة الوعي الكافي للتعامل الإنساني . ومن خلال مقابلتي لكثير من معلمات التربية الخاصة كن يفضلن الانتقال إلى تعليم الأطفال الاعتياديين بالرغم من عدد أطفال الصف الخاص يتراوح ما بين (6-12) طفلا في حين يتجاوز الصف العادي في أغلب الأحيان (30) طفلا .

وعندما سألت المعلمات عن سبب رغبتهن للانتقال من تعليم الأطفال بطيئي التعلم إلى الأطفال العاديين ؟ فأجاب عدد منهن أحيانا وعن طريق المزاح الذي يشوبه ما يشوبه تقول معلمة الأطفال الاعتياديين لمعلمة التربية الخاصة يا معاقة اذهبي إلى أطفالك المعاقين ، وكأن النظرة إليهن اجتماعيا ترتبط بالأطفال الذين يعلمونهم .

لذلك لم أجد بشكل عام كثير من المعلمات يمتلكن الرغبة في التعامل مع هذه الشريحة التي تعد من أسهل فئات التربية الخاصة ، فكيف الحال إذا كان التعامل مع الحالات الأصعب . وقد ترتبط هذه الحالة بمسألة القبول في كلية المعلمين التي تعتمد بشكل

أساسي على الدرجات أكثر من الرغبة الحقيقية . كما لم أجد في أغلب المدارس التي زرتها صف يرقى أن يكون بمستوى الصف الخاص الذي يبعث على استغلال القدرات والطاقات إلى أقصاها .

لذلك فأن عملية الدمج ليست عملية سهلة ، ولا يكون طريقها سهلا معبدا يملؤه الأزهار والرياحين ، وإنما هو صعب ، ويحتاج إلى شروط ومستلزمات وتهيئة وإعداد لنجاح هذه العملية . وأهم ما في الأمر كيف نهيئ معلمات الأطفال الاعتياديين قبول الأطفال ذوي الاحتياجات الخاصة ، ويتعاملن معهم تعاملا دقيقا يجسد الجانب التربوي والإنساني في حالة دمجهم بدون معلمات التربية الخاصة ، وكيف تهيئ معلمات الأطفال الاعتياديين أطفالهن لقبول الأطفال ذوي الاحتياجات الخاصة في حالة دمجهم .

وقبل أن أنهي النقطة ، لابد من الإشارة إلى إني وجدت من الإدارات نماذج في هذا المجال ، كما وجدت معلمات تربية خاصة على درجة عالية من الوعي بحيث أصابهن الاستغراب عندما سألتهن السؤال الآتي : هل ترغبن للانتقال من التربية الخاصة إلى التربية العامة ؟ واعتبرن ذلك نقلة إلى درجة أدنى ، لأن معلمات التربية الخاصة يمتلكن الكثير مما تمتلكه معلمة التربية العامة والذي يمكن أن نطلق عليه (س) وعندهن الخاص في مجال ذوي الاحتياجات الخاصة من حيث أسبابها وخصائصها وطرق تشخيصها وطرق تعليمهم ومتطلباتهم وغيرها والتي يمكن أن نطلق عليه (ص) لذلك يكون الآتي :-

ما عند معلمة الأطفال العاديين = س ، بينما معلمة التربية الخاصة عندها (س+ص)

ومع مرور الزمن تزايدت الدعوات للدمج ،وأصبح هناك اهتمام كبير ، وظهر على أثره نوع جديد من الدمج وهو الدمج العكسي (Reverse Mainstreaming)، ويتمثل بأخذ الطلبة العاديين لزيارة الطلبة ذوي الاحتياجات الخاصة في المدارس والمراكز الخاصة بهم.

أشار كوجل وكوجل(2003) إلى أن الطلبة المصابين بالتوحد الملتحقين في بيئات مدرسية ذات دمج عام تزايد تفاعلهم الاجتماعي مقارنة مع الطلبة المصابين بالتوحد الملتحقين في بيئات منفصلة .وتحسين العلاقة بينهم وبين الطلبة العاديين ، وتحسن تحصيلهم المهاري. وذكر الباحثان الدراسة التي أجراها ساسو وزملاؤه(Sasso ,et al) التي هدفت إلى:-

زيادة المهارات الاجتماعية للأطفال المصابين بالتوحد

تعليم الأقران من غير ذوي الاحتياجات الخاصة

إتاحة الفرصة للطلبة العاديين للتعلم والتفاعل مع الطلبة المصابين بالتوحد .

شملت عينة الدراسة (45) طالباً عادياً وستة طلبة مصابين بالتوحد تتراوح أعمارهـم مـا بـين (8-10) . تكونت مجموعات التدخل العلاجي المكونة عشوائياً من :-

طلبة تلقوا معلومات عن الأطفال المصابين بالتوحد .

طلبة حضروا جلسة معلومات وقضوا وقتاً منظماً في التفاعل مع الطلبة المصابين بالتوحد.

مجموعة ضابطة لم تتلق أي معلومات ، ولم تتواصل مع الطلبة المصابين بالتوحد .

توصلت الدراسة إلى ما يلي :-

كان الأطفال الاعتياديون الذين تلقوا معلومات وخبرات منظمة مع زملائهـم المصابين بالتوحـد أكـثر رغبـة بكثير للتفاعل مع هؤلاء الأطفال في الملعب .

ظهر أن تعليم المهارات الاجتماعية للأطفال المصابين بالتوحدكان ناجحاً ، وظهر كأنه شرط مسبق لتحقيـق التفاعلات الاجتماعية .

كما أشار الكاتبان إلى الدراسة التي قام بها كل من وانك وبيرتش (Wang &Birch) والتـي هـدفت المقارنـة بين الإدماج العام والإدماج الجزئي في التحصيل والسلوك الصفي. تكونت عينـة الدراسـة مـن (22) طالبـاً قسموا إلى مجموعتين متساويتين إحداهما تمثل الدمج العام الكامل في الصفوف العاديـة والأخـرى تمثـل الدمج العام الجزئي .

تلقى الطلبة الذين خضعوا للبرنامج للدمج العام الكامل في الصفوف العاديـة تعليما صفيا في الصباح باستخدام منهاج استهدف تفريد التعليم . أما المجموعة التي خضعت للدمج العام الجزئي فقـد تلقـت في الصباح التعليم في غرفة المصادر تابعة للتربية الخاصة ، وتلقت بعد الظهر تعليما في بيئة تعليم عاديـة . من النتائج التي توصلت إليها الدراسة ، أن المجموعة التي خضعت إلى الدمج العام الكامل حققت تحسنـاً واضحاً في العمل المستقل ، وفي الوقت

الذي قضاه الطلبة في أداء المهمة ، وقامت هذه المجموعة بتعميم السلوكات الصفية إلى جلسة ما بعد الظهر حيث لم يتم تفريد التعليم. بينما لم تظهر المجموعة التي خضعت للدمج الجزئي تحسناً مهماً في السلوك المتصل بالوقت المخصص في أداء المهمة (في غرفة المصادر) لكنهم لم يعمموا هذه السلوكات إلى ما بعد الظهر . ومن ناحية أخرى فقد أظهر الطلبة الذين خضعوا إلى الدمج العام الكامل في البداية نتائج أدنى بقليل في مادتي القراءة والحساب، لكنهم حققوا نتائج أعلى بكثير من الطلبة الذين خضعوا للدمج الجزئي مع نهاية السنة .

ولابد من الإشارة أخيرا إلى أهم النقاط التي تؤخذ في الحسبان في عملية الدمج وهي :-

- استعداد المعلم واتجاهه نحو عملية الدمج.
- عمر الطفل العقلي وليس الزمني لأن الطفل المصاب بالتوحد قد يكون عمره الزمني (10) سنوات ولا يتجاوز عمره العقلي عن سبع سنوات ، ولا يجوز في هذه الحالة دمجه مع أعمار عشر سنوات وإنما مع أعمار سبع سنوات .
- نسبة طلاب ذوي الاحتياجات الخاصة إلى الطلاب العاديين فلا يجوز أن يكونوا أكثر من النصف أو أن يكون واحدا أو اثنين بحيث يشعر بالغربة داخل الصف ، وقد لا يؤدي هذا الحال إلى التكيف داخل الصف .
- استخدام الطرق وأساليب ووسائل متعددة لتلبية الفروق الفردية لأن حالة الدمج تؤدي إلى اتساع الفرق الفردية وبالتالي يحتاج المعلم إلى يعدد من استخدام الطرق والأساليب والوسائل وبما يتناسب مع الوضع الحالي .
- يحتاج المعلم إلى مرونة ليلبي الفروق الفردية ، فمثلا لا يتبع منهجا واحدا في تحديد الواجبات البيتية وإنما يراعي في ذلك ، قدرة وإمكانيات الطفل، رغبته ، صعوبة أو سهولة المادة .
- تكييف البيئة المادية للصف وما يتناسب وعملية الدمج .
- التعاون بين معلم التربية الخاصة ومعلم الاعتياديين في وضع البرامج التربوية .
- تكييف المحتوى لمراعاة الفروق الفردية .

أدوار الأسرة

يصطدم أولياء الأمور بردة عاطفية كبيرة عندما يعلمون أن ابنهم مصاب بالتوحد، وتتمثل تلك الردة بالقنوط واليأس والإحباط ،والقلق حول مستقبله ، وقد تؤثر أحيانا في علاقة الوالدين إذ قد يؤنب أحدهما الآخر ، ويختل التنظيم النفسي والاجتماعي، ويتأثر ذلك بعوامل منها شدة الحالة إذ أن التوحد ليس درجة واحدة فالتوحد الكلاسيكي يختلف عن طفل أسبيرجر حيث يكون الثاني أفضل من الأول في التواصل اللغوي والعلاقات الاجتماعية بالرغم من أنه لا يرقى أن يكون بمستوى الأطفال غير المصابين بالتوحد ، كما تتأثر بحجم الأسرة إذ يكون التأثير كبيرا إذا كان الطفل المصاب بالتوحد وحيدا في الأسرة أو مع طفل آخر ، بينما لا يكون الحال كذلك إذا كان حجم الأسرة كبيراً، ويختلف التأثير كذلك وفق متغير الجنس وخاصة في مجتمعنا الشرقي الذي يكون للولد الدور الأول إذ يعد هو الممثل الأول للأسرة ، لذلك لا يكون تأثير حالة التوحد واحدة إذا كانت الحالة لولد أو بنت بالرغم من تأثيرها المستقبلي على البنت أكثر من الولد وخصوصاً ما يتعلق بالزواج. كما يتأثر بالحالة الاقتصادية إذ يكون تأثير حالة التوحد على الأسر ذوي المستوى الاقتصادي المتدني أكثر من تلك التي تكون بالمستوى الاقتصادي العالي ، لأنه أولا سيكون عالة على الأسر ذات المستوى الاقتصادي المتدني إذ غالباً ما تعتمد هذه الأسر على جميع أفراد الأسرة للمشاركة في توفير احتياجاتها ، كما انه قد يحتاج إلى مال إضافي لغرض العلاج ، وهذا ما يحملها عبئا إضافيا .وتشير الدراسات في هذا الصدد أن كلفة التربية الخاصة للطفل المصاب بالتوحد (8000)دولار أمريكي سنوياً ،ومع بعض البرامج التربوية حوالي (30000) دولار أمريكي سنويا، ومع الرعاية الداخلية تصل الكلفة ما بين (80000- 120000) دولار أمريكي سنويا(www.cdc.gov,ncbddd) .

ويمكن للأسر ذات المستوى الاقتصادي العالي إدخال أبنهم المصاب بالتوحد في المركز المتخصصة للتوحد والتي تقدم أفضل الخدمات وعلى سبيل المثال يوجد في الأردن مركزان خاصان بالأطفال المصابين بالتوحد، أجر أحدهما يزيد على (300) دينار أردني شهريا، ولا تستطيع الأسر ذات المستوى الاقتصادي المتدني إدخال أطفالهم في مثل هذه المراكز.

ومن العوامل الأخرى التي تؤثر في نظرة الأسرة لحالة الإصابة بالتوحد المستوى التعليمي والثقافي للوالدين فالمستويات التعليمية والثقافية العالية يدركون دورهم الحقيقي في تلبية الحاجات المختلفة لأبنهم المصاب بالتوحد، وقد يواصلون في التعرف على الأسباب المؤدية للتوحد، وأهم العلاجات التي استخدمت في هذا المجال ، كما أنهم في أغلب الأحيان لا يعملون أطفال بأعداد كثيرة، كما أن وضعهم المادي أفضل من الأسر ذوي المستويات التعليمية والثقافية المتدنية ، إضافة إلى أن الشريحة الأولى قد تشعر بالذنب وقد تلوم نفسها على أنها هي المسببة للحالة وبالتالي يمكن أن تستغل كل إمكانياتها من أجل طفلهم المصاب بالتوحد، بينما الأسر ذات المستوى التعليمي والثقافي المتدني تعزو الحالة إلى الحظ والنصيب أو القدر ، لذلك لا تعاني هذه الشريحة كما تعاني الشريحة الأولى (ذات المستوى التعليمي والثقافي العالي). ومن العوامل الأخرى التي تؤثر في نظرة الأسر إلى الإصابة بالتوحد هو وجود إعاقات في الأسرة أو لا إذ أن الأسرة التي لديها أطفال معاقون قد لا يعانون بشكل عام بنفس الدرجة التي تعاني منها الأسر التي لا يكون فيها إعاقات أخرى .

وعلى أية حال على الأسر أن يتكيفوا مع واقع الحال لكي يكونوا قادرين على التعامل مع المشكلة بشكل علمي وموضوعي . ولكن هل يكون التكيف واحدا في جميع الأسر التي يكون لديها طفل مصاب بالتوحد ؟ بالتأكيد سيكون الجواب بالسلب ما زالت المتغيرات التي ذكرت مختلفة ، كما قد يكون الاختلاف في التكيف داخل الأسرة الواحدة ، كما قد يستجيب كل فرد في الأسرة بطريقة مختلفة إلى طلبات الطفل .

ان السلوكات التي يظهرها الطفل المصاب بالتوحد وخاصة ما يتعلق بالقصور الواضح في اللغة والتفاعل الاجتماعي والسلوكات غير الطبيعية مقارنة بأقرانه ، يبعث القلق والخوف والحزن للآباء ، ويكونون في حيرة وتردد ، وقد يدفعهم الأمر إلى عرض طفلهم على الطبيب ، وقد يتردد الأخير في إعطاء الآباء أخبار غير سارة ، ويتردد كثيرا في إعطاء الوصمة ، لما له من تأثير سلبي ، وخاصة أن الطفل المصاب بالتوحد لا تظهر عليه علامات جسدية غير سليمة ، كما أنهم يتصفون بالوسامة ، وهذا ما يزيد من معاناة آبائهم .

ويلعب آباء الأطفال المصابين بالتوحد أدواراً متعددة في مسيرة حياتهم مع أطفالهم فهم أول من يواجه الصعوبات النمائية التي يتعرض لها أبنائهم ، وعليهم أن يتابعوا اهتمامهم حتى يتوصلوا إلى تشخيص مقنع يفتح الباب أمامهم لخدمات ملائمة لطفلهم وبالتالي يكون للآباء دور فاعل في المشاركة الفعالة في البرامج العلاجية التي تقدم للطفل ، ولا يمكن أن تتحقق الأهداف كما ينبغي ما لم تكون هناك جسور ممتدة بين المؤسسات التعليمية والبيت ، ولا يمكن أن نحقق التعميم للمهارات التي تعلمها الطفل ما لم يشترك أولياء الأمور في البرامج بكل مراحلها، وأن يعرفوا التوحد وما يتطلبه من معلومات ومهارات بشكل علمي، ويستفيدوا من الطرق العلاجية العلمية والمنظمة. إن لآباء الأطفال المصابين بالتوحد أكثر من دور فهم لهم دور مركزي في تربية وعلاج أطفالهم ، ومن هذه الأدوار التي يفترض أن يقوموا بها أنهم معلمون ، أوصياء عليهم ، محبون لهم ، وعضو في الأسرة . ويكون الآباء أحد الأفراد المهمين في الخطة التربوية الفردية ويتم شمولهم في القرار التربوي ، وهذا ما يفترض أن يكون، ولكن لا يمثل ذلك واقع الحال المعاش ، فمن خلال الزيارات الميدانية للكاتب لمدارس ومراكز التربية الخاصة والخاصة بالأطفال المصابين بالتوحد فإن مشاركتهم معدومة أو شكلية إن وجدت. وفي الغالب يتم ذلك من خلال معلم التربية الخاصة وليس من خلال فريق عمل كما تذكره أدبيات الموضوع ، لذلك كان الكاتب يطالب طلبة التربية الخاصة في التدريب الميداني موازنة الاطار النظري بالواقع الفعلي المعاش، وتعد الخطة التربوية الفردية إحدى النقاط للهوة الموجودة بين الجانب النظري والجانب العملي. ويعد الآباء ومعلمو التربية الخاصة من أهم الأشخاص في البرنامج التربوي الفردي .

ان الالتزام بهذه الأدوار لأولياء الأمور تشكل ضغطا عليهم وخاصة الأمهات على اعتبار أنهن اقرب إلى الطفل وتكون معه معظم الوقت . وقد أشار رودرك (Rodrigue,et al,1990) إلى أنّ أمهات الأطفال المصابين بالتوحد يعانين من ضغوط تفوق ضغوط أمهات الأطفال ذوي الإعاقات الأخرى .

بالرغم من آباء الأطفال المصابين بالتوحد يقضون وقتا كبيراً مع أطفالهم مقارنة مع الأطفال الآخرين ، ويشتركون في البرامج ، وقد يبذلون جهدا كبيراً إلا أن ذلك قد يخفف

لضغوط ، ويحقق تفاعل ايجابي بين أولياء الأمور وأطفالهم ، ويحسن نوعية الحياة للأسرة بكاملها بمن فيهم الأطفال المصابين بالتوحد .

ويفترض أن تقدم الخدمات بمراعاة الجانب الثقافي لأسر الأطفال المصابين بالتوحد ، أي تقدم باللغة التي تفهمها الأسر ، وإذا لم يفهم المختصون ماذا يعني الطفل المصاب بالتوحد للأسرة ، فقد يكون لبعض الأسر علامة تخجل الوالدين أو الأسرة بأكملها، وقد يميل بعض الأسر إلى العلاجات السحرية .

وقد يتطلب الأمر إرشادا وتوجيها لأولياء الأمور من خلال مختصين لتخفيف الإرهاصات والمعاناة ومشاعر القلق التي ينتابهم ، وقد يحتاج الأخصائي في الإرشاد إلى فهم شخصية الوالدين ومشاعرهم واحتياجاتهم الوجدانية لكي يستطيع التعامل معهم بشكل سليم في التوجيه والإرشاد، وأن تخفيف معاناة الوالدين لا تقتصر عليهما وإنما ترجع بمردود إيجابي على بقية أفراد الأسرة وبشكل خاص بقية الأطفال . كما أن الأطفال يتأثرون بموقف الوالدين سلباً أو إيجاباً ، فأي تحسن في موقف الوالدين تجاه ولدهم المصاب بالتوحد سيعكس بشكل إيجابي على موقف الأخوة الآخرين وبقية أفراد الأسرة نحو طفلهم المصاب بالتوحد .

تعليم الآباء المهارات المطلوبة

يفترض من معلم التربية الخاصة أن يكون دقيقا في التعامل مع أسر ذوي الاحتياجات الخاصة لكي يكون فاعلا ، ويحقق الأهداف المبتغاة ، لأن أولياء الأمور لهم الدور الأساسي في عملية تحسين الأطفال المصابين بالتوحد .

ويشير الخطيب (2004) إلى النقاط التي يجب أن يأخذها معلم التربية الخاصة بنظر الاعتبار وهي ما يلي :-

1- تجنب إستخدام المصطلحات التي لا يعرفها الوالدان .

2- لا تفترض أنك تعرف مشكلات الطفل أكثر من والديه.

3- لا تطلب المعجزات من الوالدين بل ساعدهما في تحقيق أهداف واقعية.

4- وضح للولدين طبيعة المشكلة التي يعاني منها طفلهما بصراحة وبالسرعة الممكنة ولكن لا تقفز إلى استنتاجات غير مبررة ولا تطلق أحكاماً غير ناضجة .

5- تعامل مع الوالدين بطريقة إيجابية فلا توجه لهما الانتقادات .

6- تذكر أن اتجاهاتك لها أثر كبير في اتجاهات الوالدين نحو طفلهما

7- لا تتعامل مع جميع أسر ذوي الاحتياجات الخاصة بالطريقة نفسها، ولا تعمم الحالة على جميع أفراد الأسرة

8- تذكر أنك معلم وهما والدان فالطفل ذو الاحتياجات الخاصة هو طفلهما ، وليس من المنطق أن تتوقع منهما أن يتعاملا مع الوضع بموضوعية مثلك انت .

9- لا تتوقع من والدي الطفل ذي الاحتياجات الخاصة ان يبنيا ألفة معك في يوم وليلة.

10-زود الوالدين بكل المعلومات عن طفلهما ، ما لم يكن هناك مبرر منطقي لحجب بعض المعلومات عنهما .

11-تعامل مع الوالدين بطريقة تشجعهما على الشعور بأنه لا أحد غيرهما مخوّل بإتخاذ القرارات النهائية بشأن طفلهما.

12-أعط الوالدين الوقت الكافي لفهم مشكلة طفلهما .

13-لا تتهم الوالدين أو تشعرهما بأنهما سبب مشكلة طفلهما .

نتيجة لطبيعة الإصابة بالتوحد فإن الأطفال الصغار يحتاجون إلى بيئة مساندة وثابتة وعلى سبيل المثال الأطفال الذين لديهم اضطراب الطيف التوحدي يجدون صعوبة في تعميم ما تعلموه إلى بيئة أخرى . إنَّ عملية تعميم التعلم يتطلب دعماً ومساندة . لذلك يتطلب من آباء الأطفال المصابين بالتوحد أن يكونوا مشتركين في العملية التربوية بشكل قريب جداً .

ويمكن أن يتعلم الآباء أساليب لتعليم أبنائهم المهارات التكيفية وإدارة سلوكهم. إن مثل هذا التدخل يزيد من التعلم إلى الحد الأقصى ويحسن نوعية الحياة الأسرية ، وممكن أن يد فع الآباء إلى الاستمرار في بذل الجهود عبر الوقت .

لذلك فقد طور كثير من محللي السلوك أساليب لتعليم أولياء الأمور الأساسيات لتحليل السلوك التطبيقي وجعلهم أعضاء كاملين في الفريق التربوي .وقد أشارباحثون مثل بيكر(Baker,1989) إلى أن الآباء يمكنهم أن يتقنوا أسس تحليل السلوك التطبيقي ، ويمكن أن يكونوا معلمين ماهرين .

كما أشار كوجل وكوجل (2003) إلى إحدى الدراسات التي قام بها لوفاس (Lovaas) ورفاقه والتي قارن من خلالها أثر تعليم الآباء على التدخل السلوكي في أبنائهم المصابين بالتوحد. اشترك في البرنامج مجموعتان من الأطفال المصابين بالتوحد . المجموعة الأولى تلقت تدريباً في التدخل السلوكي لمدة سنة في عيادة داخلية لم يدرب والديهم على كيفية تقديم تدخل سلوكي في المنزل .أما المجموعة الثانية فتلقت تدخلا علاجيا مدته سنة واحدة في بيئة خارجية ، وتم تدريب الوالدين على كيفية تقديم تدخل سلوكي في المنزل ، وفي فترة المتابعة التي استمرت من سنة إلى أربع سنوات . توصل الباحثون إلى أن الأطفال الذين عادوا إلى منازلهم والذين لم يدرب والديهم على مبادئ التدخل السلوكي قد فقدوا العديد من المكاسب التي حصلوا عليها خلال فترة المعالجة ، بينما الأطفال الذين تعلم آباءهم مبادئ التدخل السلوكي قد حافظوا على مكاسبهم ، وظل البعض منهم يظهر تحسناً ملحوظاً .

الدعم الاجتماعي

ان الدعم الاجتماعي مهم للغاية للأسر التي لديها معاق بشكل عام ، وواحدة من هذه الأسر هي التي لديها طفل مصاب بالتوحد ، وتكون من خلال شبكة من الأفراد أو الجماعات المساندة والتي تشارك الأسرة همومها ، بحيث تخفف من الضغوط التي تعاني منها ، ويمكن أن تزود الأسرة بخبرات مهمة في كيفية التعامل والتكيف مع الحالة .

وتعد البرامج المقدمة لتعليم أولياء الأمور شكل من أشكال الدعم الاجتماعي. إضافة إلى المعلومات التي يأخذها الوالدان من معلم التربية الخاصة وطبيب الأطفال أو اختصاصي علم النفس ، تضفي عليهم أملا وقوة في تجاوز المشكلات التي تواجههم .

ولا يقتصر الدعم الاجتماعي على المساعدة العلمية وإنما المادية والمساندة الوجدانية التي تدعو إلى الطمأنينة والارتياح . وقد يكون الدعم رسميا من خلال دوائر الأسرة والطفل وخبراء تعليم الوالدين وشركات التأمين على الحياة ،

كما قد يقوم بقية أفراد الأسرة ، أو الجيران أو الأصدقاء بمساندة الآباء بما يمتلكونه كخبرة علمية ، او مساندة وجدانية ، أو مادية . وقد يختلف الدعم والمساندة وفق احتياجات الأسرة ، فهناك من يكون بأمس الحاجة إلى الخبرات والمعلومات المتعلقة بحالات التوحد ، وقد تكون أسرة بحاجة إلى الخبرة والمال. ويمكن ان تكون المساندة والدعم هو فض النزاعات والخلافات بين الزوجين لكي يهيئان لرعاية ابنهما المصاب بالتوحد .

جدول (28)

موازنة بين التوحد وصعوبات التعلم المتعلقة بتعليمهم

التوحد	صعوبات التعلم
انّ تعليم الأطفال المصابين بالتوحد أصعب بكثير من تعليم الأطفال ذوي صعوبات التعلم ، حيث كان الاعتقاد السابق أن الأطفال المصابين بالتوحد لا يتعلمون ، وهذا ما لا أؤيده ، لكن تعليمهم صعب.	أن تعليم الأفراد ذوي صعوبات التعلم اسهل من الأطفال المصابين بالتوحد وخاصة أن الأعراض المشتركة بينهما أقل شدة في حالة صعوبات التعلم من حالات التوحد .
يحتاج المعلم الذي يتعامل مع الأطفال المصابين بالتوحد إلى خصائص تتناسب مع هؤلاء الأطفال إذ ان التوحد أكثر شدة وشذوذية من صعوبات التعلم وبالتالي يحتاج إلى الفهم الحقيقي لهؤلاء الأطفال وخصائص شخصية ومهنية أدق من تلك التي يجب أن تتوفر لمعلم صعوبات التعلم.	يحتاج التعامل مع الأطفال ذوي صعوبات التعلم إلى مواصفات معرفية وشخصية ومهنية ولكن ليس بالمستوى ذاته الذي يحتاجه معلم الأطفال المصابين بالتوحد .
من الصعب تعليم الأطفال المصابين بالتوحد وخاصة الشديدة مع أقرانهم غير المصابين بالتوحد في المؤسسة التعليمية والذي يمثل حالة الدمج ، وحتى في حالة الدمج فيكون ذلك وفق شروط كالمكان والعدد والعوامل الشيئية الموجودة في الصف والمعلم والبرنامج .	غالبا ما يكون الأطفال ذوو صعوبات التعلم مع أقرانهم الذين ليس لديهم صعوبات تعلم، ويمكن الاستفادة من غرف المصادر لمعالجة الصعوبات التي يعانون منها.

التوحد	صعوبات التعلم
يركز في تعليم الأطفال المصابين بالتوحد على المهارات التواصلية والاجتماعية بشكل أساسي .	يتعلم الأطفال ذوو صعوبات التعلم كل ما يتعلمه أقرانهم الذين ليس لديهم صعوبات تعلم.
في الأغلب يكون تعليم الأطفال المصابين بالتوحد فرديا، ويحتاج كل منهم خطة فردية خاصة به.	في الأغلب يكون تعليم الأطفال ذوي صعوبات التعلم جماعيا ، وقد يكون لهم خطة خاصة في غرفة المصادر.
في الأغلب يقوم بتعليم الأطفال المصابين بالتوحد معلم في التربية الخاصة ، ويفضل من يكون تخصصه الدقيق في التوحد.	غالبا ما يعلم الأطفال ذوي صعوبات التعلم من قبل معلمين عاديين، ويحتاجون إلى معلم متخصص في صعوبات التعلم ليتعامل مع الصعوبات التي يعاني منها في غرفة المصادر.
من البرامج التي تستخدم مع الأطفال المصابين بالتوحد برنامج ماكتون وبيكس لتحسين التواصل وزيادة المفردات اللغوية.	يمكن استخدام هذين البرنامجين مع الأطفال ذوي صعوبات التعلم وخاصة أولئك الذين يعانون من صعوبات لغوية.

جدول (29)

موازنة بين التوحد والإعاقة العقلية المتعلقة بتعليمهم

التوحد	الإعاقة العقلية
يركز في تعليم الأطفال المصابين بالتوحد على المحسوس وخاصة البصري منه.	يركز في تعليم الأطفال المعاقين عقليا على المحسوس .
يحاول المعلم عند تعليم الأطفال المصابين بالتوحد تجنب الاسهاب اللفظي .	ليس بالضرورة أن يتجنب المعلم الذي يتعامل مع الأطفال المعاقين عقليا الاسهاب اللفظي.
يركز التعليم في مجال التوحد بشكل أساسي على المهارات التواصلية والاجتماعية .	يركز التعليم في مجال الإعاقة العقلية بشكل أولي على مهارات العناية الذاتية وخاصة لفئة الإعاقة الشديدة ثم تأتي المهارات الاجتماعية ، وبعدها الأكاديمية بالنسبة للمعاقين اعاقة بسيطة.
يحتاج كلا من الأطفال المصابين بالتوحد والمعاقين عقليا إلى تحليل المهمة(Task Analysis).	يحتاج كلا من الأطفال المصابين بالتوحد والمعاقين عقليا إلى تحليل المهمة (Task Analysis) لكن المعاقين عقليا أكثر احتياجا لها.
الأطفال المصابون بالتوحد أكثر استيعابا من الأطفال المعاقين عقليا للحاسوب لأنهم مفكرون بصريا.	الأطفال المعاقون عقليا أقل استيعابا من الأطفال المصابين بالتوحد للحاسوب.
إن دمج الأطفال ذوي التوحد الشديد مع أقرانهم غير التوحديين أقل صعوبة مقارنة بالأطفال المعاقين عقلياً إعاقة شديدة والاعتماديين.	من الصعب دمج الأطفال المعاقين اعاقة شديدة والاعتماديين مع أقرانهم غير المعاقين عقلياً ولكن يمكن دمج الأطفال المعاقين عقلياً اعاقة بسيطة ومتوسطة .
يمكن ان يكون تعلم الأطفال المصابين بالتوحد على الخبرة المباشرة لكثير من الأنشطة التي يقومون بها ، لكن لم تذكر أدبيات الموضوع طريقة المشروع بشكل خاص.	تعد طريقة المشروع التي استخدمت بشكل كبير جدا مع المعاقين عقليا من اشهر الطرق التي استخدمت مع المعاقين عقليا ، وهي تجسد فلسفة جون ديوي والتي تعتمد على النشاط الذاتي والتعلم عن طريق الممارسة الفعلية والخبرة المباشرة.
استخدمت فنيات تعديل السلوك بشكل كبير جدا في تعليم الأطفال المصابين بالتوحد .	استخدمت فنيات تعديل السلوك مع المعاقين عقليا بشكل كبير جدا في تعليم مهارات العناية الذاتية والمهارات الأكاديمية والاجتماعية وغيرها.

الإعاقة العقلية	التوحد
يمكن استخدام البرنامجين مع الأطفال المعاقين عقليا ذوي الاعاقة العقلية الشديدة والاعتماديين وذلك لقصورها الشديد في اللغة.	من البرامج التي تستخدم لتحسين التواصل والمفردات اللغوية برنامج البيكس وبرنامج ماكتون.

جدول (30)

موازنة بين التوحد والإعاقة السمعية المتعلقة بتعليمهم

الإعاقة السمعية	التوحد
تشترك الإعاقة السمعية مع التوحد في القصور في التواصل لذلك يمكن استخدام برنامج البيكس وماكتون اللذين استخدما بشكل كبير جدا مع الأطفال المصابين بالتوحد مع المعاقين سمعيا كذلك.	يمكن ان تشترك حالات التوحد مع حالات الإعاقة السمعية في أن كلا منهما يحتاج إلى التواصل اللغوي اللفظي وغير اللفظي لذلك يمكن أن تستخدم مداخل لكلتا الفئتين.
يحتاج المعلم لتعليم الاطفال المعاقين سمعيا وخاصة الصم إلى معرفة لغة الاشارة.	لا يحتاج المعلم الذي يعلم الأطفال المصابين بالتوحد إلى لغة الاشارة ألا في حالات قليلة.
يركز في تعليم الأطفال المعاقين سمعياً على الجوانب الأكاديمية بشكل أساسي اضافة إلى الجوانب الأخرى الاجتماعية	يركز في تعليم الأطفال المصابين بالتوحد على المهارات الاجتماعية والتواصلية ومهارات العناية الذاتية.

الإعاقة السمعية	التوحد
والتواصلية.	
ليس بالضروري اعداد خطة تربوية لكل طفل معاق سمعياً إذ يكون التعليم في الأغلب جماعيا.	يحتاج معلم الأطفال المصابين بالتوحد في أغلب الأحيان إلى اعداد خطة تربوية لكل طفل.
يواصل كثير من المعاقين سمعيا تحصيلهم الأكاديمي ، ويمكن أن يصلوا إلى الجامعات، وقد درس الكاتب البعض منهم في الجامعات وخاصة في أقسام التربية الخاصة .	قد لا يواصل بعض الأطفال المصابين بالتوحد تعليمهم.
تعليم الأطفال المعاقين سمعيا اسهل بكثير من الأطفال المصابين بالتوحد وخاصة إذا تحدثنا عن الإعاقة البسيطة والمتوسطة ، اما اذا كانت الإعاقة شديدة فيمكن أن تكون أسهل في حالة اتقان المعلم للغة الاشارة.	تعليم الأطفال المصابين بالتوحد أصعب بكثير من الأطفال المعاقين سمعيا.
يستغل الطفل المعاق سمعيا حاسة البصر إلى أقصى درجة ممكنة لتعويض الحاسة السمعية التي فقدها ، لذلك يمكـــــــــن القول أن المعاق سمعيا قد يمهر في الذكاء البصري.	يشترك كلا من الأطفال المصابين بالتوحد والمعاقين سمعيا بالتعلم البصري فقصور الطفل المصاب بالتوحد في الجانب اللغوي يجعله يستغل الجانب البصري بشكل كبير، ويمكن عدها كحالة من التعويض.
إن المعاق سمعيا يستغل الحاسة البصرية إلى أقصاها كحالة من التعويض ، لذلك فالمدخلات الحسية كالتمرجح خلال تعليمهم لا يكون أثرها بالقدر	أن المدخلات الحسية تحسن من التواصل البصري واللفظي للأطفال المصابين بالتوحدفهم يستجيبون للمعلم في حالة لعبهم مع لعبة أو عندما

الإعاقة السمعية	التوحد
الذي يحدث مع المصابين بالتوحد وقد تؤثر سلباً في تقليل التركيز والمتابعة.	يتمرجحون بمرجيحة.
ضعاف السمع يستطيعون معالجة المدخلات السمعية والبصرية في ذات الوقت ، أما الصم فيستجيبون بشكل أساسي إلى المدخلات البصرية .	بعض الأطفال والكبار الذين لديهم قصور واضح في التواصل اللفظي لا يستطيعون معالجة المدخلات السمعية والبصرية في ذات الوقت ، لذلك يعطون أما مهمة بصرية أو مهمة سمعية .

جدول (31)

مقارنة بين التوحد والاضطرابات الانفعالية المتعلقة في تعليمهم

الاضطرابات الانفعالية	التوحد
ان عملية دمج الأطفال المضطربين انفعاليا أكثر من الأطفال المصابين بالتوحد.	إن عملية دمج الأطفال المصابين بالتوحد أقل مقارنة بالأفراد المضطربين انفعاليا.
يجري تعليم الأطفال المضطربين انفعاليا جميع المواد التي تدرس لأقرانهم العاديين ، مع مراعاة لوضعهم النفسي.	يركز في تعليم الأطفال المصابين بالتوحد على الجوانب الاجتماعية والتواصلية بشكل أساسي.
لا يحتاج الطفل المضطرب انفعاليا إلى استراتيجية تحليل المهمة بالقدر الذي	يحتاج الطفل المصاب بالتوحد إلى استراتيجية تحليل المهمة أكثر من الأفراد

المضطربين انفعالياً.	يحتاجها الطفل المصاب بالتوحد.
ان تعليم الأطفال المصابين بالتوحد أصعب من تعليم المضطربين انفعاليا.	ان تعليم الاطفال المضطربين انفعاليا بشكل عام اسهل من الأطفال المصابين بالتوحد.
يحتاج الطفل المصاب بالتوحد وخاصة الكلاسيكي منه إلى تعليمه تلاقي العيون (Eye Contact) .	لا يحتاج الطفل المضطرب انفعاليا إلى تعليمه تلاقي العيون .
ان التقدم الذي يحدث في تعليم الأطفال المصابين بالتوحد أقل من تعليم الأفراد المضطرين انفعاليا.	إن التقدم الذي يحدث في تعليم الأطفال المضطربين انفعاليا أكثر بشكل عام من تعليم الأطفال المصابين بالتوحد.
استخدمت تطبيقات نظرية الإشراط الكلاسيكي لبافلوف مع الأطفال المصابين بالتوحد أقل من استخدامها مع المضطربين انفعاليا.	استخدمت تطبيقات نظرية الإشراط الكلاسيكي لبافلوف مع الأطفال المضطربين انفعاليا أكثر من استخدامها مع الأطفال المصابين بالتوحد .
يحتاج تعليم الأطفال المصابين بالتوحد والأطفال المضطربين انفعاليا إلى مشاركة الأسرة ولكن قد يحتاج الطفل المصاب بالتوحد لمشاركة الأسرة أكثر من الفرد المضطرب انفعاليا لأن المصابين بالتوحد بشكل عام أصغر عمرا من الأفراد المضطربين انفعاليا.	يحتاج تعليم الأطفال المصابين بالتوحد والأطفال المضطربين انفعاليا إلى مشاركة الأسرة ولكن ليس بالدرجة التي يحتاجها الطفل المصاب بالتوحد لأن الأفراد المضطربين انفعاليا بشكل عام أكبر عمرا من الأطفال المصابين بالتوحد.
قد يحتاج الأطفال المصابون بالتوحد إلى مناهج خاصة بهم.	في أغلب الأحيان لا يحتاج الأفراد المضطربون انفعاليا إلى مناهج خاصة

	بهم.
تساعد حاسة اللمس تعلم الأطفال المصابين بالتوحد كثيرا فيتعلم الحروف أو الأرقام المصنوعة من البلاستيك بشكل أسهل ، ويمكن استغلال هذه الحاسة في كثير من الأنشطة فمثلا يمكن اعطاء الطفل قبل فترة الغداء ملعقة ليهيأ لوجبة الغداء ، أو نجعله يحمل كرة ماء قبل الذهاب إلى المسبح.	لا يكون تأثير حاسة اللمس عند الأطفال المضطربين انفعاليا كما هو لدى الأطفال المصابين بالتوحد .

المراجع العربية

📖 أكاديمية التربية الخاصة . (2000) . **التدريس المنظم وتطبيقاته مع الأطفال المصابين بالتوحد.** وحدة البحوث والتطوير، الرياض.

📖 بدر ، إسماعيل . (1997) . مدى فاعلية العلاج بالحياة اليومية في تحسين حالات الأطفال ذوي التوحد . بحث مقدم للمؤتمر الدولي الرابع لمركز الإرشاد النفسي والمجال التربوي بجامعة عين شمس ، المجلد الثاني ، ص727-756.

📖 برهوم ، موسى .(2003). التعبير اللفظي عند الأطفال المشكلة والعلاج . السعودية : مكتبة الصفحات الذهبية.

📖 تايلر ، ريتا . (1998) . مجموعة تدريب أولياء الأمور المهتمين بالأطفال حتى عمر (8) سنوات ، ترجمة نيفين اسانبولي . الكويت : انتاج ونشر مشروع ماكتون لتطوير المفردات اللغوية.

📖 جابر ، عبد الحميد. وكفافي ،علاء . (1988) .**معجم علم النفس والطب النفسي** ، الجزء الأول . القاهرة : دار النهضة المصرية.

📖 جيلبيرج ، كريستوفر.(1996). **التوحد : مظاهره الطبية والتعليمية** ، ترجمة وضحة الوردان . مطبعة الهيئة للتعليم التطبيقي والتدريب ، الكويت.

📖 الحساني ، سامر عبد الحميد .(2005). فاعلية برنامج تعليمي باللعب لتنمية الاتصال اللغوي لدى أطفال التوحد . رسالة ماجستير غير منشورة ، كلية التربية، الجامعة الأردنية.

📖 حلواني، حسني إحسان . (1996) . المؤشرات التشخيصية الفارقة للأطفال ذوي الاوتيزم (التوحد) من خلال أدائهم على بعض المقاييس النفسية . رسالة ماجستير غير منشورة ، كلية التربية، جامعة أم القرى بمكة المكرمة.

الخطيب ، جمال .(2004) . تعليم الأطفال ذوي الاحتياجات الخاصة في المدرسة العادية، مدخل إلى مدرسة للجميع . عمان : دار وائل للنشر والتوزيع.

الخطيب ، جمال ، والحديدي ، منى . (1998) . التدخل المبكر ، مقدمة في التربية الخاصة في الطفولة المبكرة. عمان : دار الفكر.

الراوي ، فضيلة ، حماد ، آمال .(1999). التوحد : الإعاقة الغامضة . قطر ، الدوحة : مؤسسة حسن علي بن علي .

زهران ، عبد السلام .(1977). الصحة النفسية والعلاج النفسي ،ط.2. القاهرة : عالم الكتب.

السرطاوي ،زيدان أحمد والشمري ، طارش مسلم .(2002). صدق وثبات الصورة العربية لمقياس تقدير التوحد الطفولي . الرياض ، مجلة أكاديمية التربية الخاصة العدد الأول ص 1-39 .

سليمان ، عبد الرحمن السيد .(2002). إعاقة التوحد،ط.2. القاهرة : مكتبة زهراء الشرق.

عبد الله ، محمد قاسم .(2002). الطفل المصاب بالتوحد أو الذاتوي . عمان: دار الفكر للنشر والتوزيع.

الظاهر، قحطان أحمد .(2004). تعديل السلوك ،ط.2. عمان : دار وائل للنشر.

الظاهر، قحطان أحمد. (2005). مدخل إلى التربية الخاصة، عمان: دار وائل للنشر.

فؤاد ،هالة (2001) الفلسفة في الدراسات الطفولية . رسالة دكتوراه غير منشورة.

الفوزان ، محمد (2002) ضيف التوحد بين الحقيقة والخيال . المملكة العربية السعودية : دار عالم الكتب .

القريطي ، عبد المطلب .(1996). **مدخل إلى سيكولوجية رسوم الأطفال** . القاهرة : دار المعارف.

القريوتي ،يوسف ،السرطاوي ، زيدان ، الصمادي ، جميل .(1995). **مـدخل إلى التربية الخاصة** . الامارات دبي : دار القلم.

قطاية ،ميس . (2004) . **العلاج بالموسيقى في الطب العربي** ، سوريا ،جامعة حلب.

كوجل ، روبرت ، كوجل، لن .(2003) . **تدريس الأطفال المصابين بالتوحد، استراتيجيات التفاعـل الايجابية وتحسين فرص التعلم** . ترجمة : عبد العزيز السرطاوي، ووائل أبو جودة وايمن خشان. الامارات العربية المتحدة، دبي : دار القلم للنشر والتوزيع .

كوهين، سايمون، وبولتون، باتريك .(2000) .**حقـائق عـن التوحـد** ، ترجمـة عبـد الله الحمـدان، إصدارات أكاديمية التربية الخاصة، السعودية.

مؤمن ، داليا .(2004). **الأسرة والعلاج الأسري** . القاهرة : السحاب للنشر والتوزيع .

محمد ، هالة . (2001) . **تقييم برنامج لتنمية السلوك الاجتماعي للأطفال المصابين بعـرض التوحد**، في دراسات الطفولة ، جامعة عين شمس.

مايلز ، كرستين .(1994). **التربية المختصة** . **دليل لتعليم الأطفال المعوقين عقلياً** ، ترجمة عفيف الرزاز . عمان : ورشة الموارد العربية للرعاية الصحية وتنمية المجتمع.

هودجـون ، لينـا .(2000). **اسـتراتيجيات بصرـية لتحسـين عمليـة التواصل**، ط3، ترجمـة سـهام نصراوي . جدة : دار المناهج.

المراجع الأجنبية

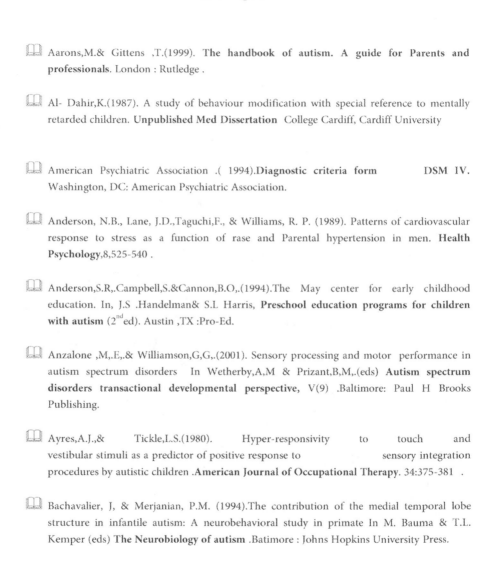

Aarons,M.& Gittens ,T.(1999). **The handbook of autism. A guide for Parents and professionals**. London : Rutledge .

Al- Dahir,K.(1987). A study of behaviour modification with special reference to mentally retarded children. **Unpublished Med Dissertation** College Cardiff, Cardiff University

American Psychiatric Association .(1994).**Diagnostic criteria form**   DSM IV. Washington, DC: American Psychiatric Association.

Anderson, N.B., Lane, J.D.,Taguchi,F., & Williams, R. P. (1989). Patterns of cardiovascular response to stress as a function of rase and Parental hypertension in men. **Health Psychology**,8,525-540 .

Anderson,S.R,.Campbell,S.&Cannon,B.O,.(1994).The May center for early childhood education. In, J.S .Handelman& S.L Harris, **Preschool education programs for children with autism** (2nded). Austin ,TX :Pro-Ed.

Anzalone ,M,.E,.& Williamson,G,G,.(2001). Sensory processing and motor performance in autism spectrum disorders   In Wetherby,A,M & Prizant,B,M,.(eds) **Autism spectrum disorders transactional developmental perspective,** V(9) .Baltimore: Paul H Brooks Publishing.

Ayres,A.J,.&   Tickle,L.S.(1980).   Hyper-responsivity   to   touch   and vestibular stimuli as a predictor of positive response to   sensory integration procedures by autistic children .**American Journal of Occupational Therapy**. 34:375-381   .

Bachavalier, J, & Merjanian, P.M. (1994).The contribution of the medial temporal lobe structure in infantile autism: A neurobehavioral study in primate In M. Bauma & T.L. Kemper (eds) **The Neurobiology of autism** .Batimore : Johns Hopkins University Press.

📖 Baker ,B.L.,(1989). **Parent training and developmental disabilities**. Washington DC American Association on Mental Retardation.

📖 Bailey, A., lecouteur,.Gottesman, I,. Bolton.P., Simonof, E,.Yuzd,. E & Rutter,. M. (1995). Autism as a strong genetic disorder. Evidence from British twin study **Psychological Medicine** ,25,63-67.

📖 Baron-Cohen ,S., Ring ,H. ,Moriarty, J,.Schmitz ,B, .Costa, D,.& Ell, P.(1994). Recognition of mental state terms: clinical findings in children with autism and functional neuroimaging study of normal adults .**British Journal of Psychiatry**,165,640-649 .

📖 Baron –Cohen .S.,Allen, J & Gillberg .C.(1992). Can autism be detected at 18 months ? The needle ,the haystack ,and the CHAT. **British Journal Of Psychiatry** ,161,839-843.

📖 Barry,L.M.& Burlew,S.B.(2004). Using social stories to teach choice and play skills to children with autism . **Focus on Autism and Other Developmental Disabilities** .19,45-51 .

📖 Bauman, M. and Editors of The Autism Society of America. (1993). An Interview with Margaret Bauman. **Advocate**, 24 (4), 1 & 13-17.

📖 Bauman M,& Kamper,J.,.(1995). Neuroanatomic observation of the brain in autism. In Bauman, M &Kamper,T,.(ed) **The neurobiology of autism**. Baltimore : John Hopkins University Press .

📖 BBC Report. (1998) Health: mother stumbles a cross treatment for autism. **BBC News Online Network** .

📖 Best, L. & Miln,R. (1997). **Auditory integration training in autism, research and development directorate**, Wessex Institute for Health Research and Development. Bristol ,UK: University of Bristol .

📖 Bettison ,S,.(1996). The long term effects of auditory training on children with autism **Journal of Autism and Developmental Disorders**.26:361-367

Bondy ,A.,& frost, .L.(1994).The picture exchange communication system: **Focus on Autistic Behavior**,9,1-9.

Bonora,C,Lamb,J,A, Barnby,G, Sykes,N, Moberly,T, & Beyer, K,. (2005). Mutation screening and association analysis of six candidate genes for autism on chromosome 7q .**European Journal of Human Genetic** ,13,2,198-207.

Bootzin, A,.Acocella, M,.Alloy, I.(1993). **Abnormal psychology, current   perspective**. USA : McGraw Hill .

Brown, (1994). The national autistic society – music therapy. **www.nas.org.uk** .

Chakrabarti, S & Fombonne, E. (2005). Pervasive development disorders in preschool children confirmation of high prevalence.   **American Journal of Psychiatry** ,62,6,1133-1141.

Campbell, M., et al. (1982). The effect of haloperidol on learning and behavior in autistic children .**Journal of Autism and Developmental Disorders** ,12,2,167-175.

Campbell, M et al.(1993). **Naltrexone in autistic children behavioral symptoms and intentional learning**, Department of Psychiatry Medical Center , New York University .

Courchesne, E,.Saitoh ,O., YeungCourchesne., R., Press., G.A., Lincoln, A.J., Haas., R.H & Schreibman, L,. (1990). Abnormality of cerebellor vermian lobules VI and VII in patients with infantile autism: Identification of hypoplastic hyperplastic subgroup with MR imaging .**American Journal of Roentgenology**,162,123-130.

Courchesne,E.,Yeung-Courchesne, R., Press, G., Hesselink, J.R., Jernigan, T.L. (1988). Hypoplasia of cerebellar vermal lobuls   V1and V11 in infantile autism. **New England Journal of Medicine**,318,1349-1354 .

DeMyer,   M.K;   Barton,   S.&   Norton   .(1972).A   comparison   of adaptive, verbal and motor profiles of psychotic and non   psychotic subnormal children. **Journal of Autism and Childhood Schizophrenia**. 2 : 359-377 .

📖 Dennis, M. et al.(1999) . Intelligence patterns among children with high function autism ,phenylketonuria , and childhood head injury. **Journal of Autism and Development Disorders** ,29,1 .

📖 Duffy,B., & Fuller, R. (2000). Role of music therapy in social skills development in children with moderate intellectual disability. **Journal of Applied Research in Intellectual Disabilities** 13, 4, 77-84.

📖 Edelson ,S. et al .(1999) . **Auditory integration training :a double-blind study of behavioral and electrophysiological effects in people with autism** .USA .

📖 Edelson, Stephen. (2004). **Conquering Autism** .N.J : Kensington Publishing Corp.

📖 Ehler, S & Gillberg, C. (1993). The epidemiology of asperger syndrome: A total population study. **Journal of Child Psychology and Psychiatry** , 34,1327-1350 .

📖 Ernst,et ,al. (1993). Plasma beta endorphin level, Naltrexome and Haloperdole in autistic children. **Psychopharmacol - Bull** 29, 2, 221-227.

📖 Freeman, B.J,. Ritvo, E.R.(1977). National society for autistic children definition of the Syndrome of autism. **Journal of Pediatric Psychology**. 2.P.145 .

📖 Freeman, B.J. ,Ritvo ,E.R.,& Schroth .P.C.,(1984). Behavior assessment of the syndrome :Behavior observation system . **Journal of the American Academy Of Child Psychiatry**, 23,PP.288-294.

📖 Frith ,U,.(1989). **Autism :Explaining the enigma** ,Cambridge ,MA: Blackwell.

📖 Genetic Overview. (2002). Into Exploring Autism Org By National All Iamc For Autism Research.

Gillberg,C., & Ehlers, S.(1998). High function people with autism and Asperger syndrome: A literature review. In E. Schopler, G.B. Mesibov & L.J. Kunce **Asperger syndrome or high function autism** .New York : Plenum.

Gordon ,J., & Levasseur ,P.(1995). Cognitive picture rehearsal :A system to teach self-control . In K.A. Quill (Ed) **Teaching   children with autism : strategies to enhance communication and   socialization** . New York : Delmar Publishers.

Gradin ,T,. (1995). How people with autism think . In E,Schopler, B. Gary & G.B Mesibov (Eds) **Learning and cognition in autism.** New York :Plenum Press.

Gray, C.(1993). **How to write social stories** . Jenison, MI : Jenison Public Schools.

Hamshumacher, J.(1980).The effect of art education on intellectual and Social development : A review of selected research .**Bulletin of The Council for Research in Music Education** ,61,2,10-28 .

Harris ,S.L. ,Handelman, J.S., Arnold ,M.S.,& Gordon , R.F.(2000). The Douglass Developmental disabilities center: Two models of service delivery in J.S .Handelman &S.L., Harris. **Preschool   education programs for children with autism** .Austin .TX: Pro-Ed.

Heward,W.L., & Orlansky,M.D,. (1992). **Exceptional children : An introductory survey of special education** (4th ed) New York: Maxwell Macmillan International.

Horvath, K. (2000). Secretin treatment for autism. **Journal of Medicine**, 342, 16, 1216-1218 .

Hughes, J. M. (1980). Educational Services for mentally retarded children in developing Commonwealth Countries with special reference to Srilanka. **Unpublished ph.D Thesis.** University of Wales.

Jacobson, J.W., & Ackerman, L.J,.(1990). Differences in adaptive function among people with autism or mental retardation. **Journal of Autism and Development Disorders**,20,205-219.

Jenzen ,J. (2003). **Understanding the nature of autism**, second ed. USA, therapy Skill builder .

Jordan, R., Jones, G. & Murray ,D.(1998).**Educational intervention for children with autism . A literature review of recent and current Research**. London: Clements House .

Kiernon,C.C.(1974). Behaviour modification . In A.M.Clarke & D.B.Clarke (Eds) **Mental deficiency : The changing Outlook.** London : Methuen and Co Ltd.

Knoblock ,Peter. (1983) .**Teaching emotional disturbed children.** Boston : Houghton Mifflin Company .

Koegel, L,.K,. Camarata ,S.M,Valdez-Menchac .(1998). Setting generalization of question-asking by children with autism. **American Journal on Mental Retardation** .102:346-357 .

Koegel, L.koegel, R., Shoshan,Y., & McNerney, E.(1999). Pivotal response intervention 11 : Preliminary long term outcome data. **Journal of the Association For Persons With Severe Handicaps.**24:186-198 .

Kolb, B & Whisaw, I. Q,. (1990). **Fundamentals of human neuropsychology.** New York: W.H. Freeman.

Kranowitz, C. S. (1998). **The out-of-synch child: Recognizing and coping with sensory integration dysfunction.** NewYork: A Pergree Book.

Krug ,D.A.,Arik ,J.R.,& Almond P.J., (1980).**Autism screening instrument for educational plan** .Portland OR :ASIEP Education.

Lahey, M. (1988). **Language disorders and language development.** NewYork: Macmillan Publishing Company.

Laidler,J.R,.(2005). US Department of education data on autism, are not reliable for tracking autism prevalence . **Pediatrics** (July 2005) Vol ,116, No,1 ,PP.120-124 .

Laird ,P.(1997). The effect of music on cognitive/ communicative skills with students diagnosed with autism .autistic like characteristics And other related pervasive developmental disorders. **UnPublished Master Thesis** , Florida ,The Florida State University, School of Music ,USA .

Lamb,J,A,. Branby, G,Bonora, E,Sykes,N,& Bacchelli, F,. (2005). Analysis of INGSAC autism susceptibility loci: evidence for six limited and parent of original specific effects. **Journal of Medical Genetics** ,48,2,132-137.

Lord ,C,.(1995). Follow-up of two years old referred for possible autism . **Journal of Child Psychology and Psychiatry and Allied Disciplines,** 36,1365-1382.

Lord,Catherine & Mcgee, James(2001). **Education autism.** Washington : National Children of Academy Press.

Lord, C,. & Risi,S,. (2001). Diagnosis of autism spectrum disorders in young children In Wetherby, A, M & Prizant,B, M,. (eds) **Autism spectrum disorders transactional developmental perspective,** V(9). Baltimore:Paul H Brooks Publishing.

Lovaas,O.I. (1987). Behavioral treatment and normal educational and intellectual Functioning in young autistic children. **Journal of Consulting and Clinical Psychology** 55:3-9.

Maurice , Catherine. (1994). **Let me hear your voice: A family triumph over autism.** U.S.A.

McGee,G.G.,Daly,T.Jacobs,H.A,.(1994).The Walden preschool In, J.S .Handelman& S.L Harris, **Preschool education programs for children with autism** (2nd ed) . Austin ,TX :Pro-Ed.

McGee ,G.G ., Morrier, M.J. ,Daly, T. (2000) The Walden early childhood programs .In, J.S .Handelman& S.L Harris, **Preschool education programs for children with autism** (2nd ed). Austin, TX: Pro-Ed.

📖 Mesibov , Gary,B(1997). **Formal and informal measures on the** **effectiveness of** **theTEACCH programme** ,University North Carolina , USA:SAGE Publication Vol, 1,PP. 25-35 .

📖 Mesibov Gary, B. (Eds). (2003). **Learning and cognition in autism**. New York :Plenum Press .

📖 Mesibov,Gary,.B.(2003). **L**earning **styles of students with** **autism. treatment and education of autistic and related communication handicapped children TEACH**. Chapel Hill Division.

📖 Mostert, M.P. (2001). Facilitated communication since 1995 : a review of published studies. **Journal of Autism and Developmented Disordes**. 31 (3) 287-313 .

📖 Muhle,R; Trentacostle, V.; & Rapin, I. (2004). The genetics of autism. **Pediatrics**.113,472-482.

📖 Norris ,C;Dattilo, J.(1999). Evaluating effects of social story intervention on a young girl with autism .**Focus of Autism and Other Developmental Disabilities**14,3,127-1 .

📖 Panerai,S, Freante,L,& Zingale,M,.(2002). Benefits of the treatment and education of autistic and communication handicapped children (TEACCH) programme as Compared with a approach. **Journal of Intellectual Disability Research** ,Vol,46, Part , 4,PP.318-327.

📖 Piven, J., Arndt.S., Bailey, J., Havercamp, S., Andreasen,N,C., & Plamer, P. (1995). An MRI study of brain size in autism . **American Journal of Psychiatry**, 152,1145-1149 .

📖 Prizant, B,.M, .Wetherby ,A,. M, & Rydell,. P,. J,. (2001). Communication intervention Issues for children with autism spectrum disorders. In Wetherby ,A, M &Prizant, B, M,. (eds)

Autism spectrum disorders transactional developmental Perspective, V(9).Baltimore:Paul H Brooks Publishing.

Powers, M. D. (2000) What is autism ? In : Powders, M. D., (ed) **Children with autism : A parent's guide**, Second Edition Bethesola, MD: Woodbine House .

Rimland, B.,et al,. (1978). Vitamin B6 on autism children : A double blind cross-over study. **American Journal of Psychiatry** ,35, 472-475.

Rimland, Bernard. (1998). The autism secrtin connection. **Autism Research Review International**, 12 (3) p 3.

Ritvo, E.R., & Freeman, B.J.(1977). National society for autism children definition of the syndrome of autism, **Journal of Pediatric Psychology** , 2,142-145.

Ritvo, E.R., Freeman ,B.J,. Geller,E., Yuwiler,A,.(1983). Effect of funfluramine on 14 outpatients with syndrome of autism. **Journal of The American Academy of Child Psychiatry**, 22,549-558 .

Ritvo,E.R.,Freeman, B.J., Moson Brothers., M.A,. & Ritvo, A,M, (1985). Concordance For the syndrome of autism in(40) pairs of affected twins . **American Journal of Psychiatry**,142 PP.74-77.

Ritvo, E.R., freeman, B.J., Moson Brothers .,M.A,. Jorde,L, B,Pingree ,C, Jons, M, McMahon, W, M ,.Peterson,P,B Jenson, W,R, & Ritvo, A,.(1989). The UCLA university of utah epidemiologic survey of autism ,recurrence risk estimates and genetic counseling .**American Journal of Psychiatry**.143,862-866

Robbins, D. I., Fein, D., Barton, M. I., Green, J. A. (2001) The modified checklist for autism in toddeers: an initial study investigating the early detection of autism and pervasive developmental disonders. **Journal of Autism and Developmental Disorders**. 31 (2): 131-144 .

Rodrigue ,J.R ,. Morgon ,S.b., & Geffken ,G.R,. (1990). Families with autistic children: Psychosocial functioning of mother, **Journal of Clinical Child Psychology** 19,PP.371-379 .

Rodrigue, James,R,et al .(1991). A comparative evaluation of adaptive behavior in children and adolescents with autism ,down syndrome and normal development. **Journal of Autism and Development Disorders**.21,2,187-196.

Rogers, S., J., & Penninington ,.B,. F. (1991). A theoretical approach to the deficits in Infantile autism .**Development and Psychopathology** ,3,137-162.

Rogers, S.J., & DiLalla ,D.L. (1991).A comparative study of the effects of Developmentally based instructional model on young children with autism and young children with other disorders of behavior and development .**Topics in Early Childhood Special Education** 11,29-47.

Rogers,S.J.; Hall,T. Osaki,D; Reavan,J.; & Herbison, J. (2000). The Denver Model : A Comprehensive ,integrated educational approach to young children with autism And their families .In J,S Handelman, & S.L. Harris (eds)(2nd ed) **Preschool Education Programs For Children With Autism** .Austin .TX:Pro-Ed.

Rutter,M.(1978).Diagnosis   validity   in   child   psychiatry   advance. **Biological Psychiatry** 2, 2-22 .

Rutter,M,, Bailey, A,Simonof, E, & Pikles, T,. (1997). Genetic influences of autism, In Cohen ,D,J &Volkmar, F,R., (eds) **Handbook of autism and pervasive developmental disorders**. New York : Wiley .

Schopler, E., Reicher, R.J., & Renner,B.R.,(1988). **The childhood autism rating scale** (CARS).Los Angles:Western Psychological Services.

Schopler, E,. & Mesibov,G.b .(1995). **Learning and   cognitive   in autism**.New York :Plenum Press.

Schopler ,E.,Lansing,M.D., Reichler ,R.J.,&Marcus,Lee.M.(2005). **Psychoeducatinal profile** (Third Edition) (PEP3), Examiner Manual. Texas : Pro Ed .

Schwartz, I., Garfinkle. A.,Bauer,J.(1998). The picture exchange communication system : communicative outcomes for young children with disabilities. **Topics in Early Childhood Special Education** 18 ,155-159.

Schwean.V, .& Saklov, D.(1999). **Handbook of psychosocial characteristics of exceptional children** .U.S.A: Brooks Publishing.

Shelov,S.& Hannermann, R.(2004).**Caring for your baby and young child : Birth to age five** . U.S.A :Bantam Books, Random House Inc .

Silver, L. B. (1995). Controversial therapies. **Journal of Child Neurology**. 10: 596-5100.

Smalley. S. I. (1998) Autism and tuberous sclerosis. **Journal of Autism and Developmental Disorders**, 22 (5) : 407-414.

Smith, M. D. Haas, P. J. Belcher, R. H. (1994) Facilitated communication: the effects of facilitator knowledge and level of assistance on output. **Journal of Autism and Developmental Disorders** 24 : 357-367 .

Smith,T.,Donahoe,P.A.,& Davis, B.J.(2000) The UCLA young autism project .In J.S.Han delman & S.L .Harris **Preschool educational programs for children with autism** .Austin ,PX: Pro-Ed.

Sparrow,S.S. Balla ,D.A,.& Cicchetti ,D.V.,(1984).**Vineland adaptive behavior scale** Circle Pines , MN: American Guidance Service.

Sparrow, S.,S.(1997). Developmentally based assessment in D.h, Cohen & F.R, Volkmar., **Handbook of autism and pervasive developmental disorders** .New York :John and Sons, Inc, PP.411-417 .

Strain, P.S. & Hoyson,M.(2000). The need for longitudinal intensive social skill intervention :LEAP follow up outcome for children with autism .**Topics in Early Childhood Special Education**, 20,116-123 .

📖 Susan ,F.S. ,Bohi,B.,& Tim,D.(2000).Successful physical activity programming for student with autism . **Focus on Autism and** **Other** **Development Disabilities** ,Vol.15.No.3. Fall.

📖 Suzanmes, Marie ,.(1996). **Teaching communication to children with language inpornent in autism strategies for change.**New York: Gardner Press.

📖 Tallal ,P,.(2003). Language learning disabilities: integrating research approaches. **Current Direction in Psychological Science** 12,6,206-211.

📖 Teal, M.B.& Weber, M,J,(1986) .A validity analysis of selected instrument used to assess autism. **Journal of Autism and** **Developmental Disorders** . 16,PP.485-494.

📖 Trevarthen, C., Aitken ,K., Papoudi , D., & Robarts, J. (1998). **Children with autism.** London : Jessica Kingsley Publisher.

📖 Ungerer, J.A., & Sigman ,M. (1987). Categorization skills and language development in autistic children . **Journal of Autism and Development Disorders** , 17 ,3-16 .

📖 Volkmar, F. R. (2000) Medical problem, treatment and professional. In: Power, M. D. (ed) **Children with autism : A parent's guide,** Second Edition. Bethesda, MD: Woodbine House, 73-74 .

📖 Wadden ,N. et al .(1991) .A closer look at autism behavior checklist: Validity and factor structure. **Journal of Autism and Developmental Disorders** .21.

📖 Walsh. C., (2003). Genetic patterns of developmental brain disorders in the Gulf region. **International Conference for Autism and Communication Deficits in Kuwait** .

📖 Whittaker ,J,K.(1990). Causes of childhood disorders ,new finding. **National Association of Social Workers.** Vol,12,March.

📖 Wing, L. (1981) Asperger's syndrome: A clinical account. **Psychological Medicine,** 11 , 115 .

Wing, L. (2001). The autistic spectrum: A parents guide to understanding and helping your child. Berkeley, California: Ulysses Press. **www.cdc.gov,ncbddd**.

Zigler., U., E. & Burlack, J.,R. (1998). **Handbook of mental retardation and development** . Cambridge University

لأي نقد أو اقتراح يرجى الاتصال بالمؤلف على البريد الالكتروني

Kahtanahmed@yahoo.com

Printed in the United States
By Bookmasters